Notes of Happiness

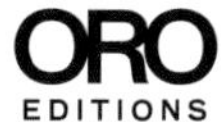

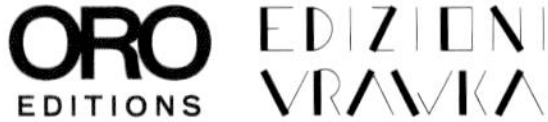

ORO Editions
Publishers of Architecture, Art, and Design
Gordon Goff: Publisher

EDIZIONI VRAWKA
Via Stradon 192, Rossa 6548, Switzerland

www.oroeditions.com
info@oroeditions.com

Published by ORO Editions

Author: Davide Macullo
Curator: Valentina Perazzolo
Designer: Taylor Potecha
Project Manager: Jake Anderson

10 9 8 7 6 5 4 3 2 1 First Edition
ISBN: 978-1-966515-11-1

Prepress and Print work by ORO Editions Inc.
Printed in China

ORO Editions makes a continuous effort to minimize the overall carbon footprint of its publications. As part of this goal, ORO, in association with Global ReLeaf, arranges to plant trees to replace those used in the manufacturing of the paper produced for its books. Global ReLeaf is an international campaign run by American Forests, one of the world's oldest nonprofit conservation organizations. Global ReLeaf is American Forests' education and action program that helps individuals, organizations, agencies, and corporations improve the local and global environment by planting and caring for trees.

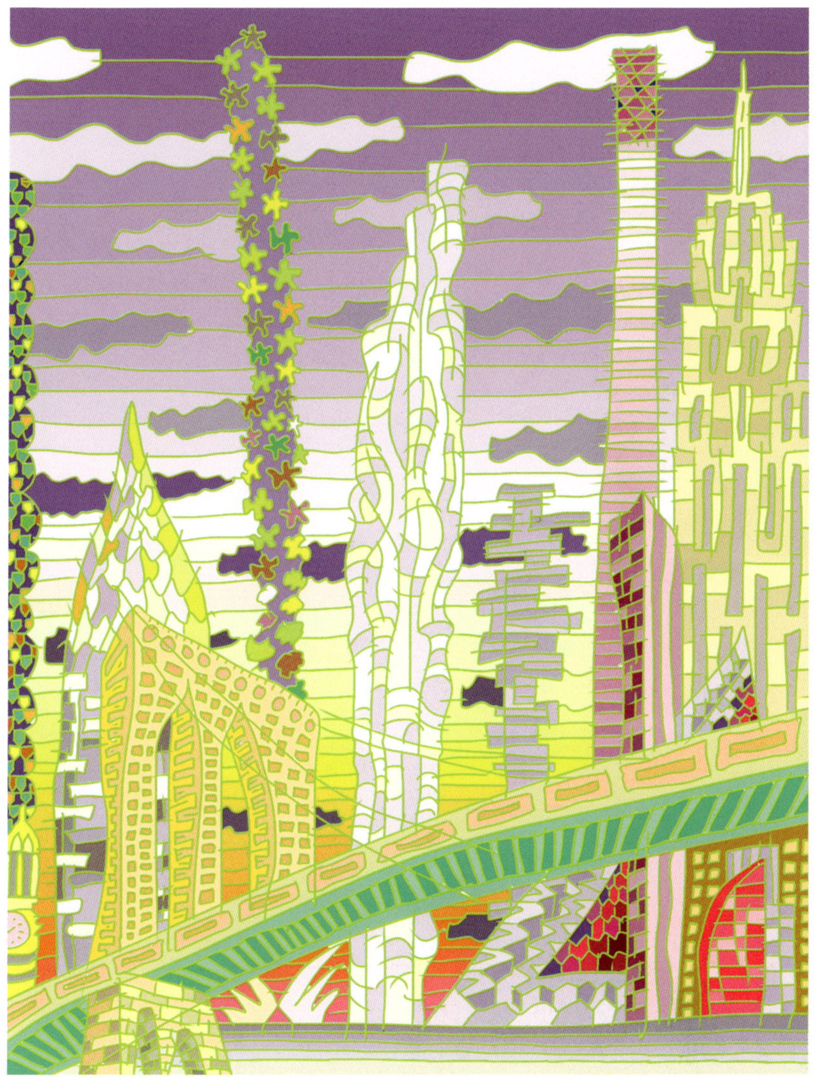

Notes of Happiness

I still don't understand what is truly real in all that I see, hear, smell, touch, say, or create. Perhaps, for this reason—and simply from existing—I draw every day without ever growing tired. And, of course, I don't expect that one day, miraculously, I will become fully aware of what is real. There is simply an unconscious, irresistible pull toward an inexpressible pleasure in life—the joy of living. Nothing is more thrilling than an empty space to fill, freed from prejudices and from what we think we know.

My mother's hand, with a magic wand of transparent plexiglass traversed by a vein of bright blue ink and ending in a microscopic sphere, mysteriously let the liquid, soon-to-be-solid, pass through. Maybe it was those pen strokes that taught me to see the reality of life as relative; the importance of being a light being, the magic of signs: a hill, a tree, a winding little road, and a small house on top with a smoking chimney. The world is full of fantastic challenges, marvelous uncertainties, that exist to be ventured into, and that I yearn to discover and pursue.

Note di Felicità

Ancora non ho capito cosa è davvero
reale di tutto ciò che vedo, sento, odoro,
tocco, dico, produco. Forse per questo, e
per esserci, lo disegno ogni giorno senza
stancarmi mai. E, di certo, non mi aspetto
che un giorno, miracolosamente, ne
prenderò coscienza. C'è semplicemente
un'attrazione inconscia irresistibile, verso
un piacere irrinunciabile in questa mia vita,
quello di viverla. Nulla è più eccitante del
vuoto da riempire, liberati dai pregiudizi, e
da ciò in cui crediamo.

La mano leggera di mia madre con una
magica bacchetta in plexi trasparente,
percorsa da una vena d'inchiostro
blu brillante e terminante con una
microscopica sfera, lasciava passare
il liquido-subito-solido. Forse erano
quei tratti che mi hanno insegnato
a relativizzare la realtà della vita,
l'importanza di essere un essere leggero,
la magia dell'apparire dei segni: una
collina, un albero, una stradina sinuosa
e una casetta in cima con il comignolo
fumante. Mondi pieni di insidie fantastiche,
di meravigliose incertezze, che esistevano
per avventurarvici e che sapevo di voler
conoscere, e dover inseguire.

It wasn't just a simple drawing, a representation of something—a moment. It was real, as I believe it is for everyone and has always been, like the effect of the motion of shadow and light projected by fire in a prehistoric cave on the surfaces that envelop in the awe of a herd of bison, with the occasional mammoth being chased by hunters. I believe not even reality can be so true because this landscape is my inner world, and I feel the warmth of that fire with which I can burn myself.

Ever since childhood I've been losing myself observing the colors and shapes that the sky gifts me, especially at dusk because I love to sleep in the morning. I've seen very few sunrises, but that does not hinder their magnificence. I float in the silent calm of an intense, luminous blue, which becomes electric. I expand, only to recompose myself. Then I immerse myself in an empty space, full of the energy of an intense and resounding purple, which gives way to iridescent yellow streaks. I end up in a fire-red vestibule, with an unimaginable brilliance, passing through an orange so vivid it makes my every cell explode with joy. Clouds, in astonishing colors, become thinner, and create filigreed bridges that I walk across, forgetting time. I'm so absorbed that I dissolve into them, finally becoming an active part of creation once again, ceasing to persist to mere observation. I can begin to draw.

Non un semplice disegno, una rappresentazione di qualcosa, o un momento. Era reale, come credo lo sia per tutti e da sempre, come l'effetto del movimento delle ombre e delle luci proiettate dal fuoco in una caverna preistorica sulle superfici che mi avvolgono, e lo stupore osservando una mandria di bisonti, con qualche mammut qua e là, rincorsi dai cacciatori. Credo che nemmeno la realtà sia così emozionante e vera, perché questo paesaggio è il mio interiore, e sento il calore di quel fuoco con il quale mi posso scottare.

Sin da quando ero piccolo, mi perdo nell'osservare i colori e le forme che mi regala il cielo, soprattutto all' imbrunire, perché amo dormire al mattino e di albe, seppur magnifiche, ne ho viste poche. Fluttuo nella calma silenziosa di un blu intenso, luminosissimo, che diventa elettrico. Mi espando, per ricompattarmi. Mi immergo poi nel vuoto pieno di energia di un viola intenso e rumoroso, che lascia il posto a fasce gialle iridescenti. Finisco nell'anticamera di un rosso-fuoco, dalla brillantezza inimmaginabile, attraverso un arancione che mi fa esplodere di gioia ogni cellula. Le nuvole, dai colori stupefacenti, si assottigliano e formano ponti filigranati che percorro dimenticando il tempo. Sono assorto al punto di dissolvermi, e finalmente far parte attiva di nuovo del creato, e smettere di ostinarmi al solo guardare. Posso iniziare a disegnare.

I move from pure calm to the frenetic
vibration of light without shifting, because
everything that wraps me is what I am
inside. I don't see colors the way others
see them, I don't absorb what others
absorb. We all are part of the grand design
of the infinite cosmos. Colors bring us
together, and they are born within us to
continuously evolve, just as we do. We are
cells, constantly in motion. We merge, blur,
switch on and off. We live in a drawing
that surprises us at every moment, simply
because it is life, and life is beautiful. And
the drawing is more real than everyday
existence itself, because it is absolute,
genuine, and sincere—even when it's not
it remains true. It's the thermometer of
happiness, the happymeter.

I walk across my soft, cloudy bridges,
hopping on sun rays and laying on the
moon, while the gravity of the stars keeps
me in balance. I look down. The leaves
of the trees smile at me and the sounds
of nature rise like thin, bright threads,
twisting in a never-ending dance. They
embrace me, caressing and smiling.

Passo dalla pura calma alla vibrazione
frenetica della luce senza spostarmi,
perché tutto ciò che mi avvolge è ciò che
sono dentro. Non vedo i colori come li vedi
tu, non assorbo ciò che assorbi tu, perché
entrambi siamo dentro il grande disegno
infinito del cosmo. I colori ci uniscono,
nascono dentro di noi per trasformarsi
continuamente, come noi. Siamo cellule,
sempre in movimento. Ci uniamo,
sfumiamo, accendiamo e spegniamo.
Viviamo un disegno che ci stupisce ogni
istante, solo perché è la vita, ed è bella.
E, il disegno è più reale dell'esistenza
stessa del quotidiano, perché è assoluto,
genuino, sincero, e quando non lo è, è
vero. È il termometro della felicità, il
termofeliciometro.

Attraverso i miei ponti soffici,
nuvolosi, saltellando sui raggi del sole,
appoggiandomi alla luna, mentre la gravità
delle stelle mi tiene in equilibrio. Guardo
all'ingiù. Le foglie degli alberi mi sorridono,
i suoni della natura salgono, come fili
sottili brillanti che si attorcigliano e danno
forma ad uno spettacolo di danza senza
sosta. Mi abbracciano, accarezzano,
e sorridono.

I descend, and the tip of a skyscraper scratches me somewhere—it's a bit annoying—but nothing is perfect. In fact, maybe it's the imperfections that help me find the motivation to keep drawing a human world that can only get better. I bounce between buildings—it actually hurts a little—searching for the fallen leaves on the ground, just to smell them, letting them carry on their mission as undisturbed feeders of new life. They create new clouds and I glide above them. They are my sea, a surface for me to sail on. I set off toward new worlds, surrounded by pristine waters, vivid, dazzling kaleidoscopes reflecting the miracle of life. It's irresistible. I dive in because I don't want to just witness, I want to be part. I dress myself in all the colors of existence, just like everything around me. Isn't it amazing to sail through the elements, without a destination, with the sole purpose of learning how to see, even without looking?

I descend into the bowels of the Earth, and I am amazed by how everything is color, shape, dance, and music, vibrating at incredible speeds, both on the surface and within the waters. I rise again in the middle of a green valley, with colorful stone mountains towering high on either side. I roll among tiny white moss flowers, breathing in the scent of the damp earth. I lift my gaze, and a luminous streak—a fresh, deep blue, tickled by butterflies— stands out like a comet to chase, leading toward the unknown. I spread the wings of my dreams and run after it. Through the vivid tones of the Milky Way, leaping from star to planet, I lightly bounce in the almost-empty space.

Scendo di quota e, la punta di un grattacielo mi gratta fastidiosamente da qualche parte, ma nulla è perfetto. Anzi, forse proprio le imperfezioni mi aiutano a trovare le motivazioni per non smettere di disegnare un umano-mondo che può solo migliorare. Rimbalzo tra gli edifici - a dire il vero fa un po' male - cercando le foglie cadute al suolo, per annusarle, lasciandole continuare, indisturbate, la loro missione di foraggiatrici di vite nuove. Formano nuove nuvole, ci scivolo sopra, sono il mio mare su cui navigare. Salpo per mondi nuovi, circondato dalle acque limpide, sgargianti caleidoscopi rispecchianti il miracolo della vita. È irresistibile, mi inabisso, perché non voglio assistere, voglio esserci. Anche io mi vesto di tutti i colori dell'esistenza come tutto ciò che mi sta attorno. Non è meraviglioso veleggiare negli elementi, senza meta, al solo scopo di imparare a vedere, anche senza guardare?

Scendo nelle viscere della terra, e mi sorprende come tutto è colore, forma, danza, musica, e vibra velocissimo, come in superficie e anche nell'acqua. Risalgo nel mezzo di una valle verde, le montagne di pietra variopinta si innalzano altissime ai lati. Rotolo tra i fiorellini bianchi del muschio, odoro i profumi del suolo umido, alzo lo sguardo: una linea luminosa, freschissima, azzurro profondo, solleticata dalle farfalle, si staglia come una stella cometa da inseguire, verso l'incognito. Spiego le ali dei miei sogni, la rincorro. Attraverso i toni sgargianti della via lattea, passando da una stella a un pianeta, e ancora rimbalzo leggero nel quasi vuoto.

I have entered the greatest and most beloved drawing of humanity, the one that, in every era, has been used to represent the unknown, between science and belief. I return to the contaminations of a daily paper, full of the colors I have absorbed, and I draw it because that's how I see it—happy as life itself.

I don't know where this strong and irresistible feeling comes from. Where does the unique charm of a simple stroke arise from? Is it from the passing of a pencil, or something else, across the paper? From a line carved in the sand, or on the earth by a finger or a foot? From a caressed touchscreen, the sky crossed by an airplane's contrail, the air stirred by a breath, the mosaic of leaves on an autumn ground, the reflections in a stream, a tattoo fighting with hair, coffee grounds, grass moving and searching for something...? Everything is a drawing, a stunning drawing.

Drawing makes us cast off the anchors, makes us navigate, penetrating the earth, the air, fire, water, and infinite space. Drawing is a travel journal, a tale of a lived, or imagined, reality. We float between the conscious, unconscious, real, imagined, projected, and we're always at the helm. The gesture of the fingers, supported by the hand, arm, shoulder, spine, neck, jaw, temples, skull, and brain, is the result of an amazing coordination that makes us feel alive, stable, from feet to head.

Sono entrato nel disegno più grande e
amato dall'uomo, quello che in ogni epoca
è servito per raffigurare lo sconosciuto,
tra scienza e credenza. Torno alle
contaminazioni di un quotidiano, ricolmo
dei colori che ho assorbito, e lo disegno
perché così lo vedo, felice come la vita.

Non so dove nasce questo sentimento
così forte e irresistibile. Da dove viene il
fascino unico che esercita un semplice
tratto che appare al passaggio di una
matita o qualcos'altro sulla carta, di un
solco segnato nella sabbia o sulla terra
da un dito o un piede, di un touchscreen
accarezzato, di un cielo attraversato
dalla scia di un aereo, dell'aria turbata
da un soffio, il mosaico delle foglie al
suolo d'autunno, i riflessi di un ruscello,
un tatuaggio che lotta con i peli, i fondi
di caffè, l'erba che si muove e cerca
qualcosa, ...? Il tutto è un disegno, un
meraviglioso disegno.

Il disegno fa levare le ancore, ci fa navigare
penetrando la terra, l'aria, il fuoco, l'acqua,
lo spazio infinito. Il disegno è un diario di
viaggio, un racconto di una realtà vissuta,
o immaginata. Galleggiamo tra conscio,
inconscio, reale, immaginato, proiettato,
e siamo sempre al timone. Il gesto delle
dita, sostenute dalla mano, braccio,
spalla, spina dorsale, collo, mascelle,
tempie, cranio, cervello, è l'ultimo di una
coordinazione meravigliosa che ci fa
sentire vivi, stabili, dai piedi alla testa.

You can enter the drawing, calibrating
speed, time, place, space, and you can
sink inside, always following breath. We
are never troubled by drawing. Drawing is
a safe place, a celestial path, a reality that
never deceives, even when it doesn't want
to reveal the truth.

Notes of happiness is my daily journal
where I write everything I see, hear,
feel, hope, desire, and especially what
surprises me when I look with the eyes
of someone seeing the world for the first
time. Priorities don't exist in drawings,
neither do necessities. There is only the
opportunity to shape places as they are in
the imagined reality.

These drawings are made with fingertips
on an iPhone, ArtStudio app. Forced by
frequent travels to find practical support,
since 2010.

Nel disegno ci si può entrare, calibrando
velocità, tempo, luogo, spazio e ci si può
sprofondare dentro, ma sempre seguendo
il nostro respiro. Non siamo mai turbati dal
disegno. Il disegno è un luogo sicuro, una
via celeste, una realtà che non inganna
mai, anche quando non vuole dire la verità.

Note di felicità è il mio taccuino giornaliero
per annotare ciò che vedo, sento, provo,
spero, vorrei, e soprattutto ciò che mi
stupisce quando guardo con gli occhi di
chi il mondo lo vede per la prima volta.
Le priorità non esistono nel disegno,
nemmeno le necessità, esiste solo
l'opportunità di dare forma ai luoghi come
lo sono nella realtà immaginata.

I disegni sono eseguiti con i polpastrelli su
iPhone, applicazione ArtStudio. Costretto
dai frequenti viaggi a trovare un supporto
pratico, dal 2010.

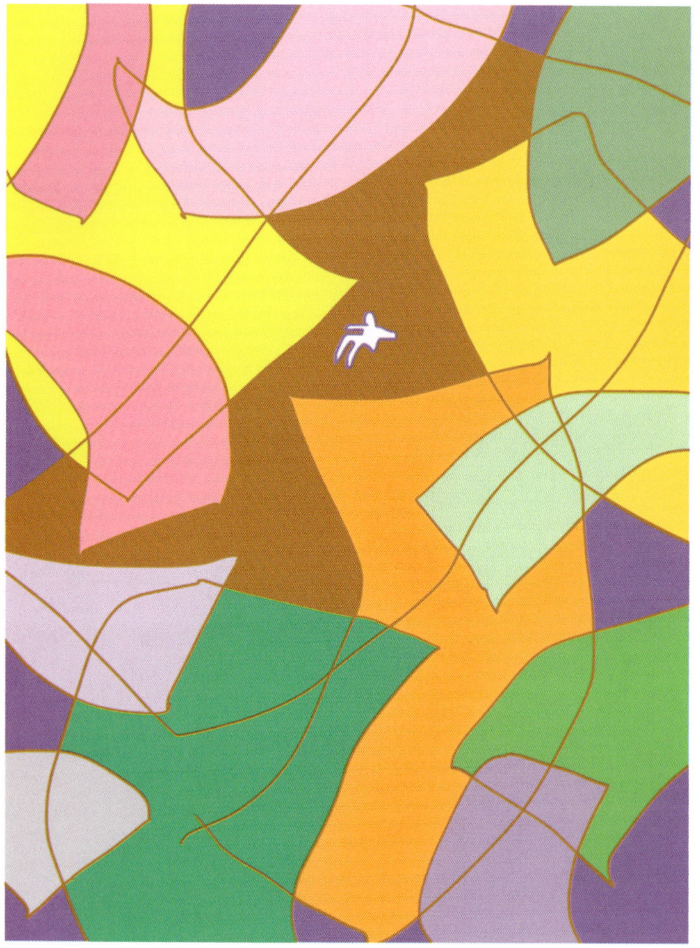

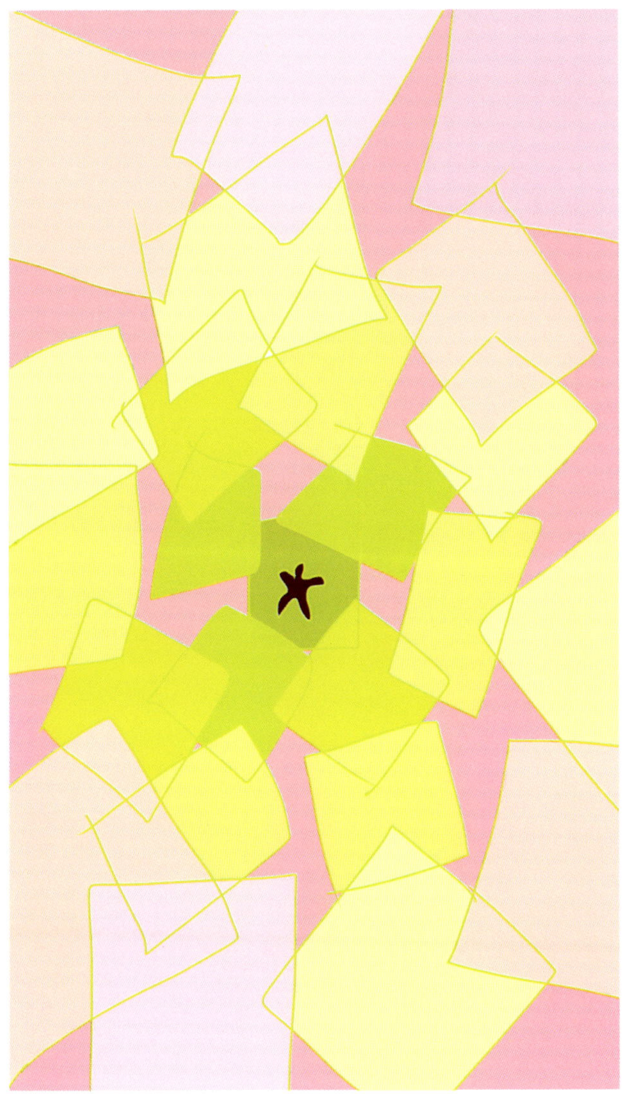

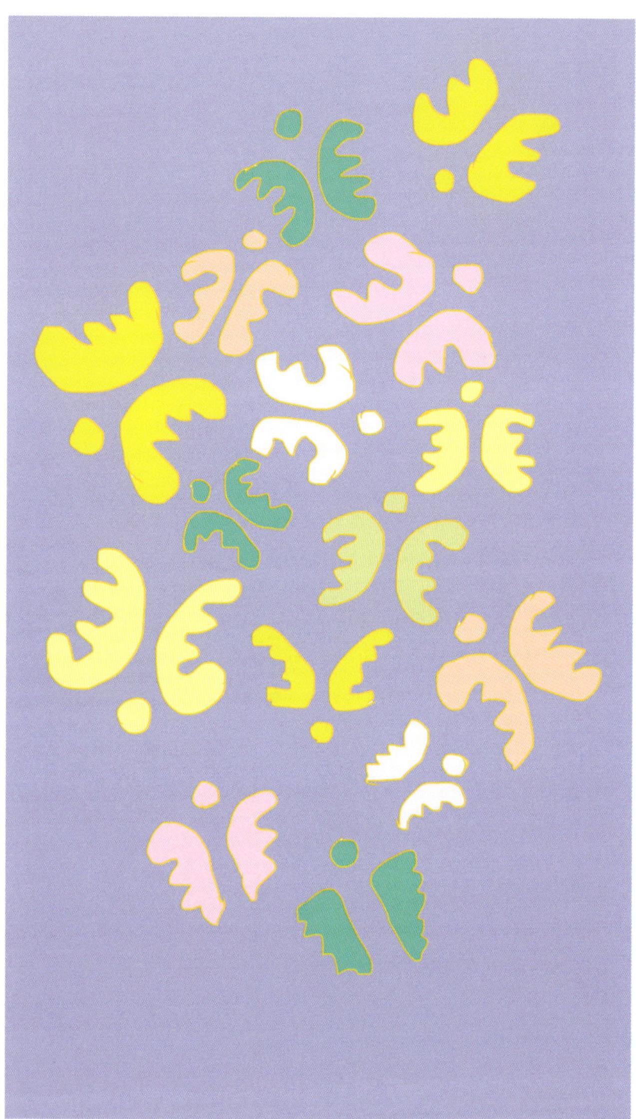

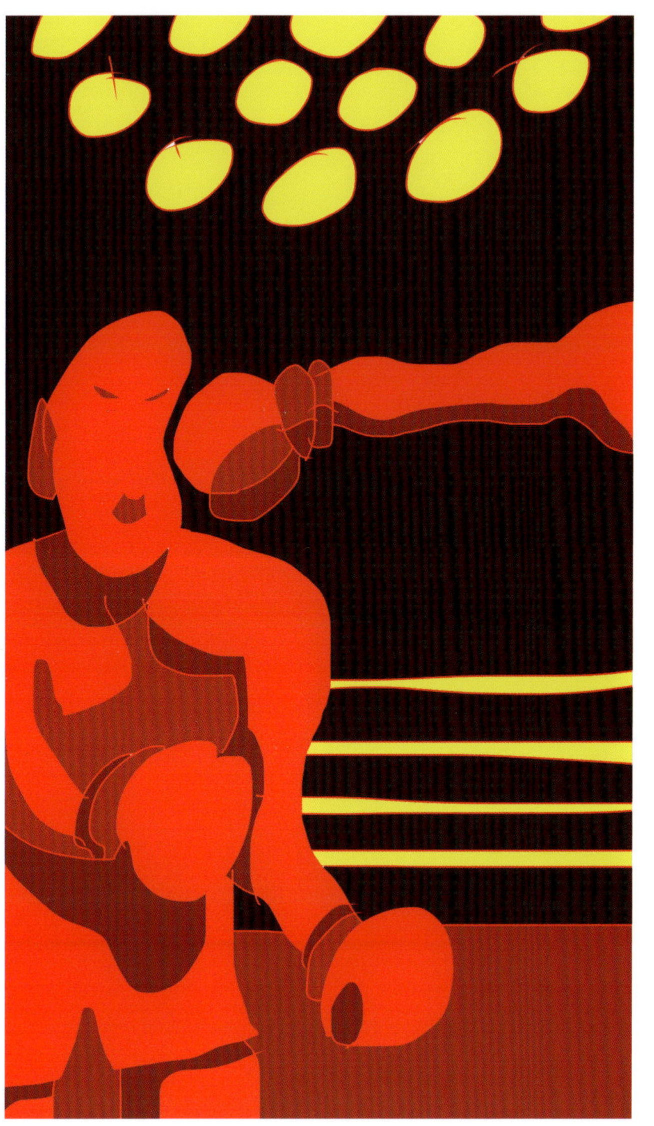

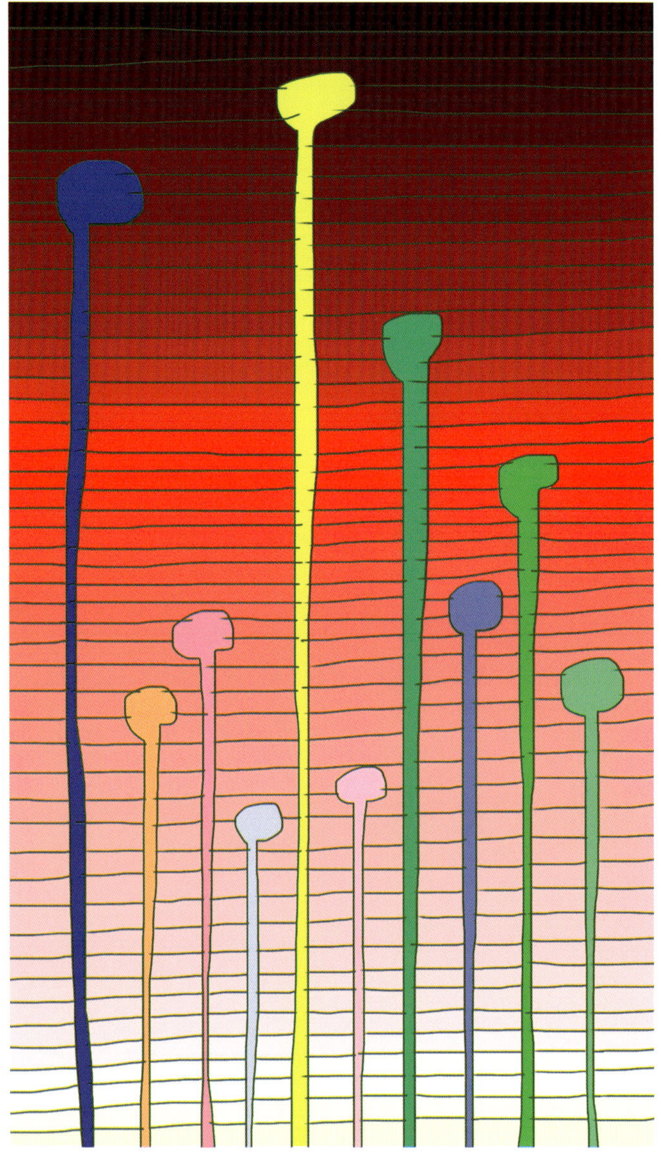

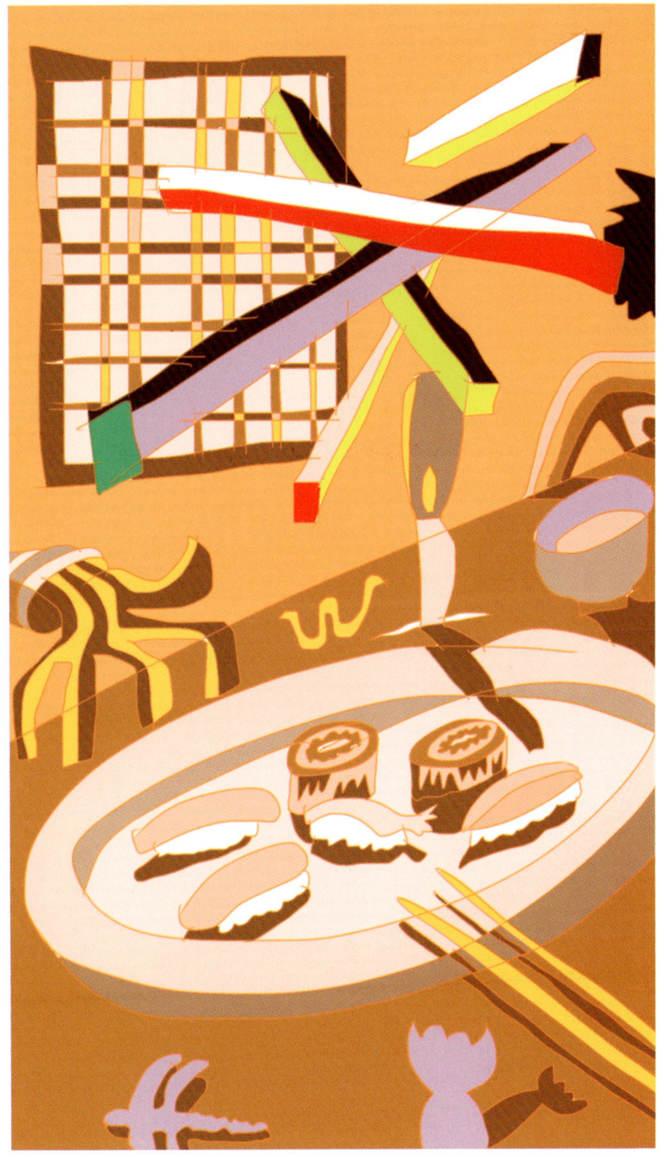

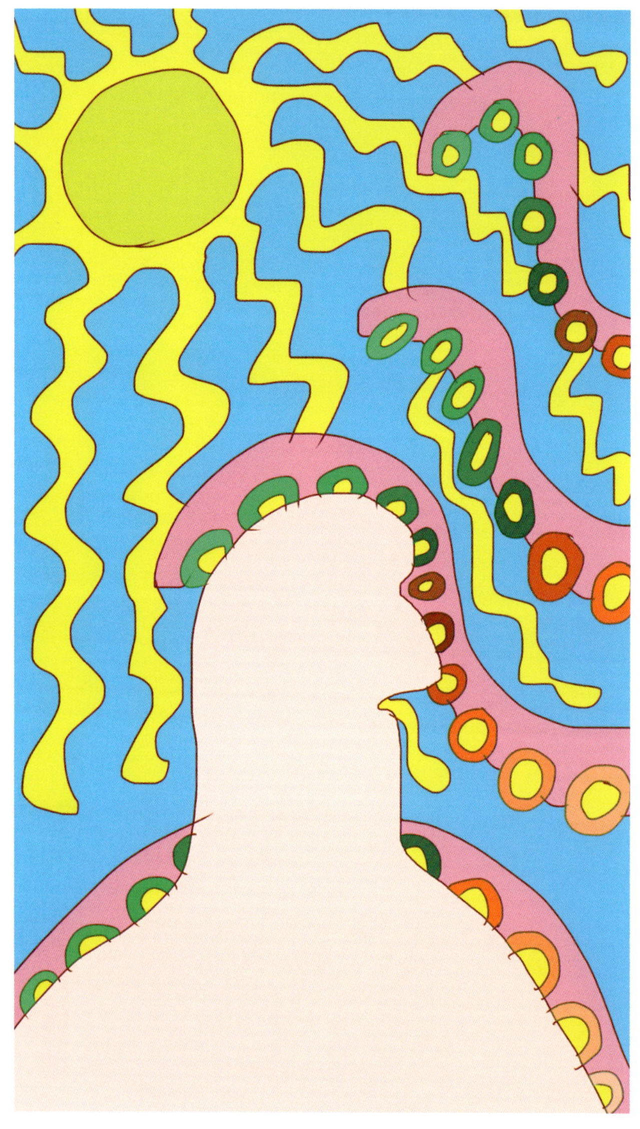

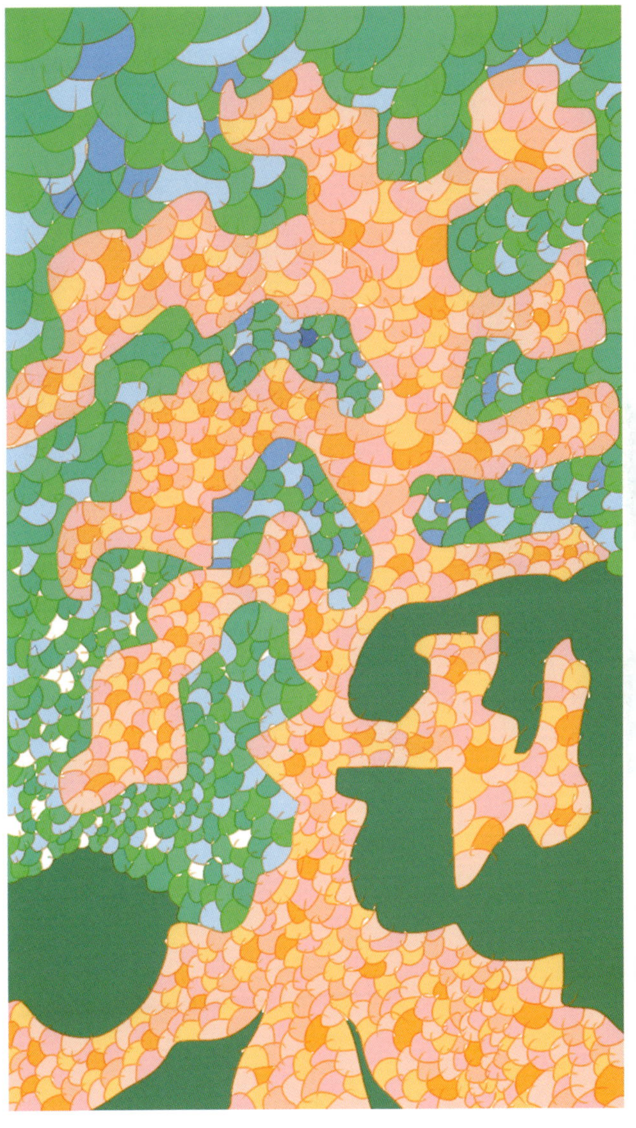

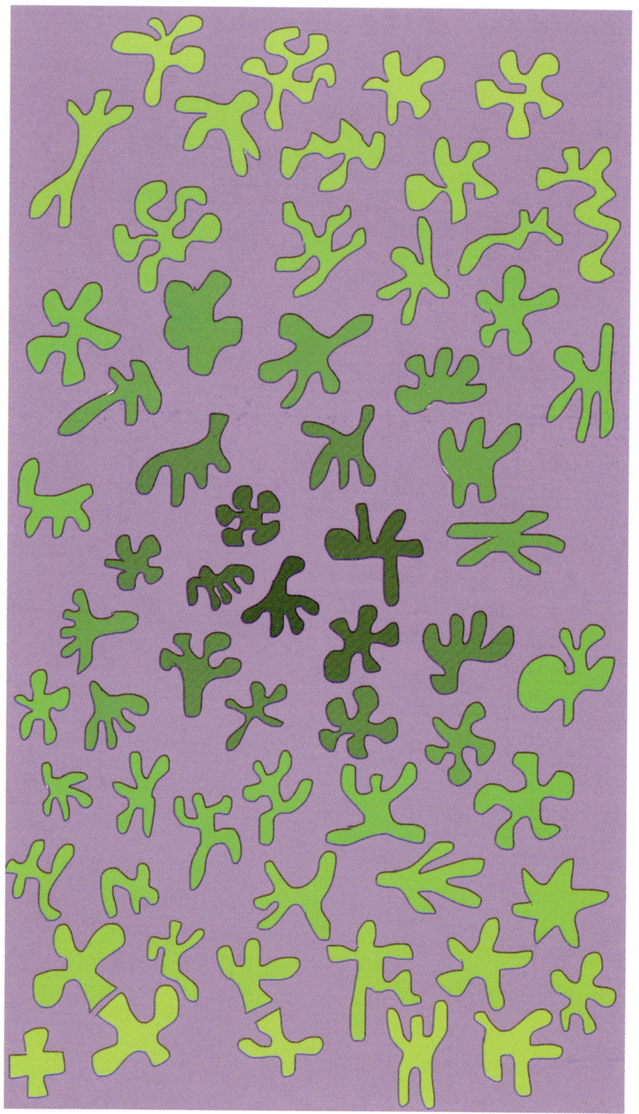

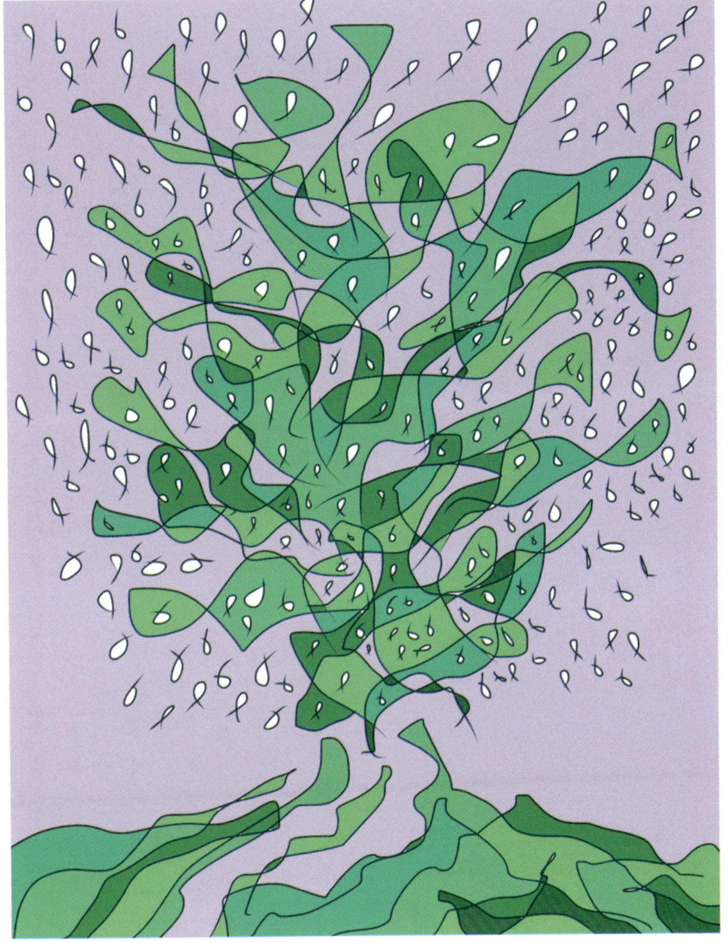

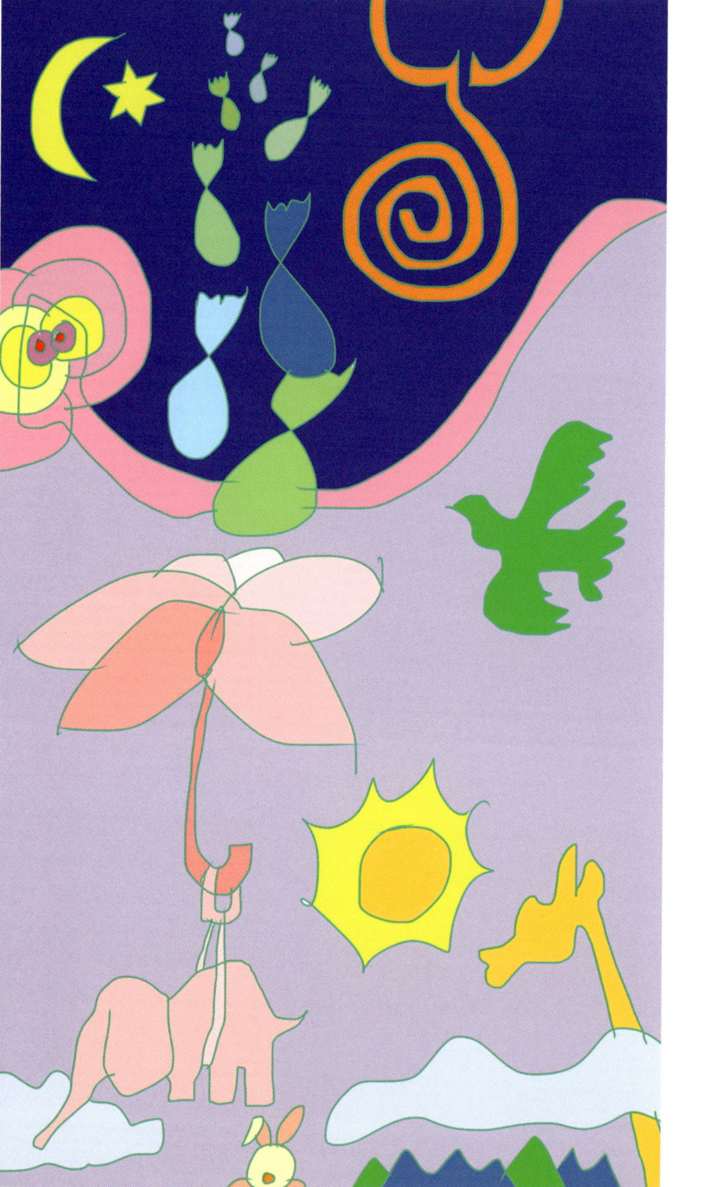

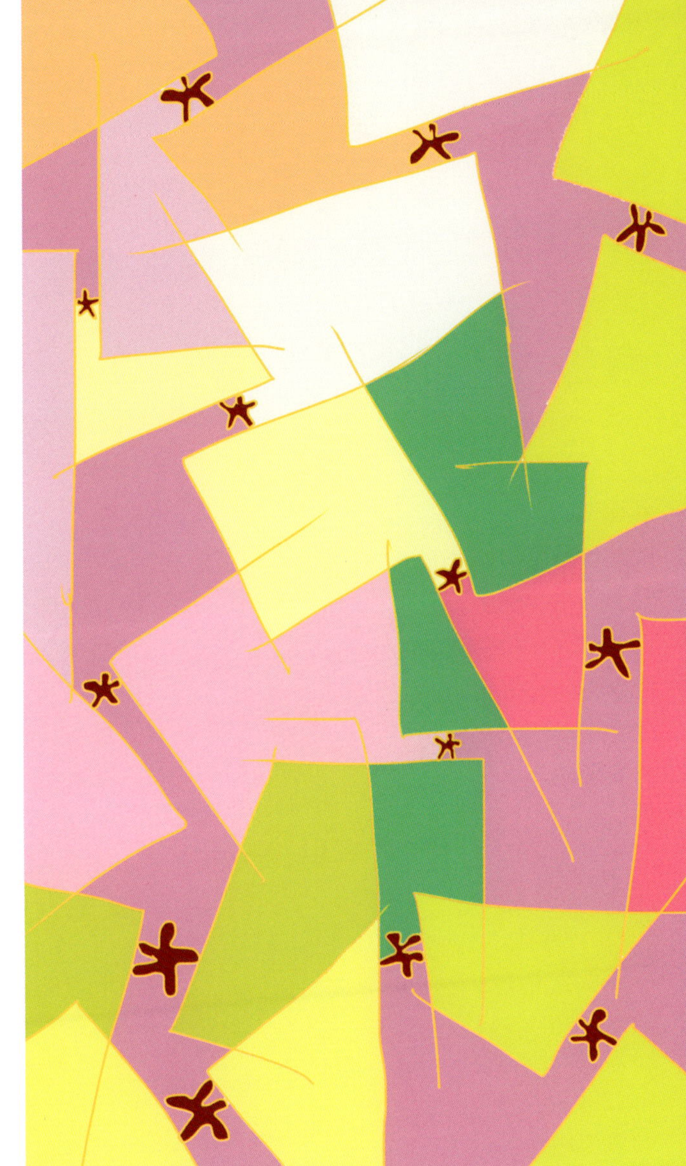

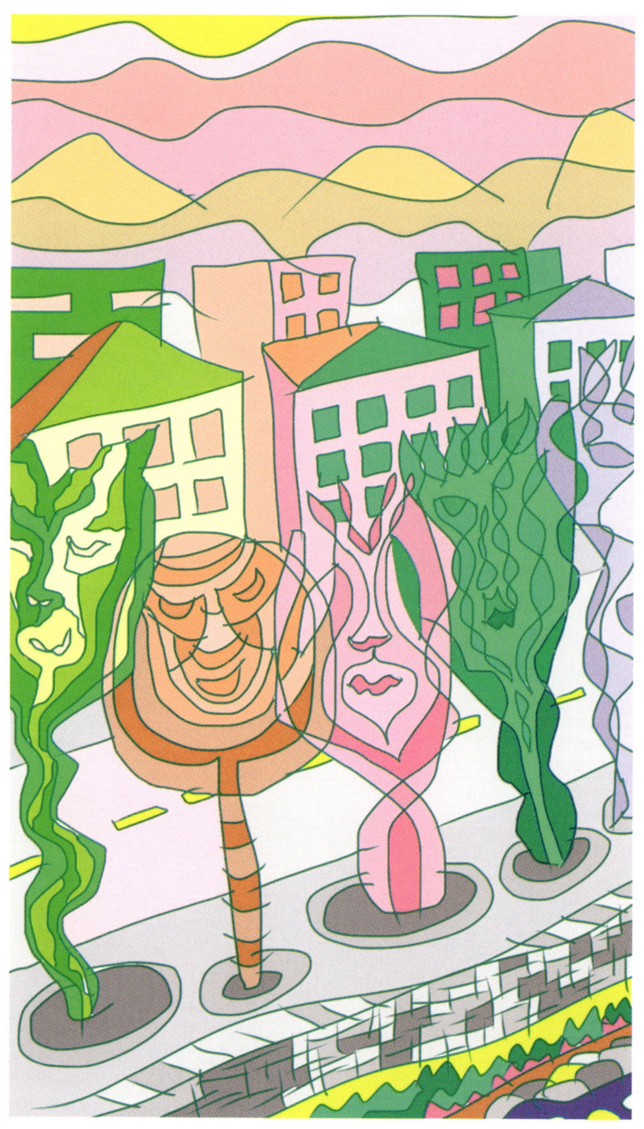

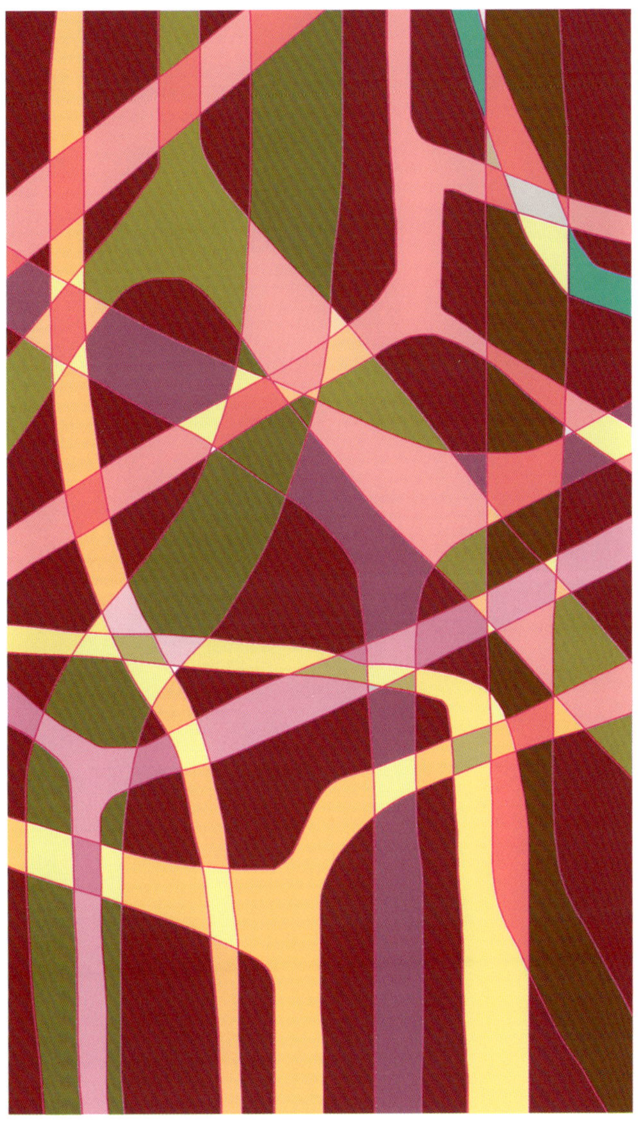

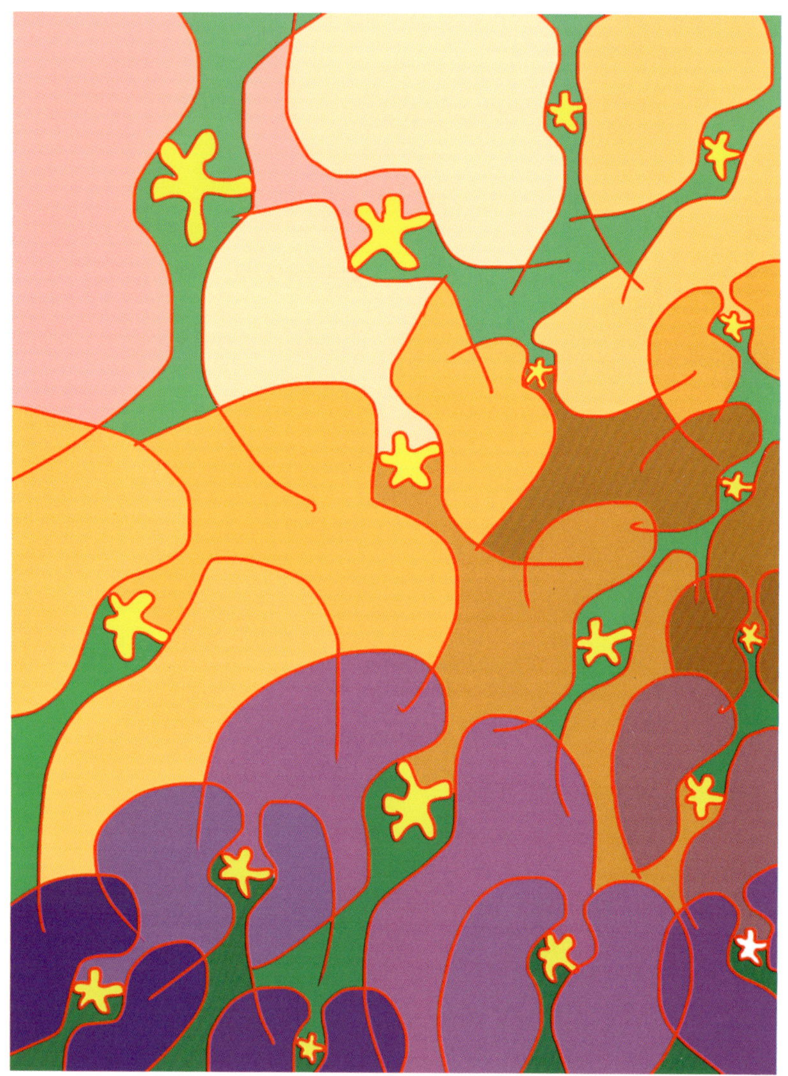

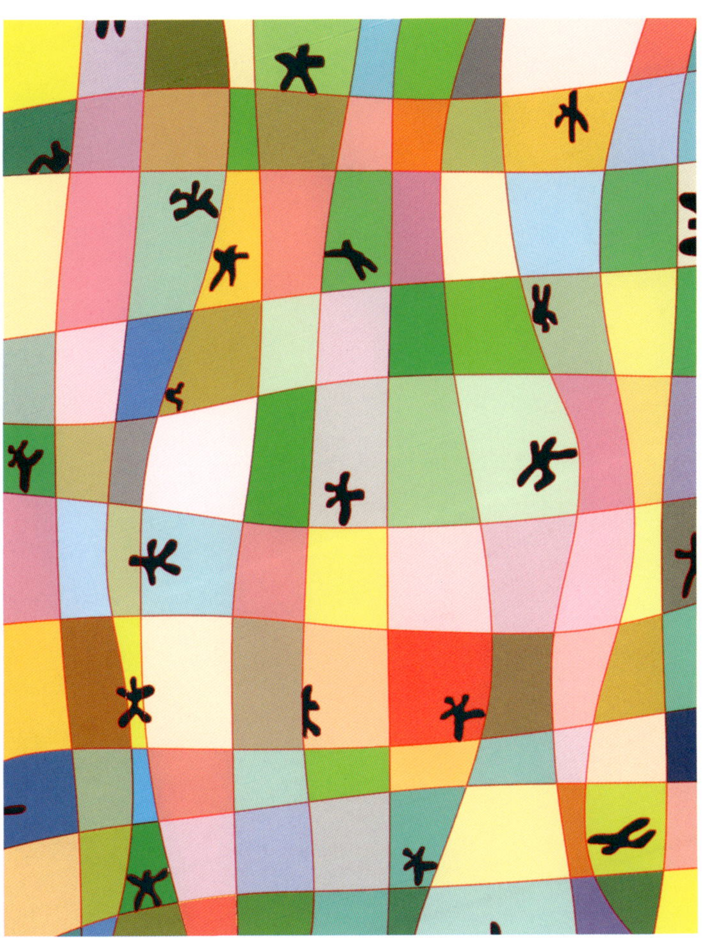

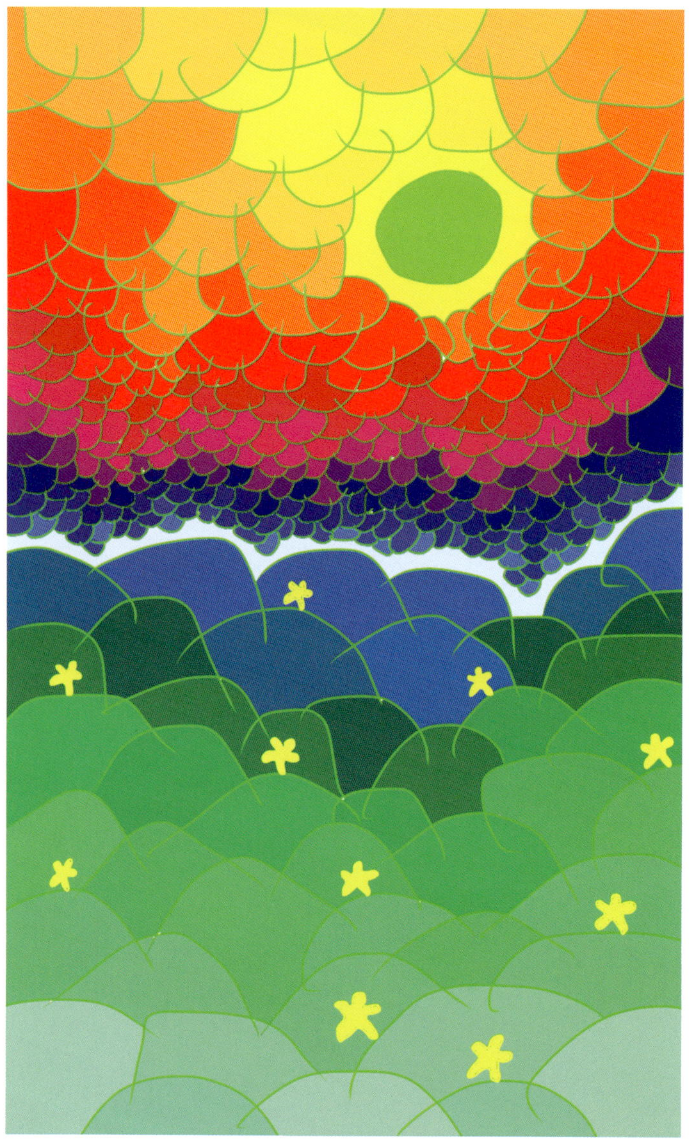

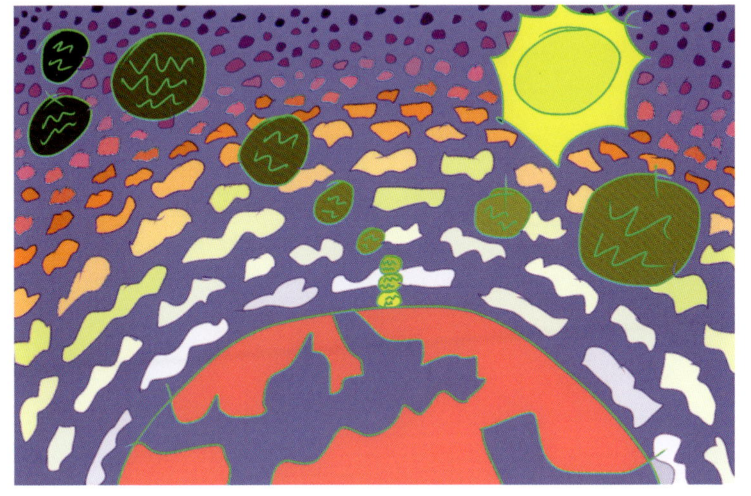

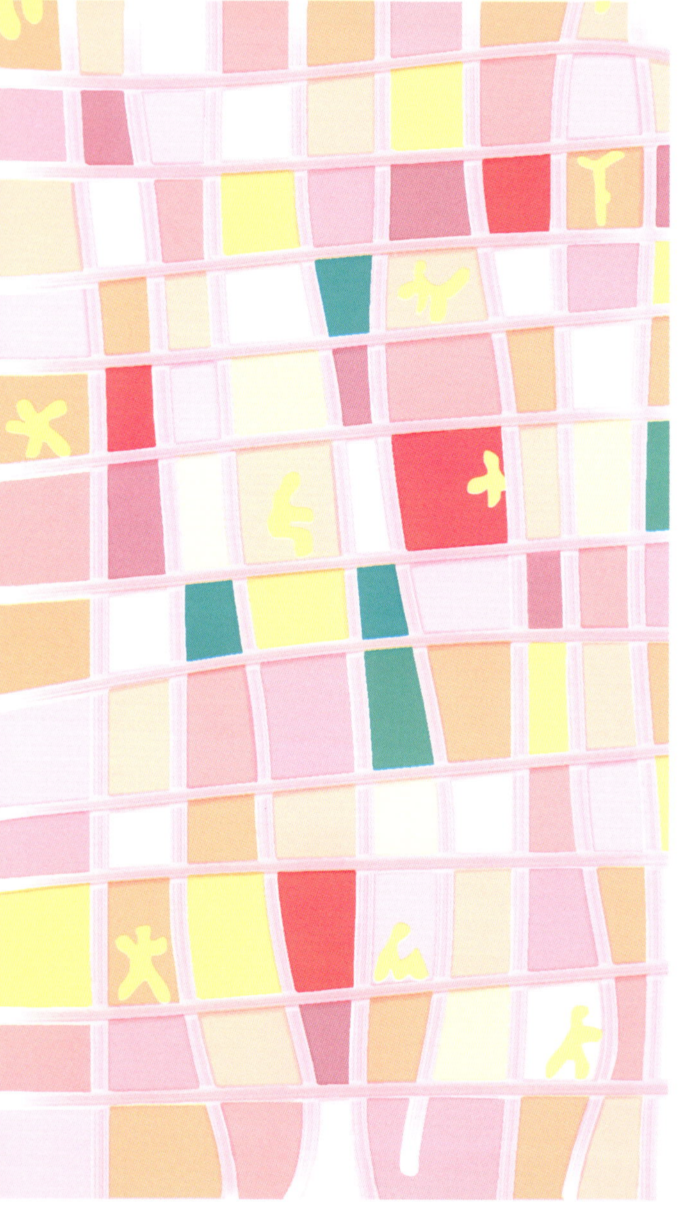

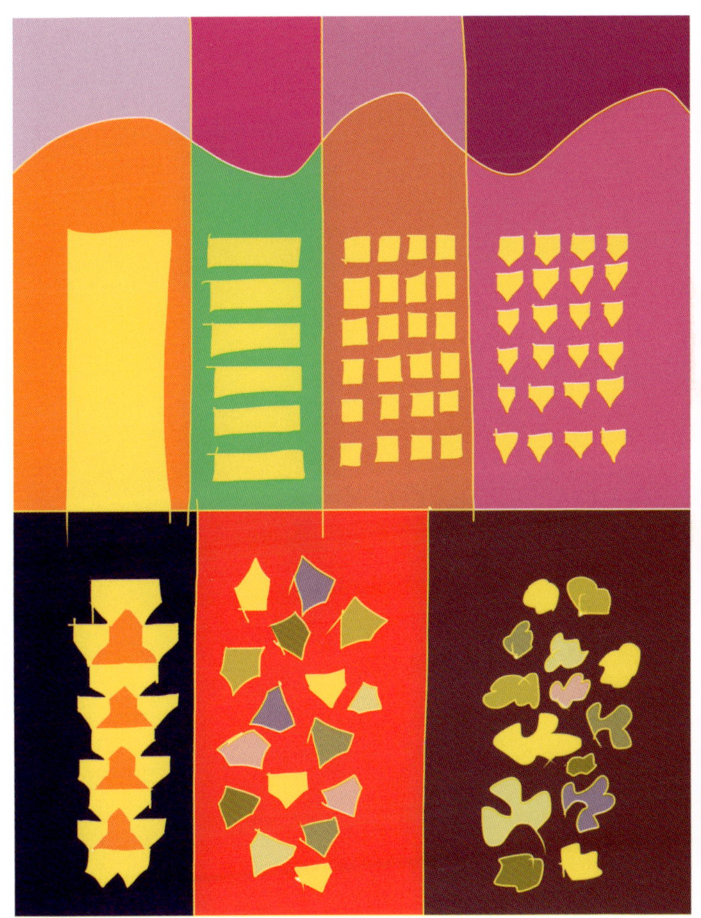

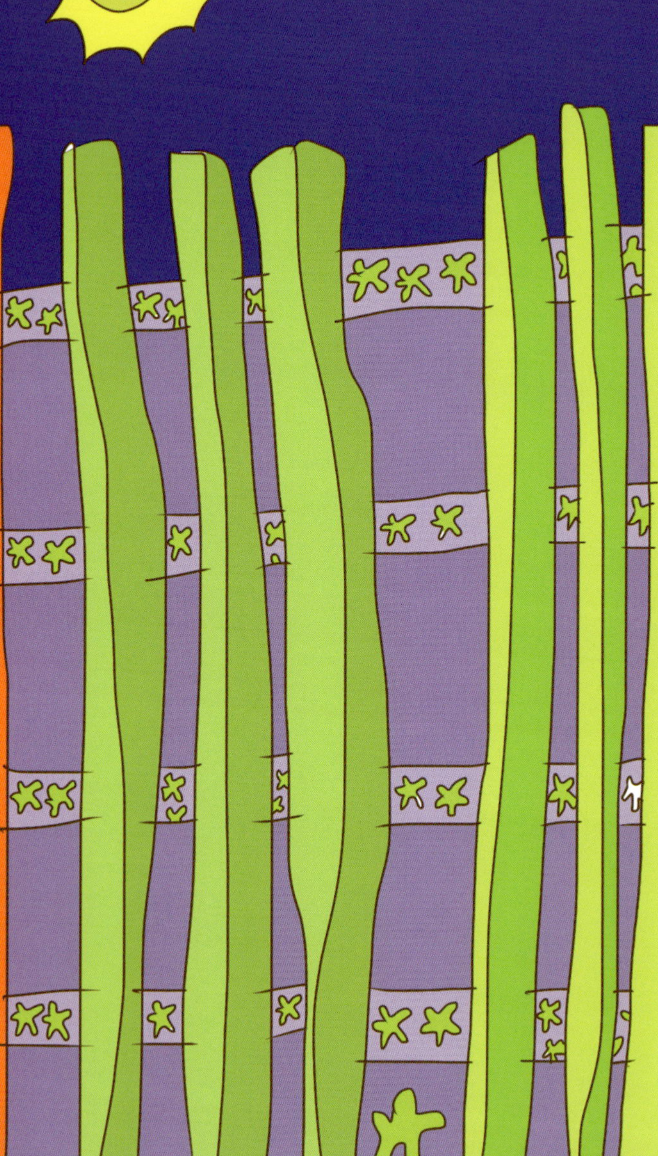

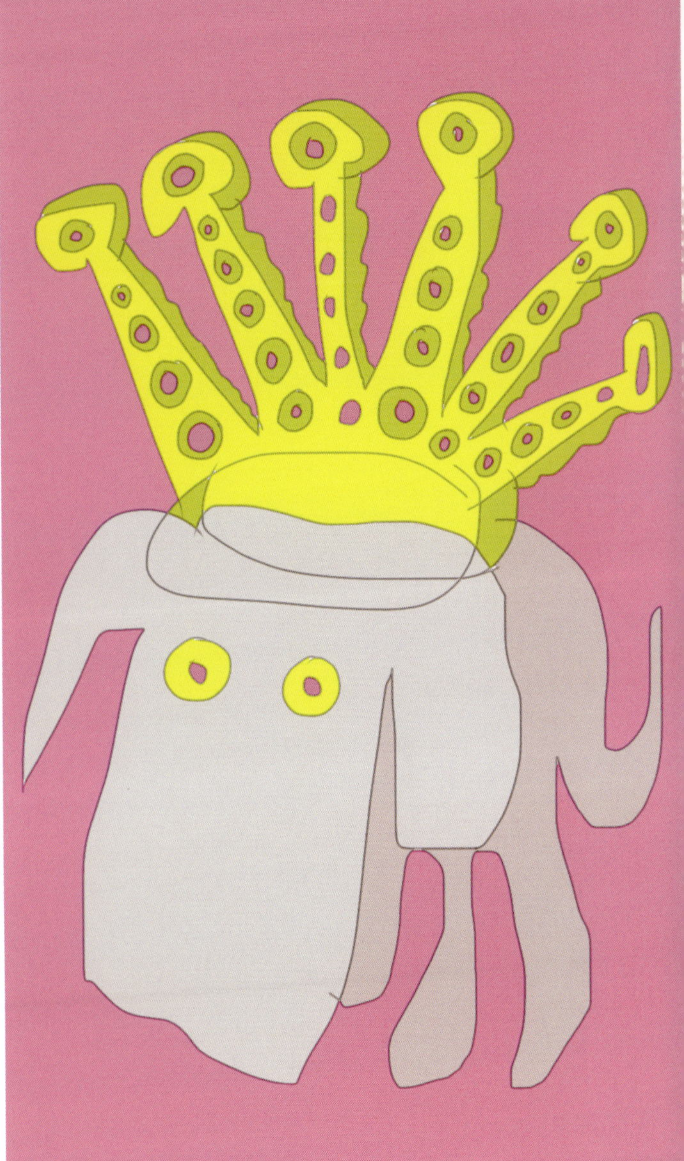

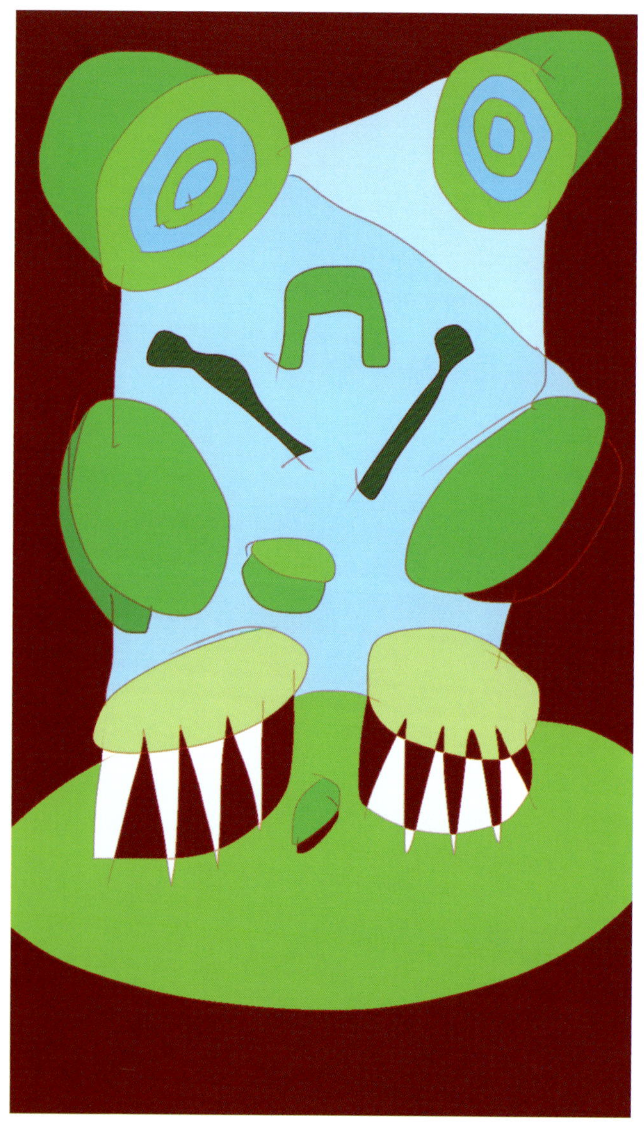

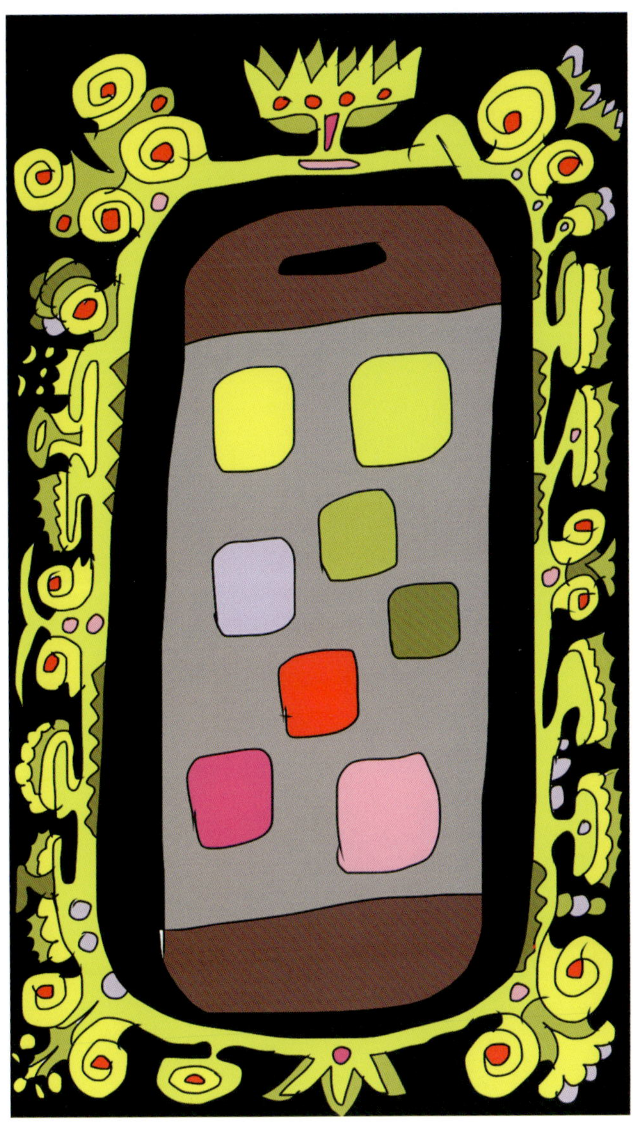

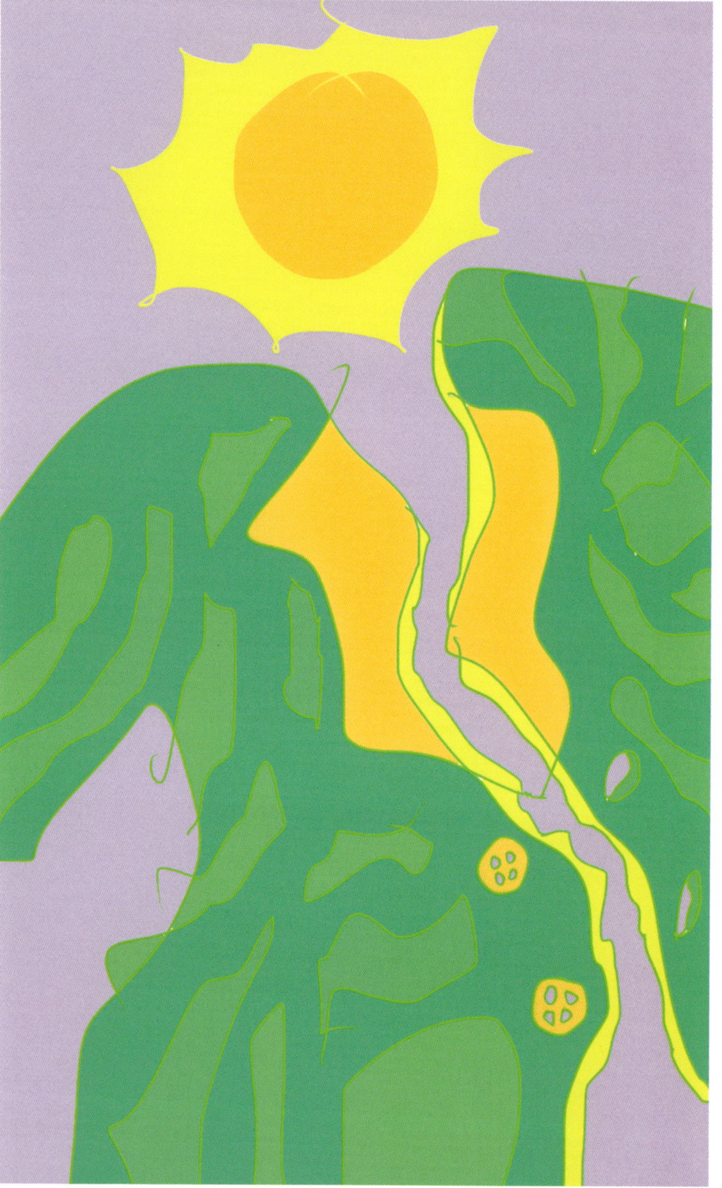

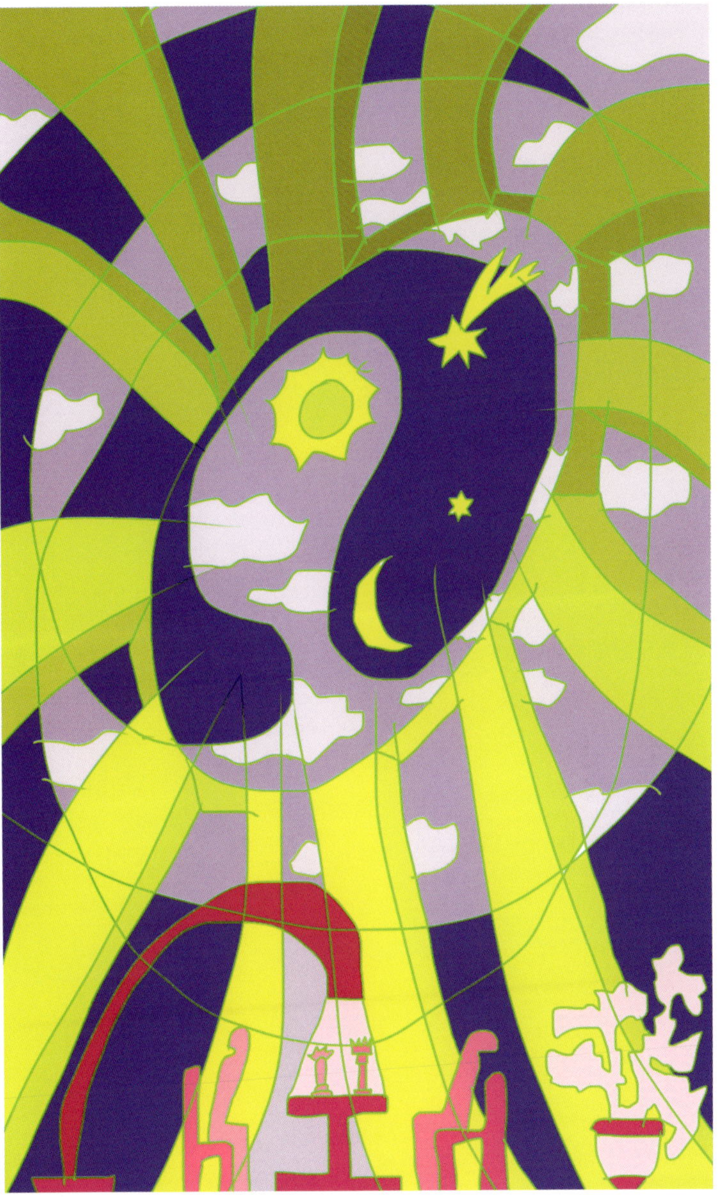

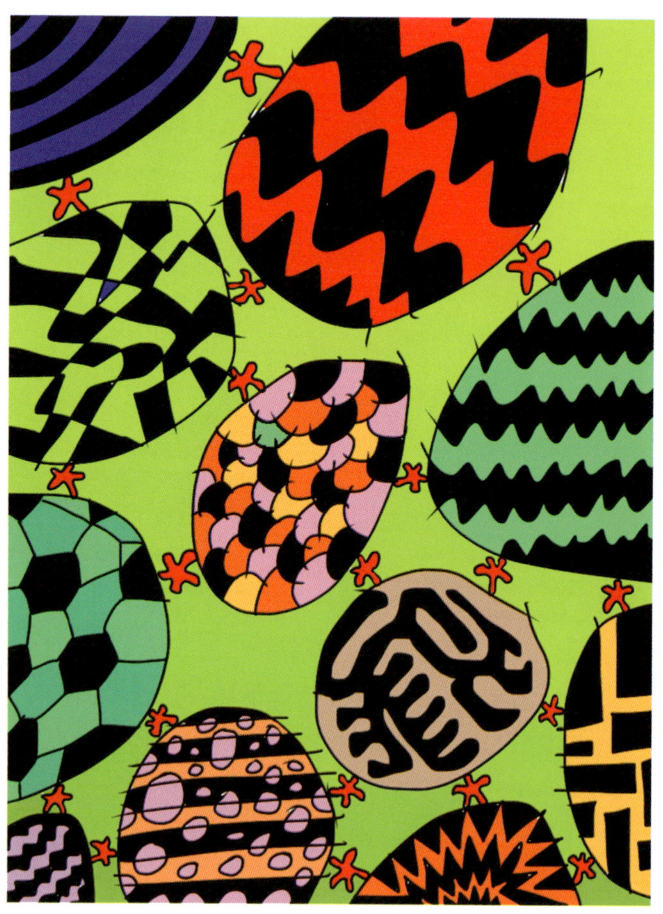

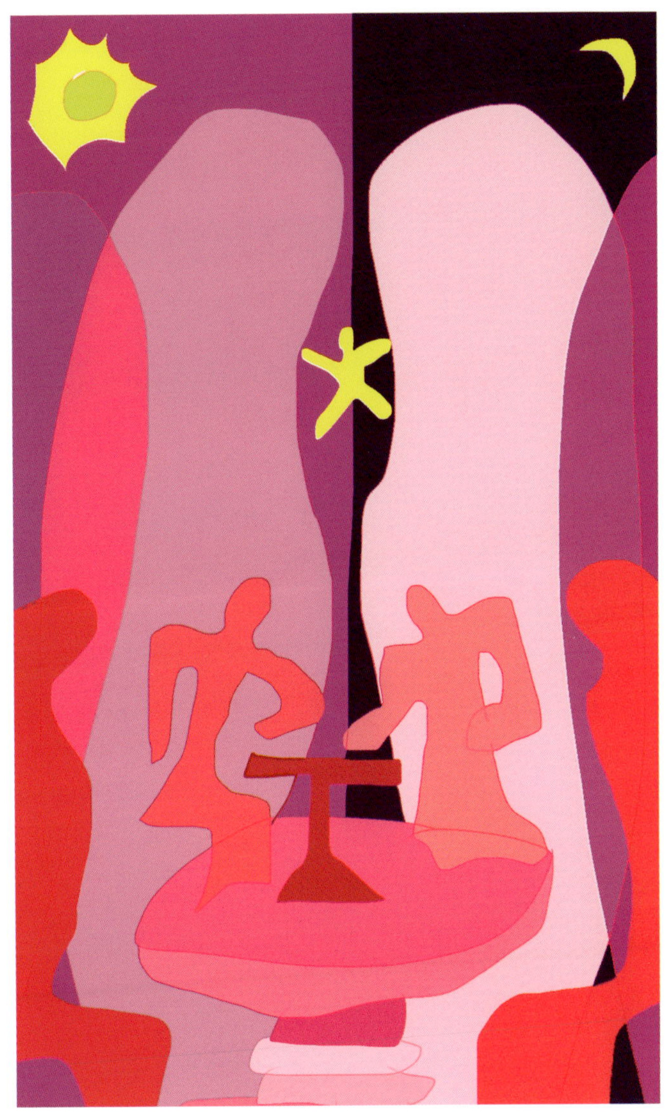

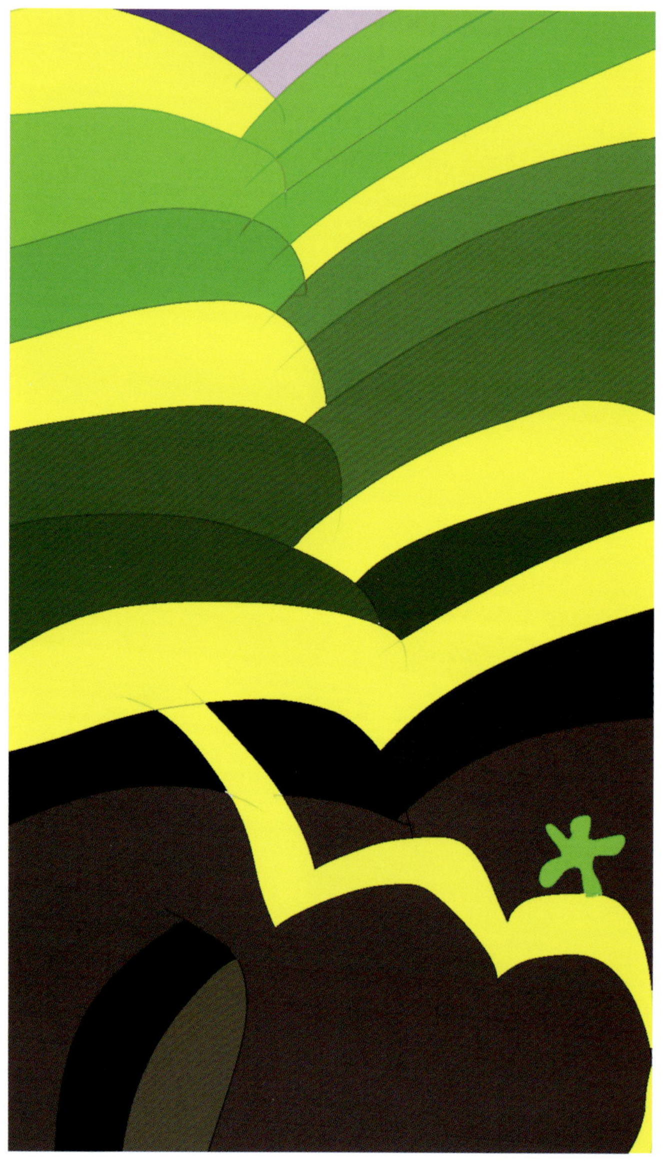

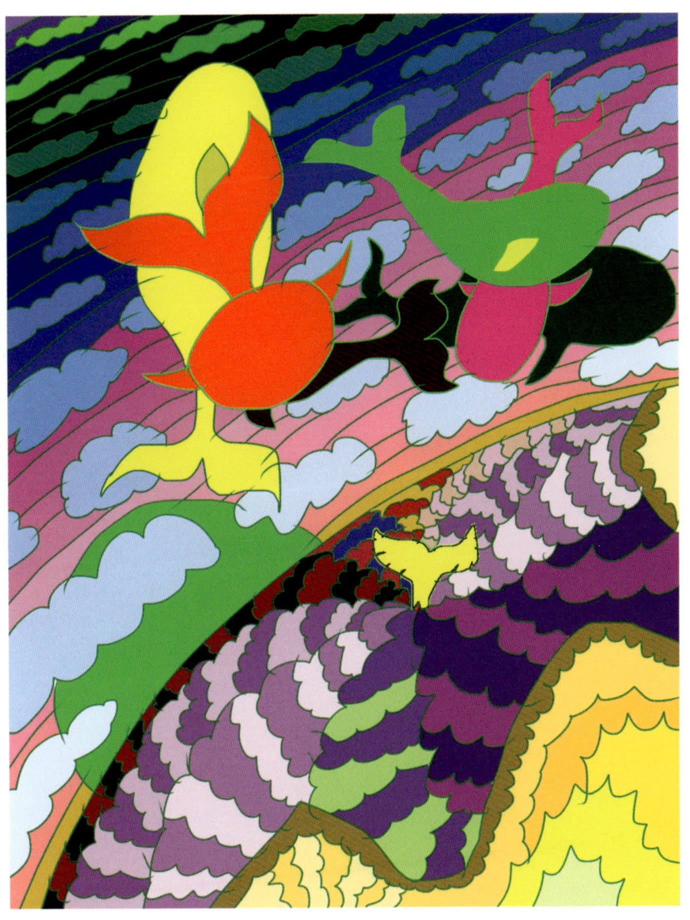

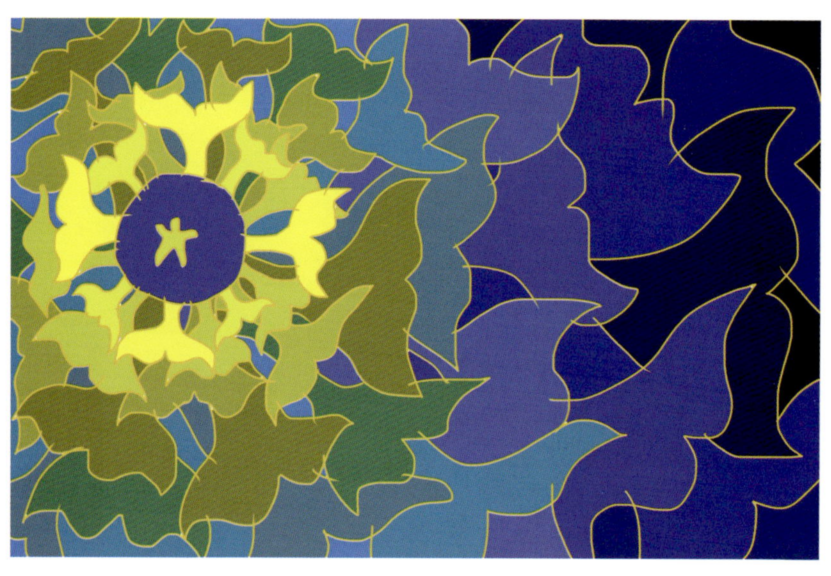

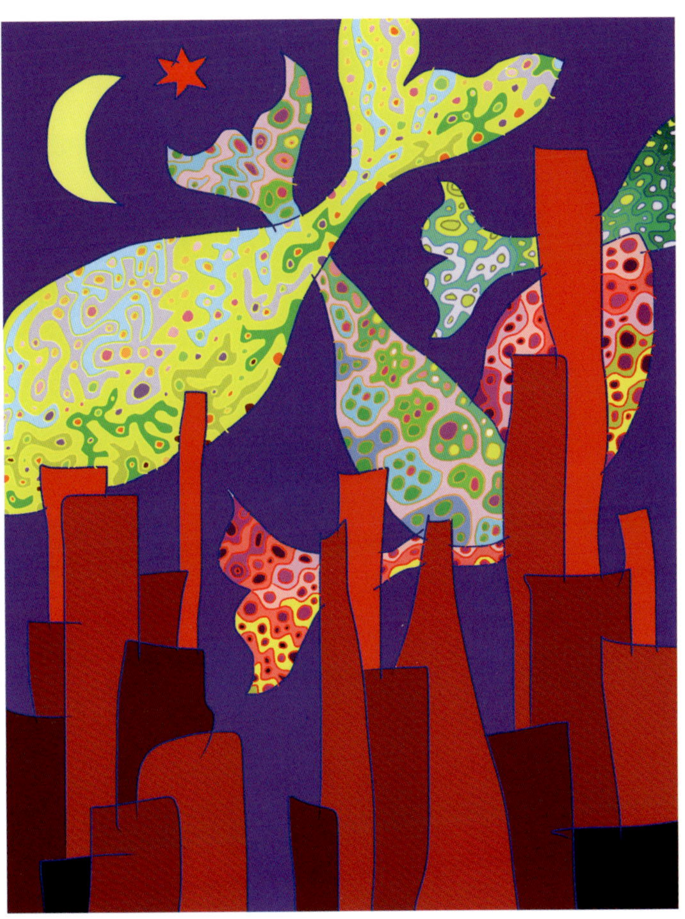

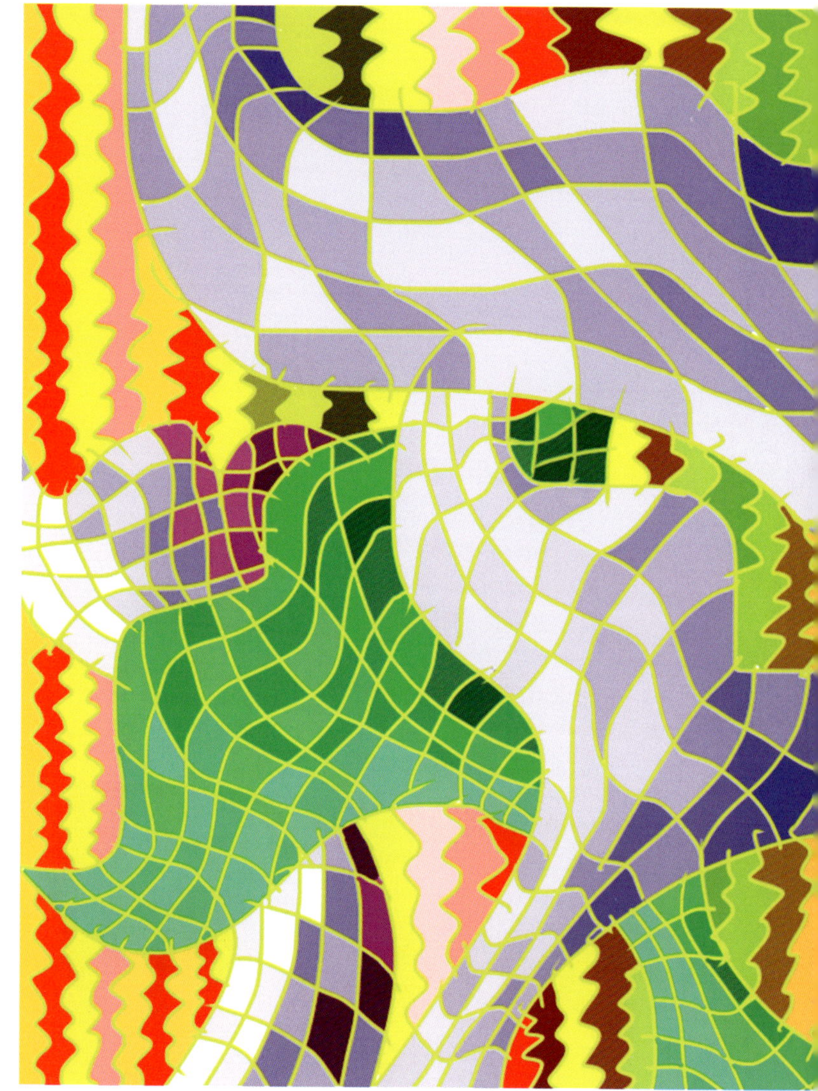

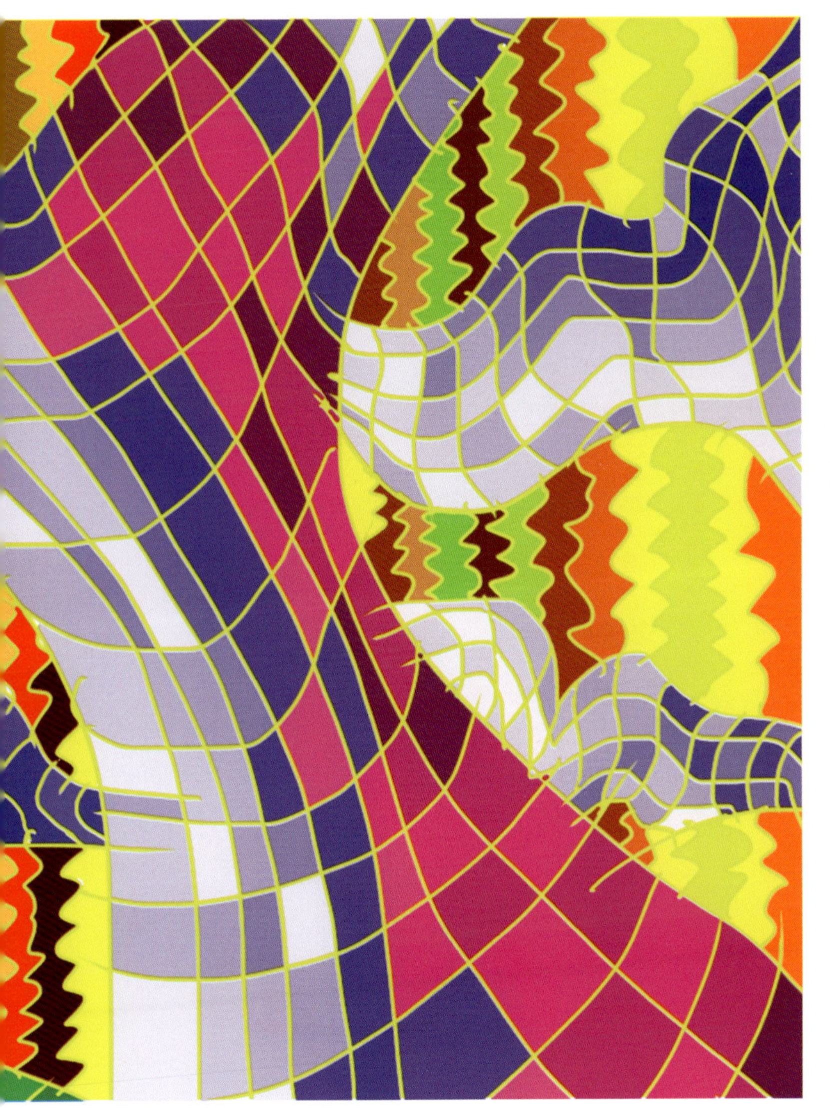

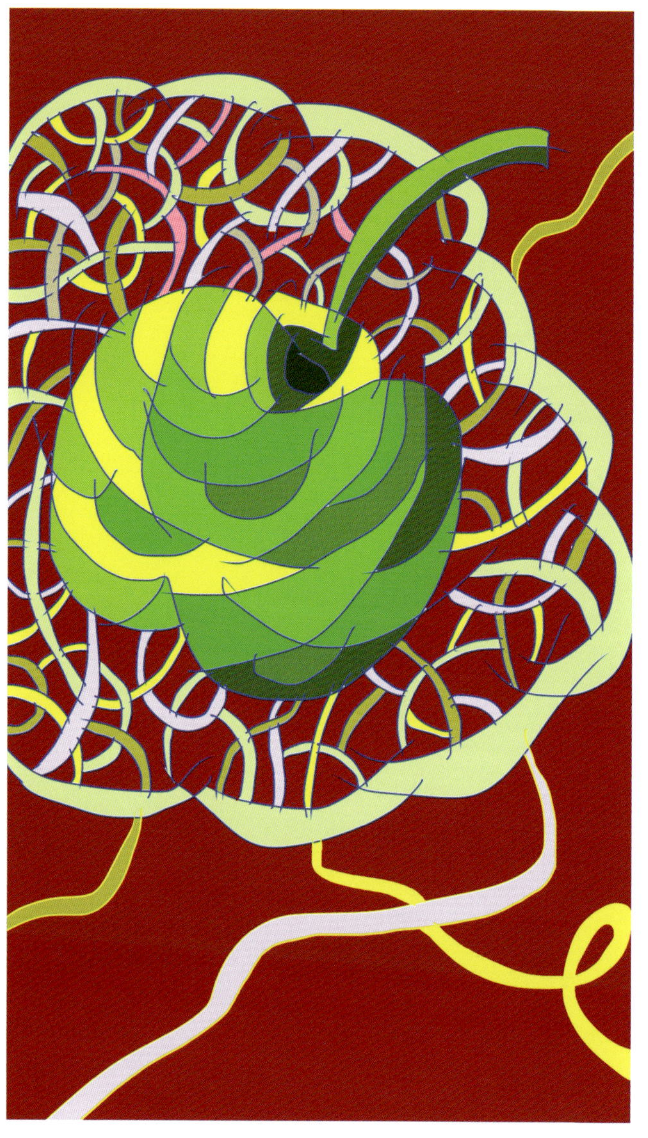

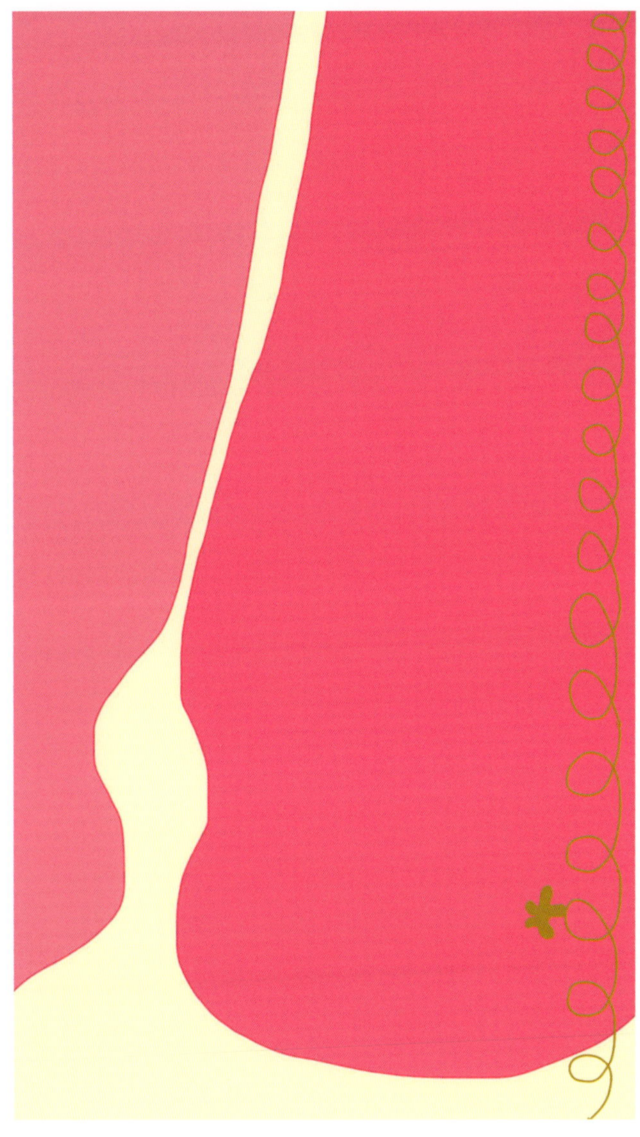

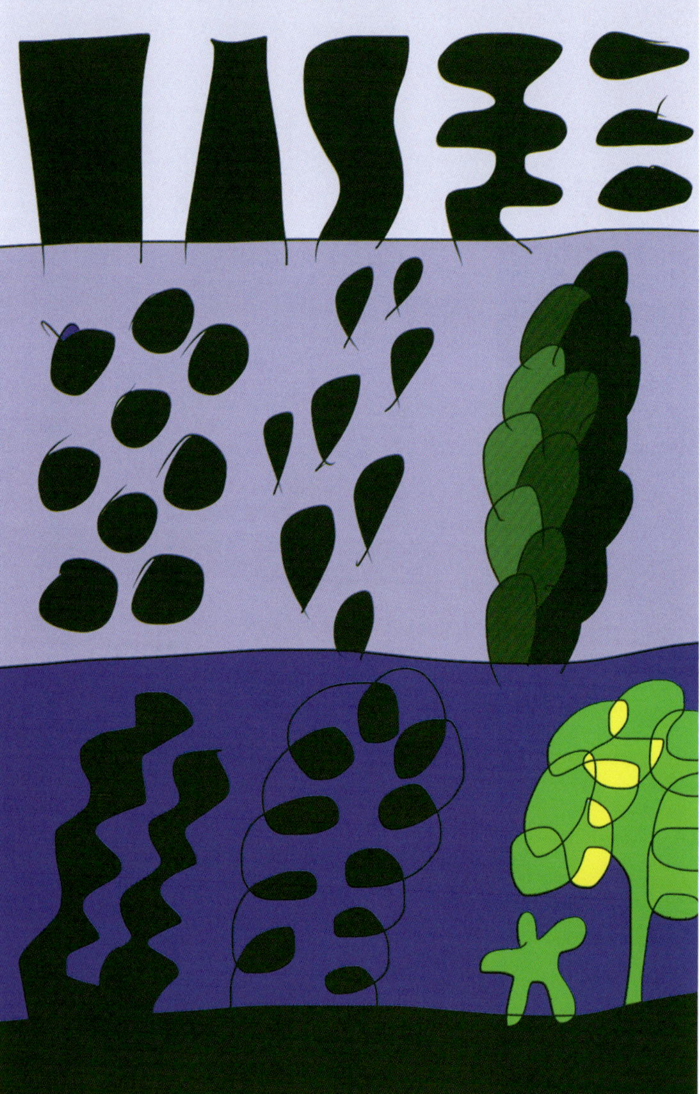

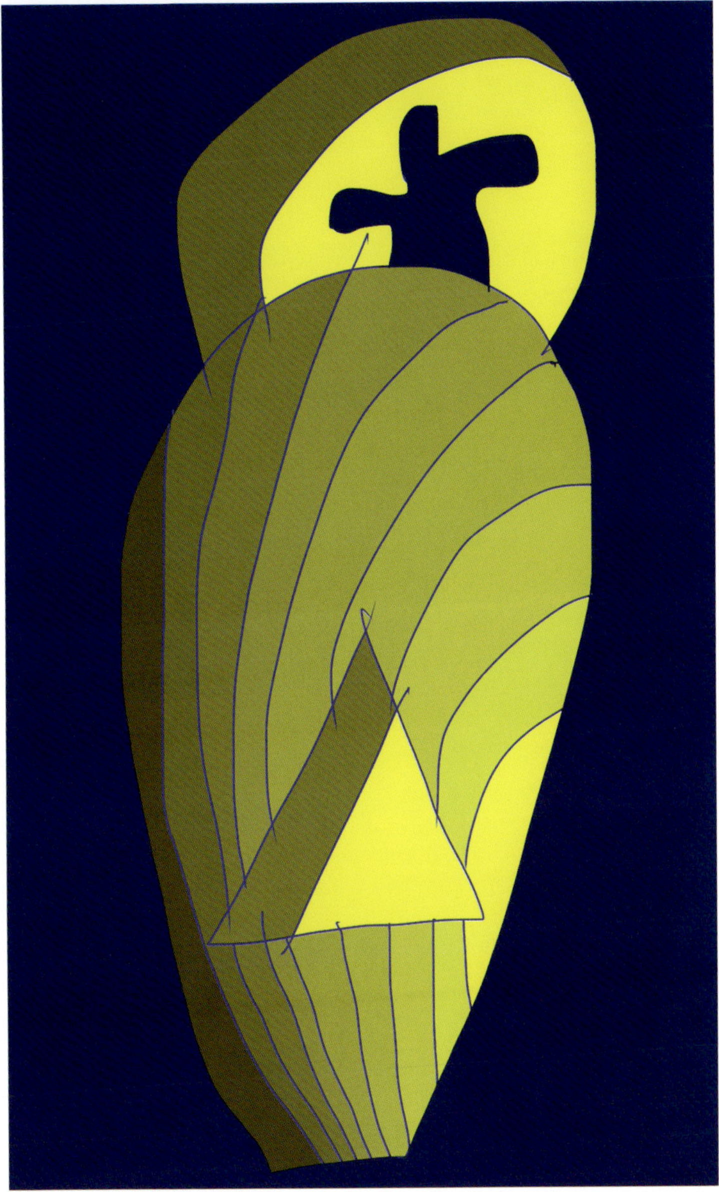

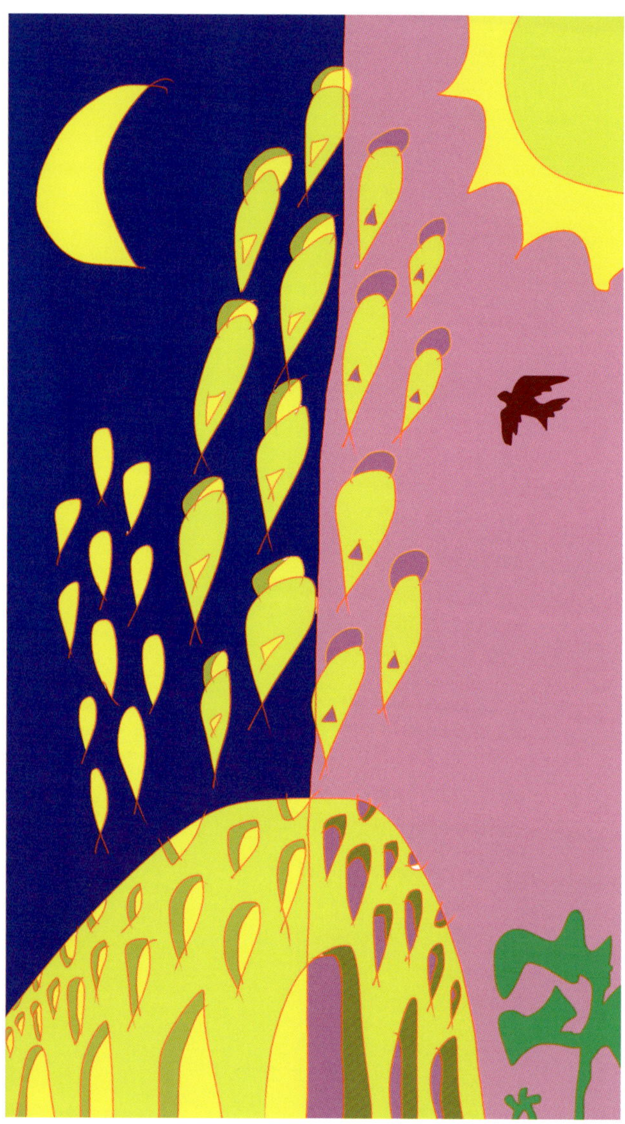

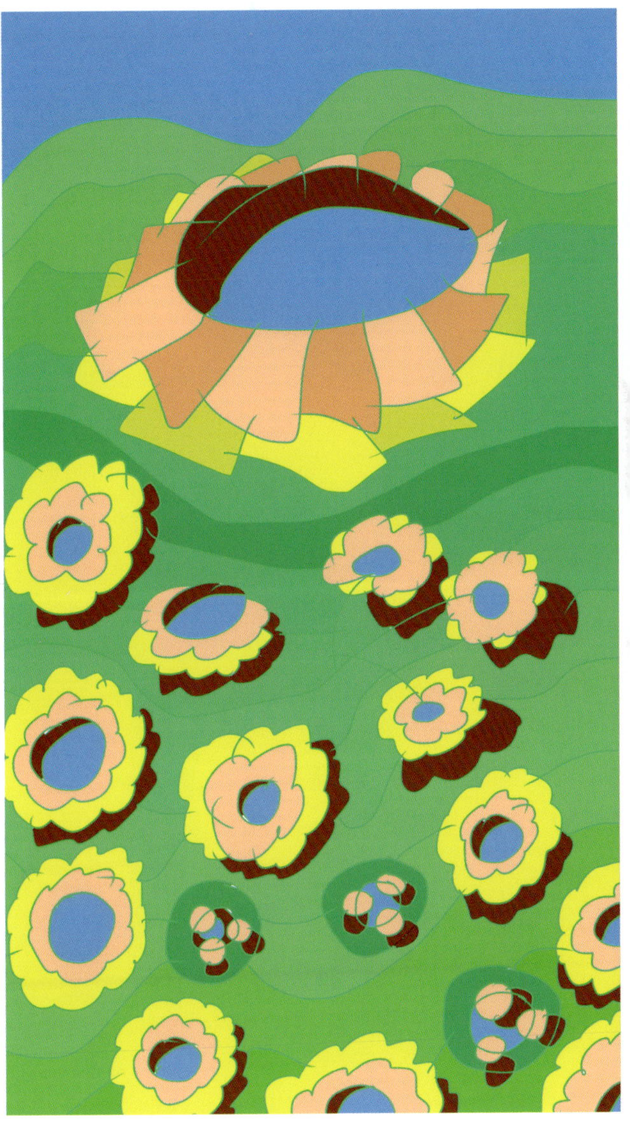

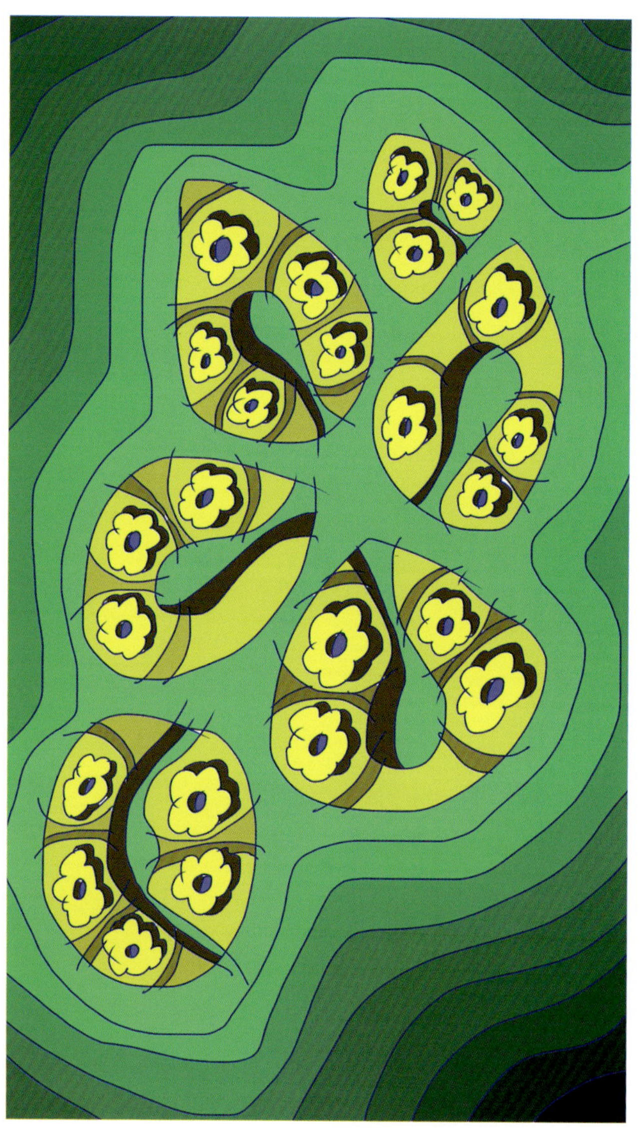

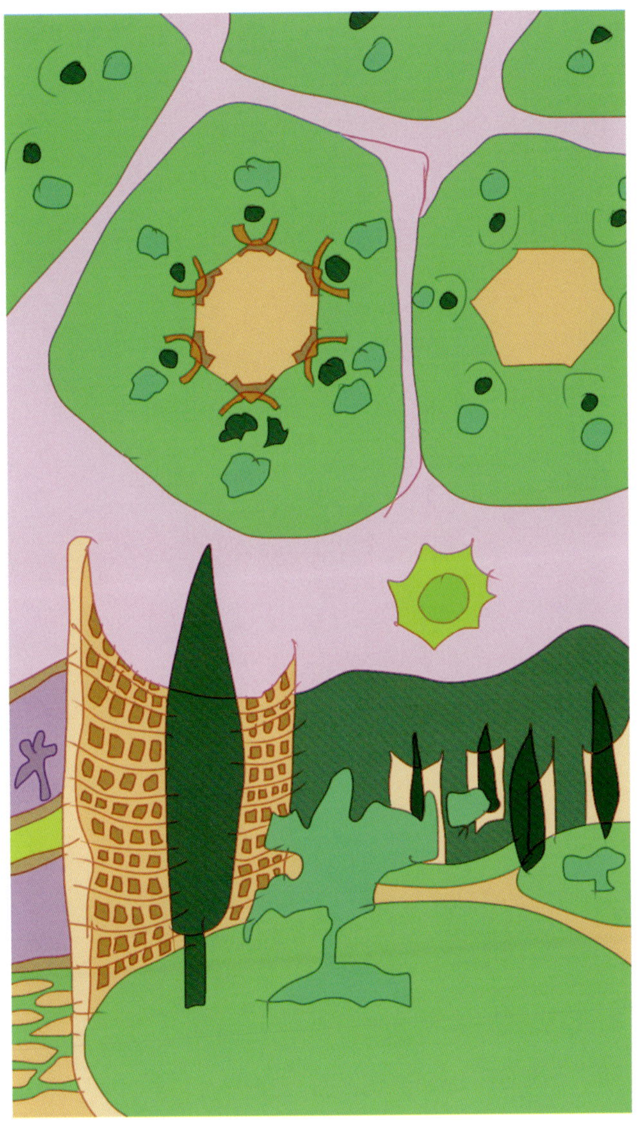

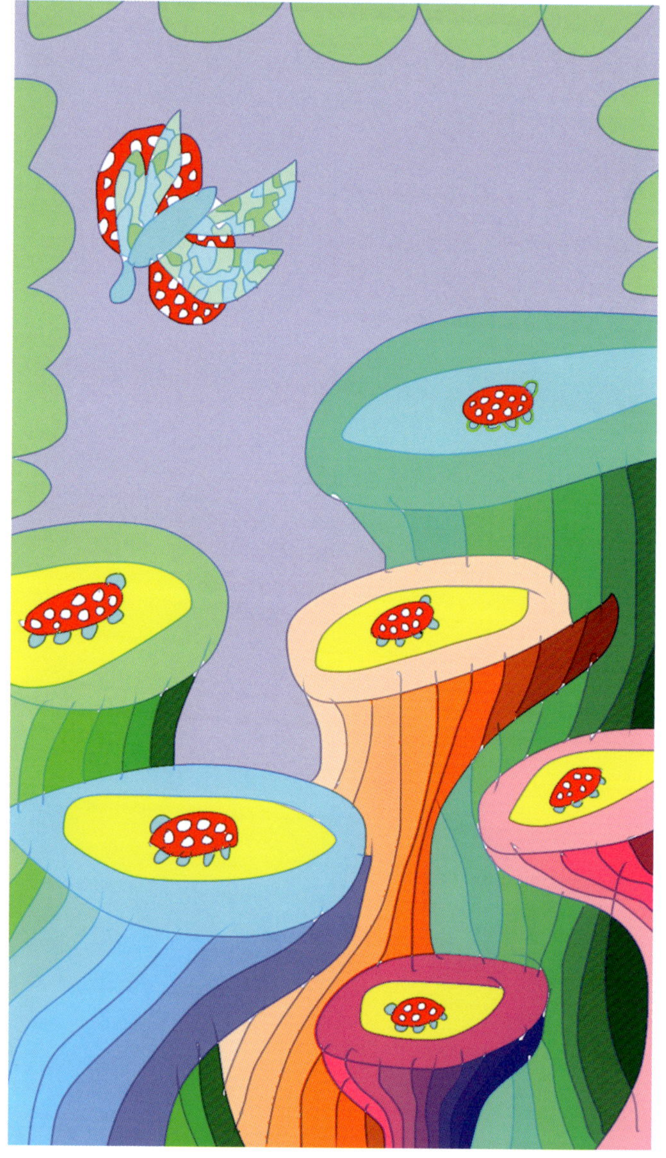

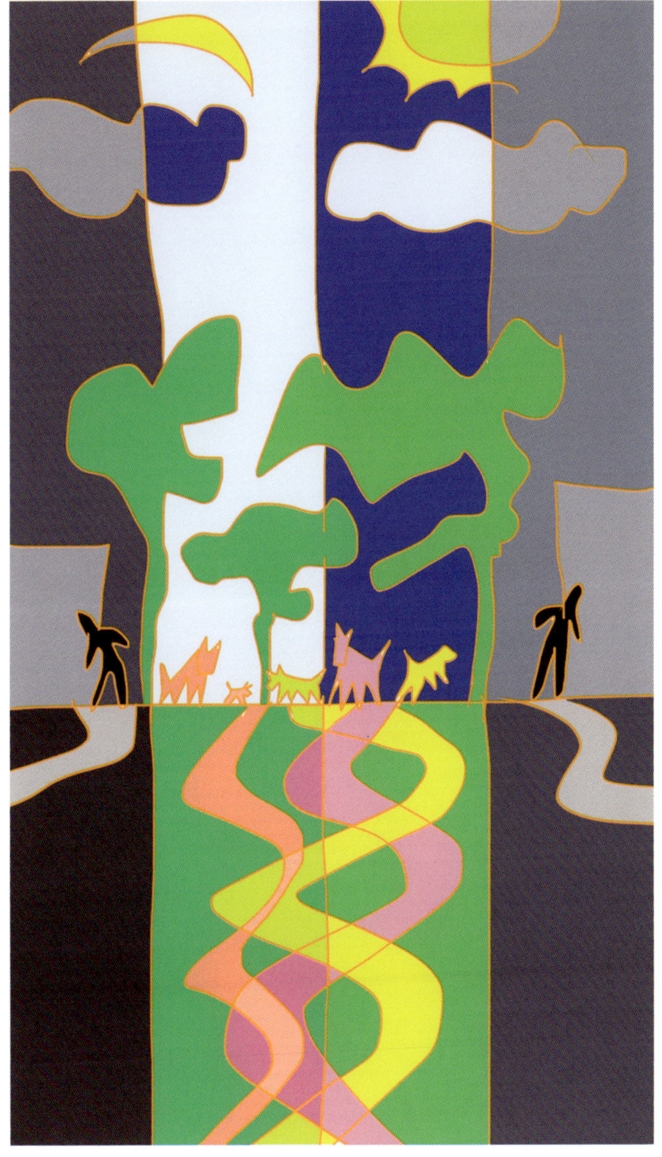

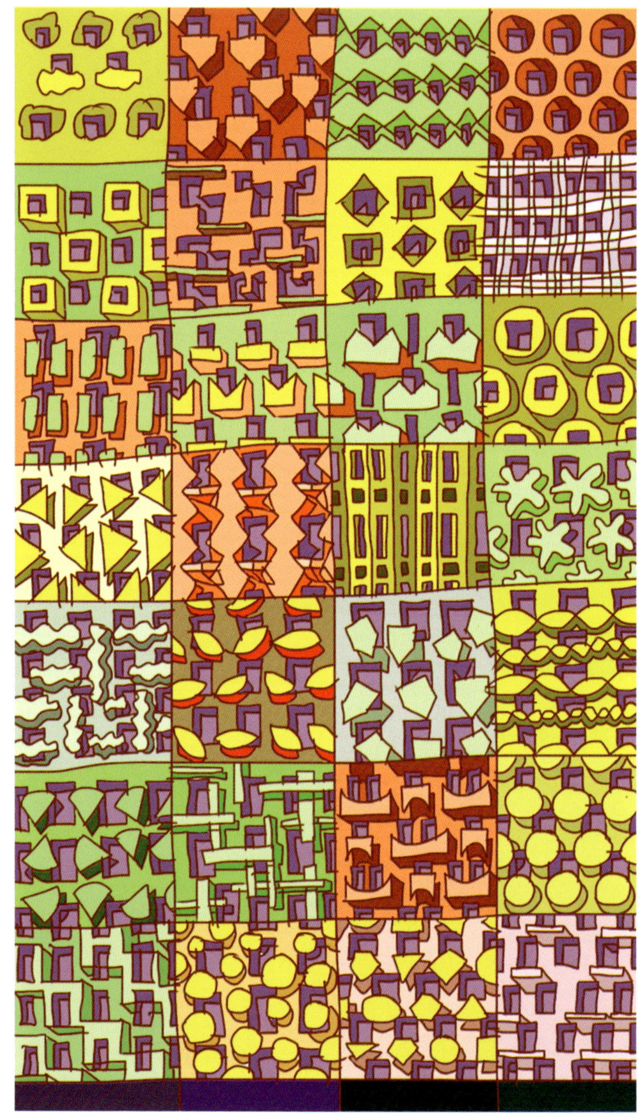

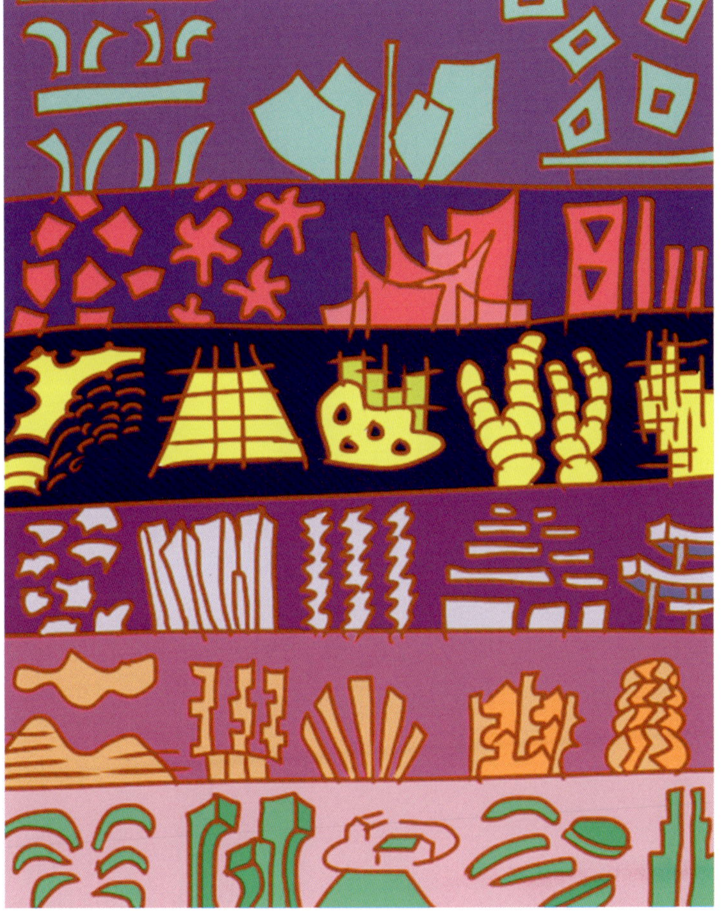

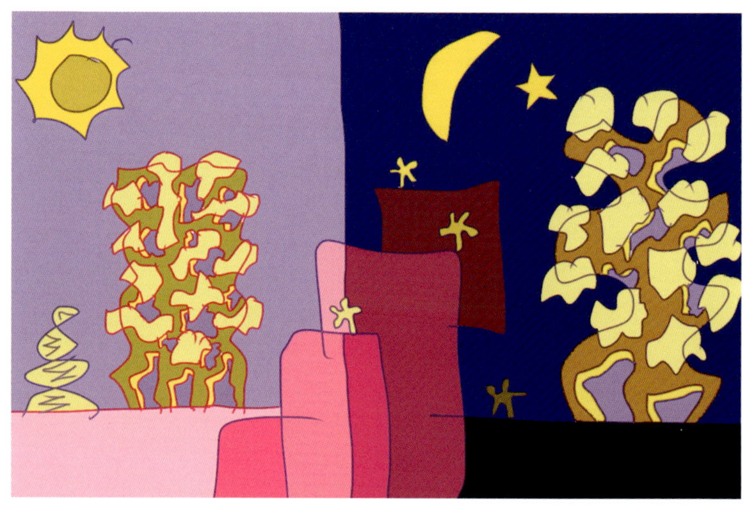

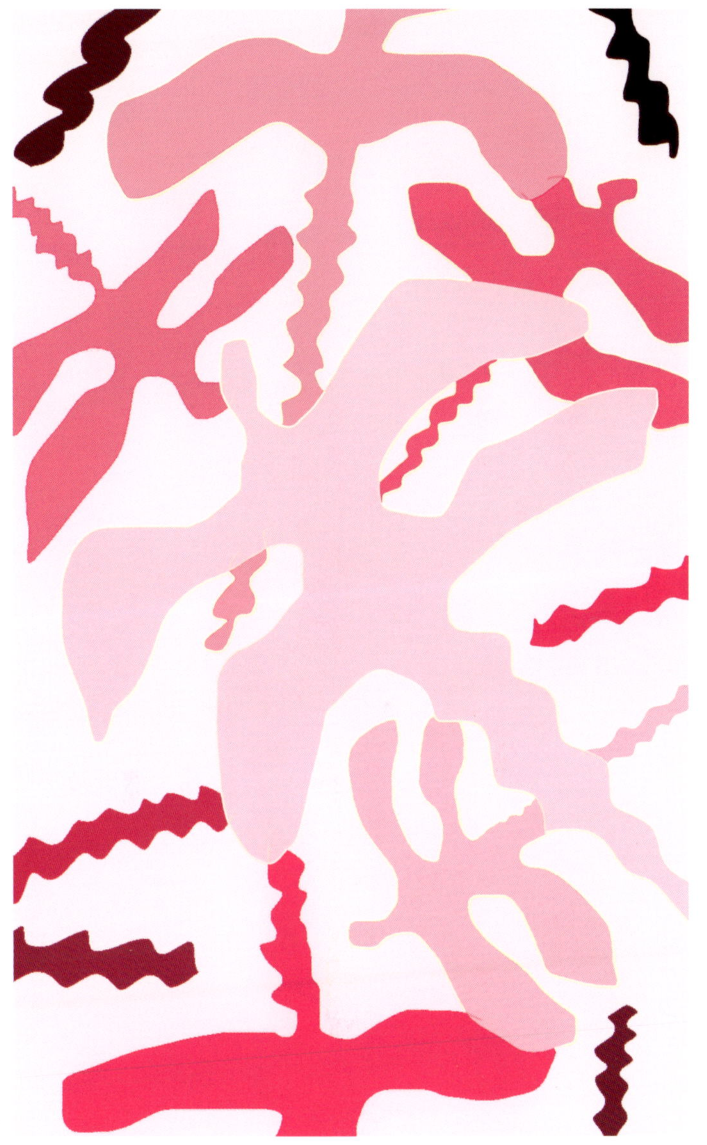

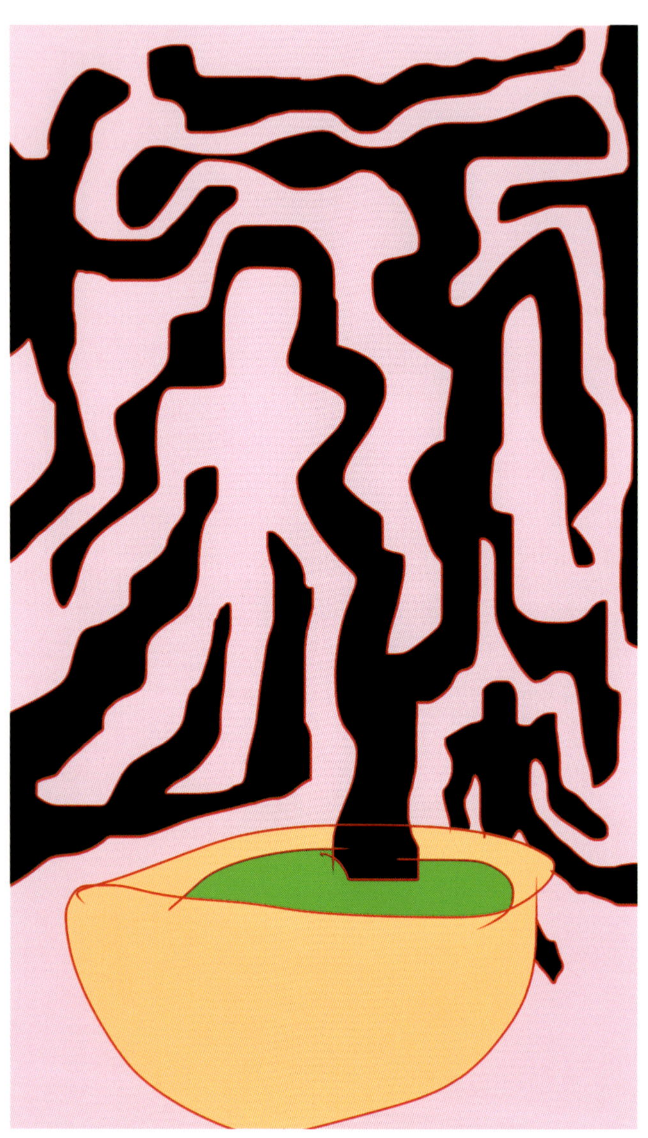

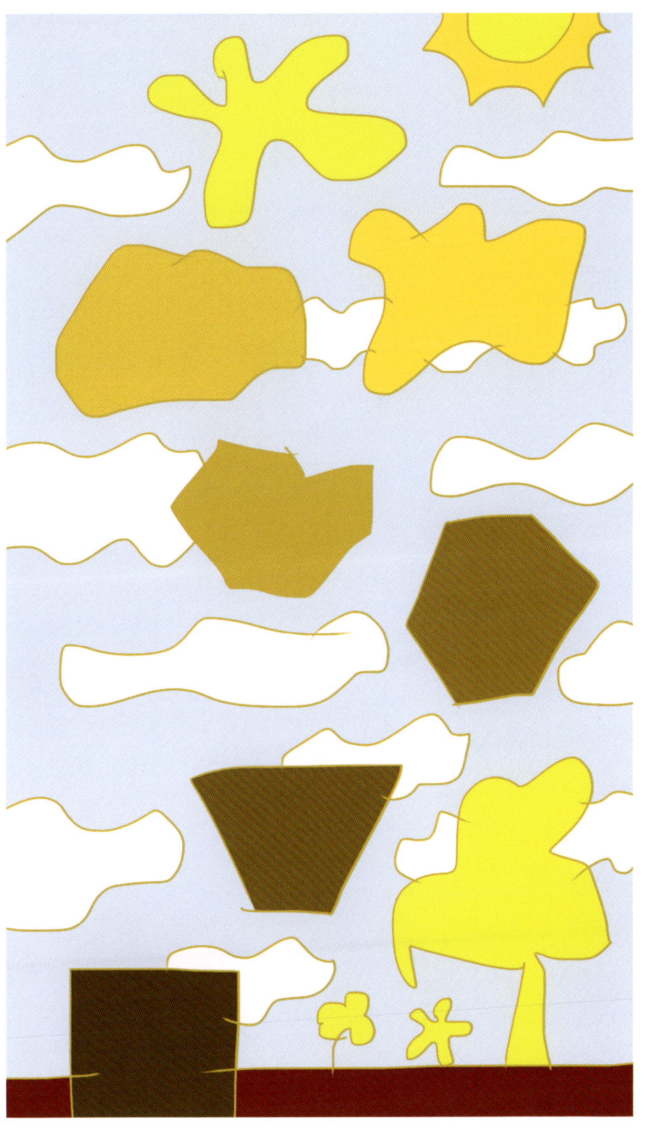

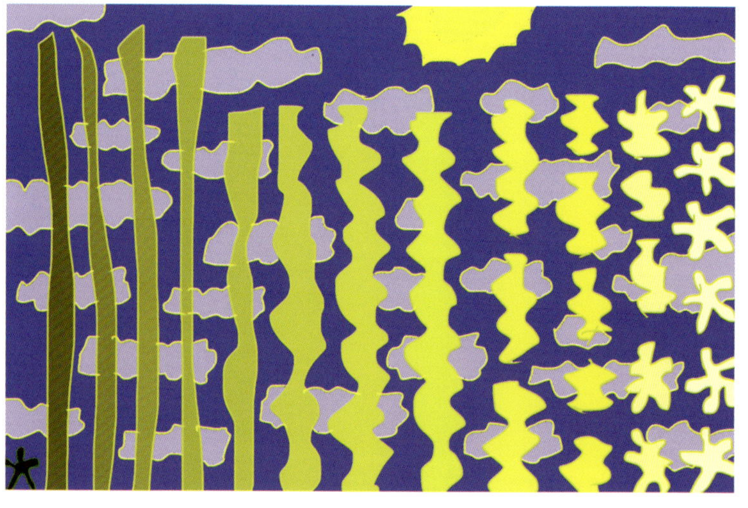

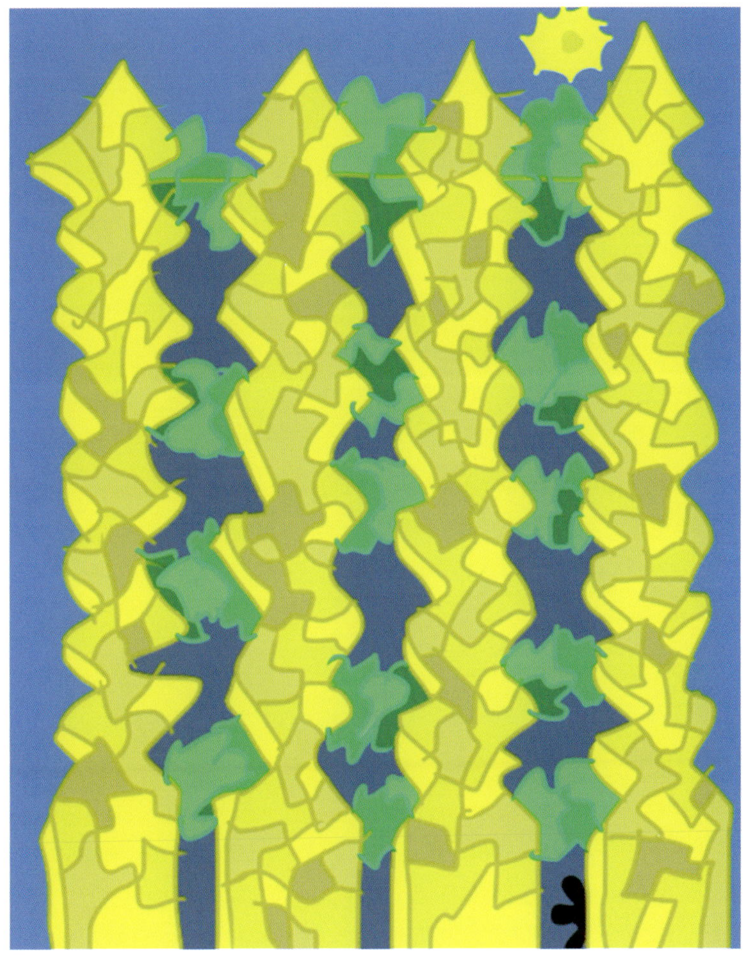

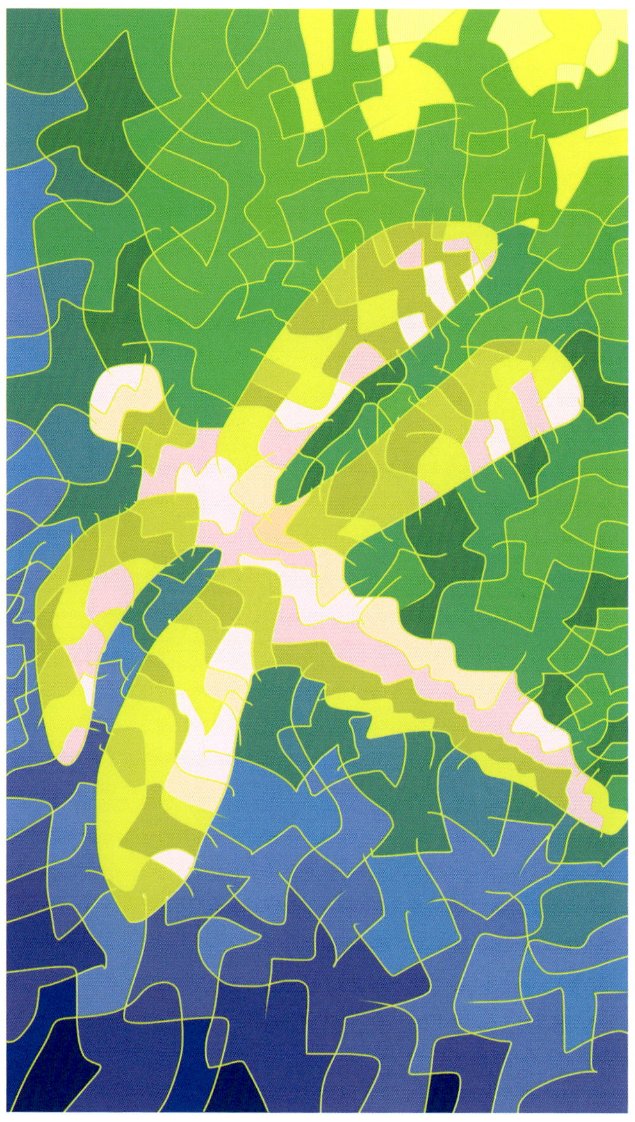

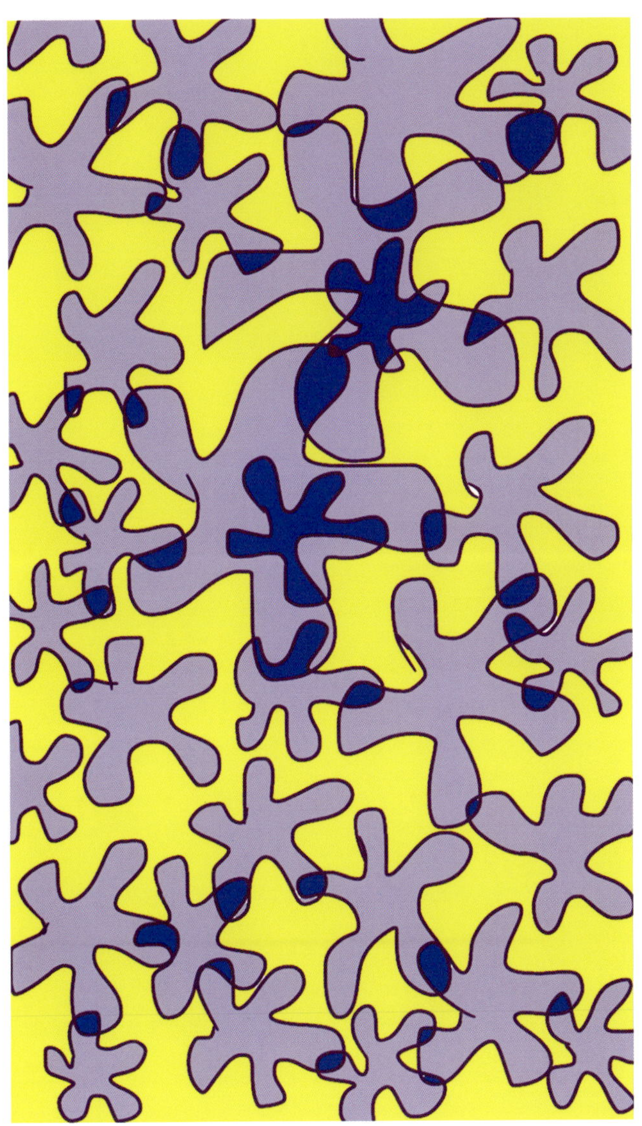

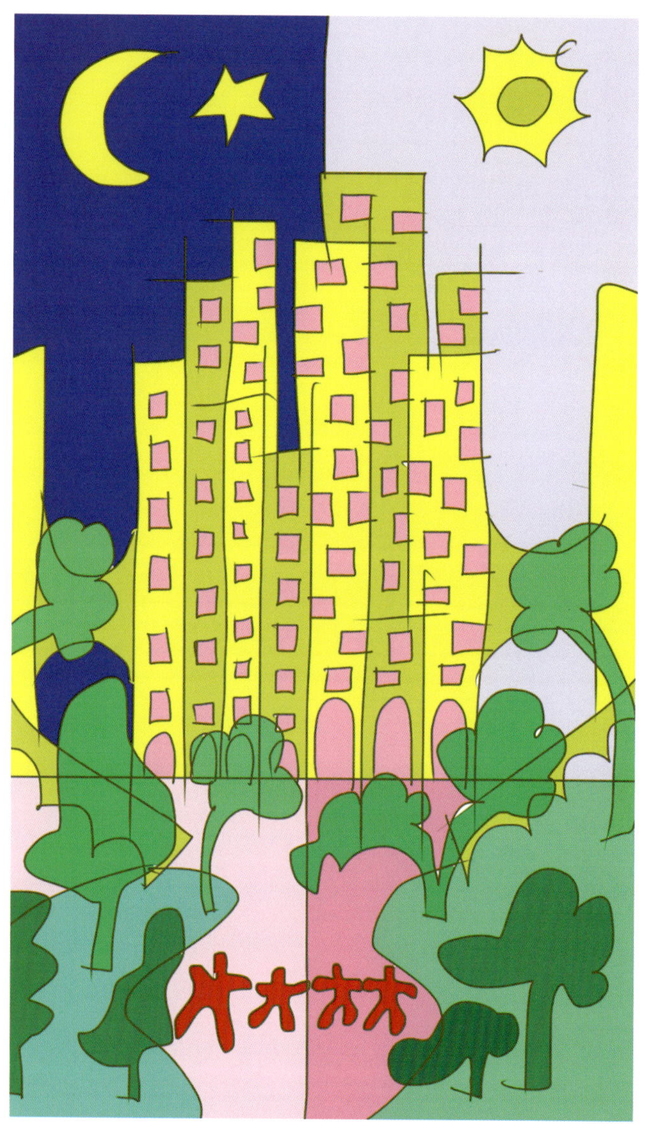

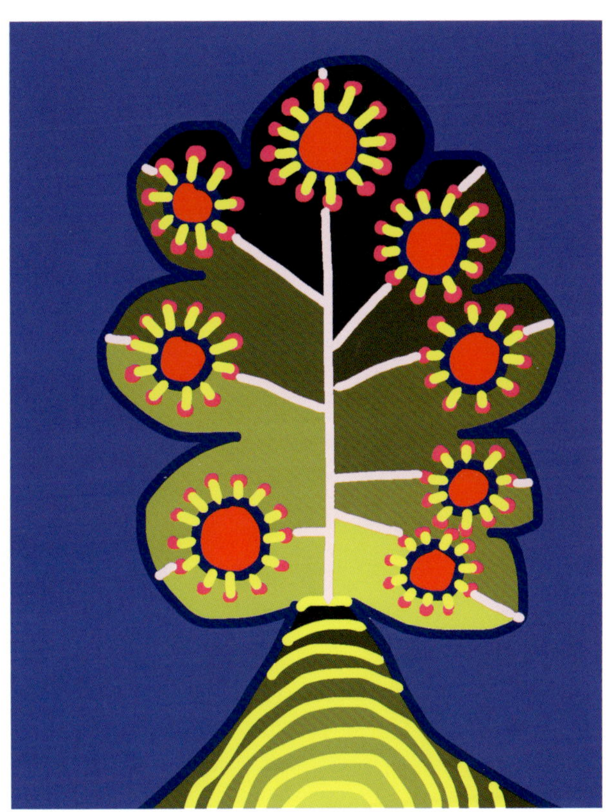

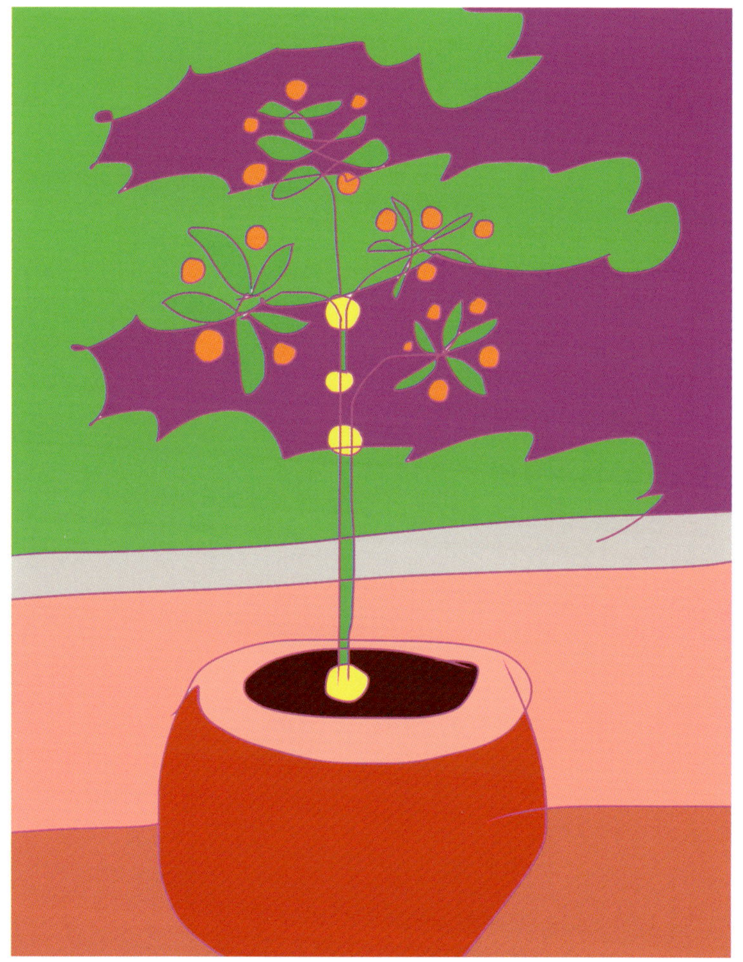

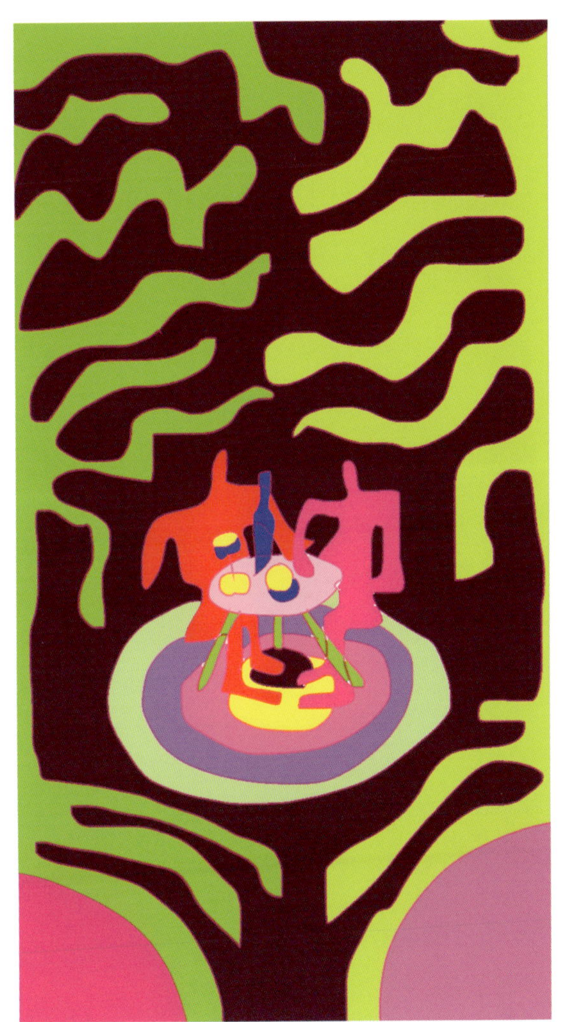

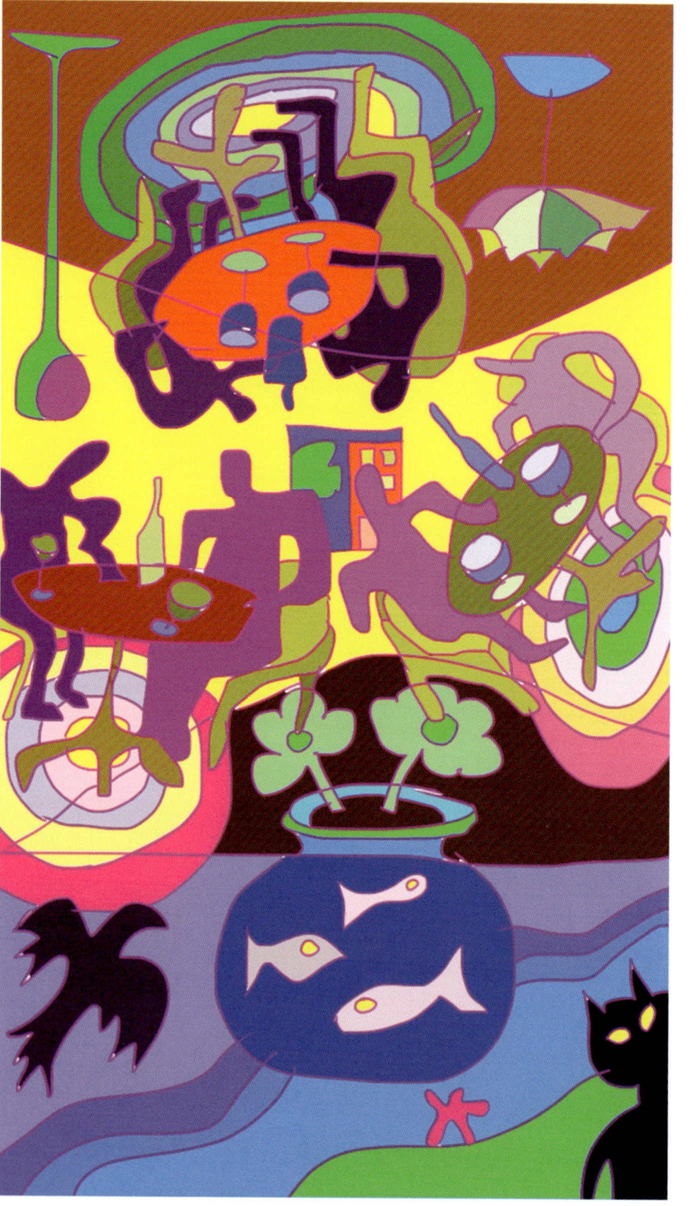

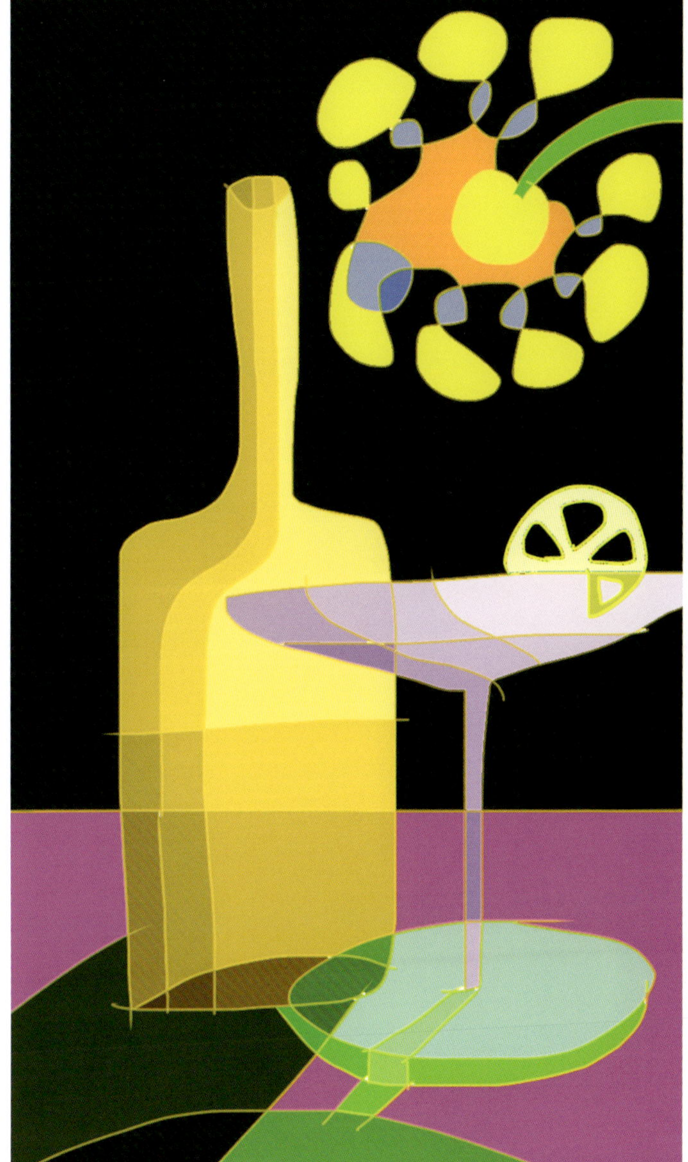

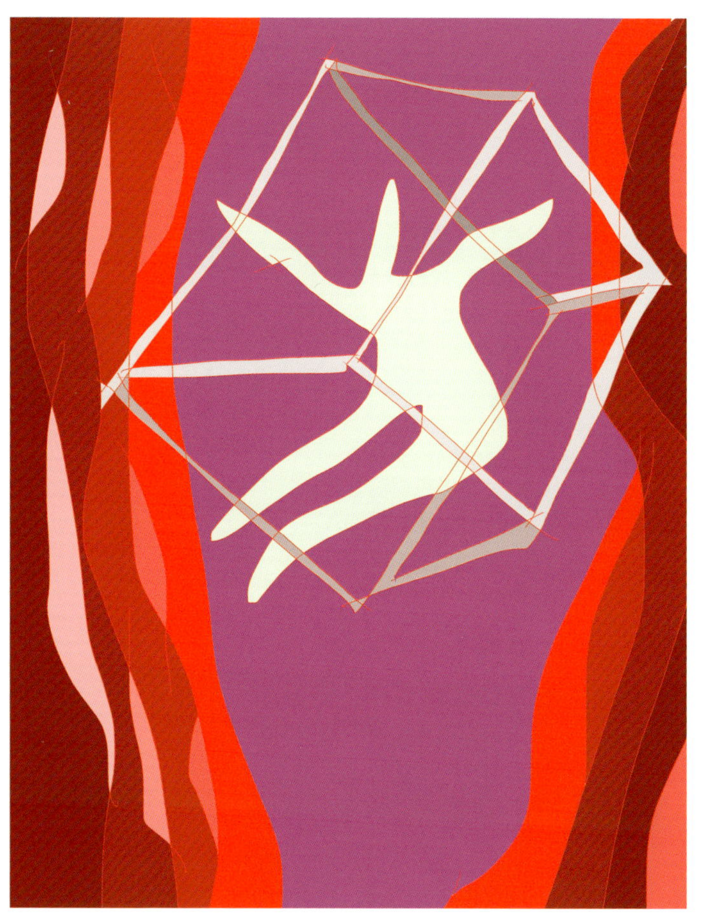

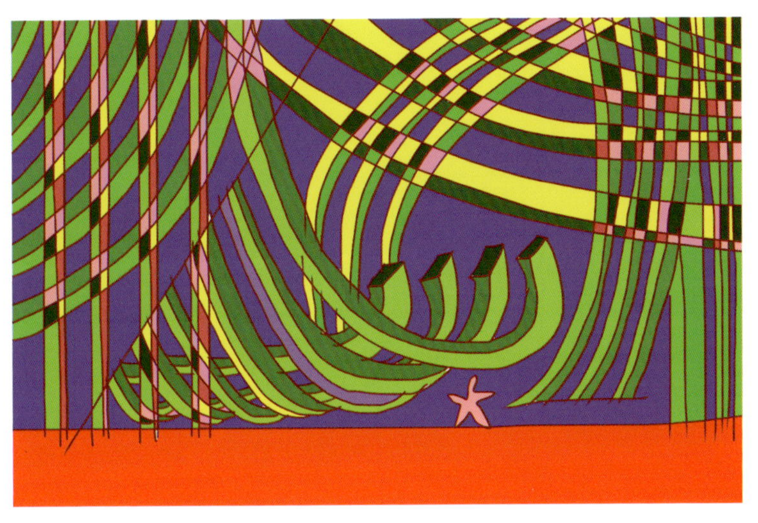

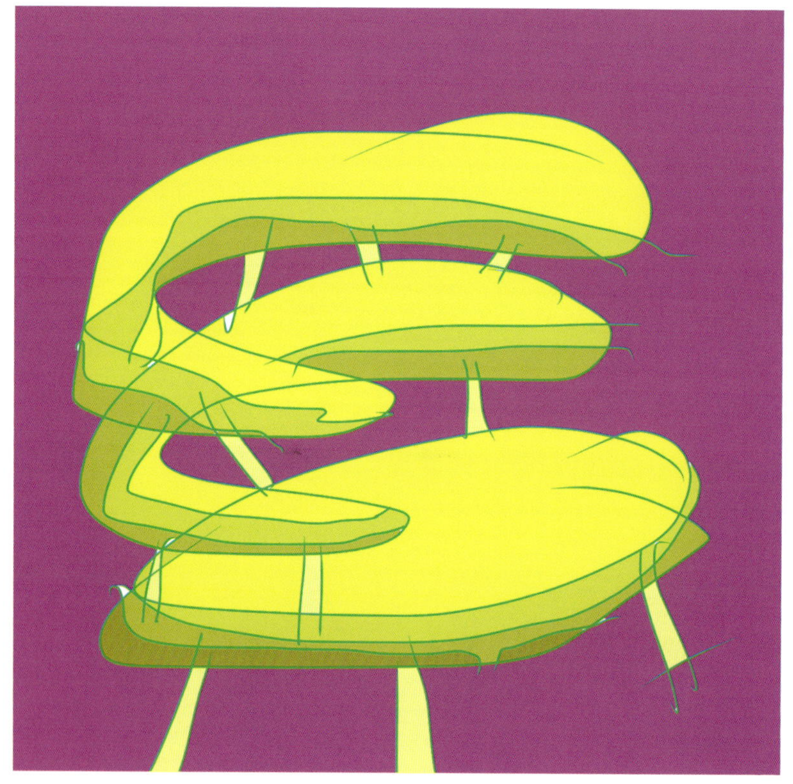

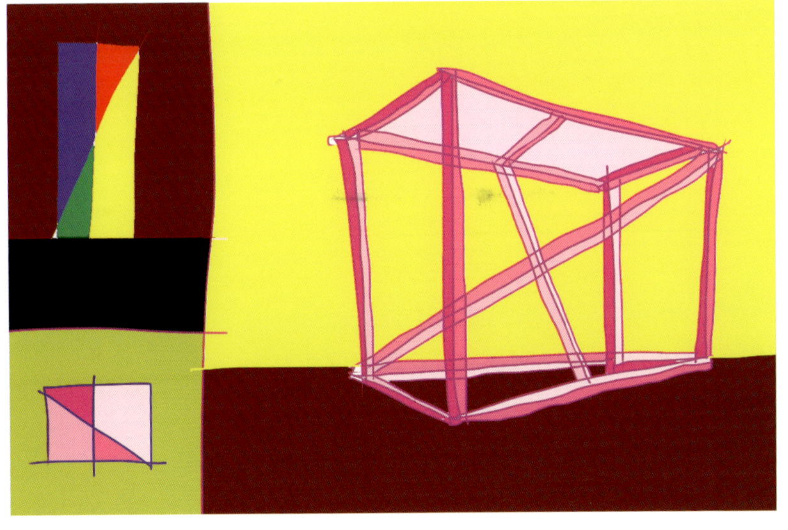

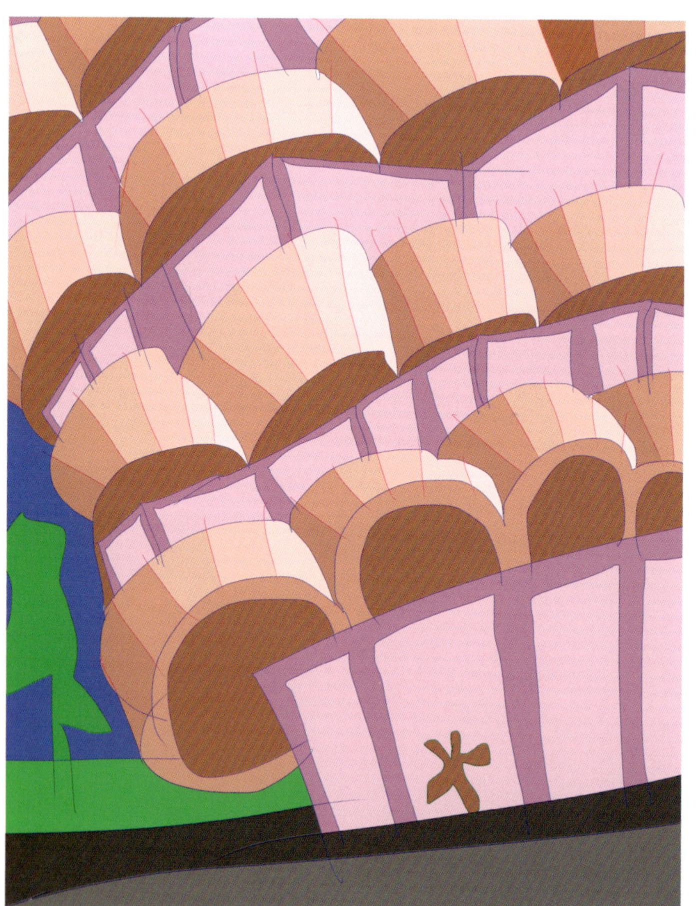

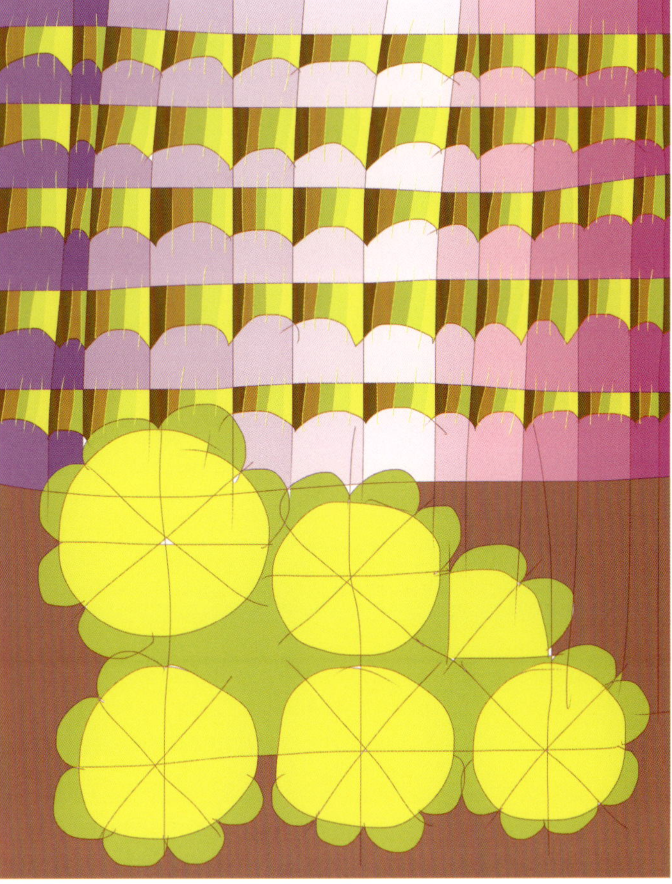

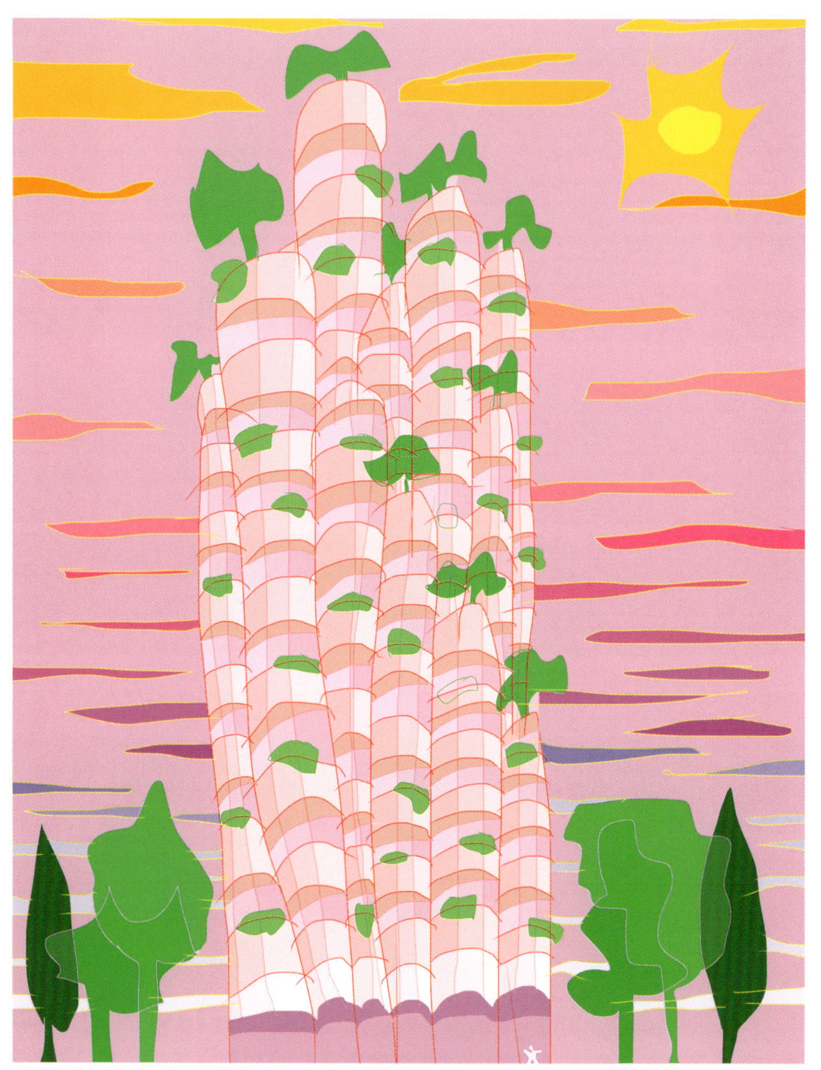

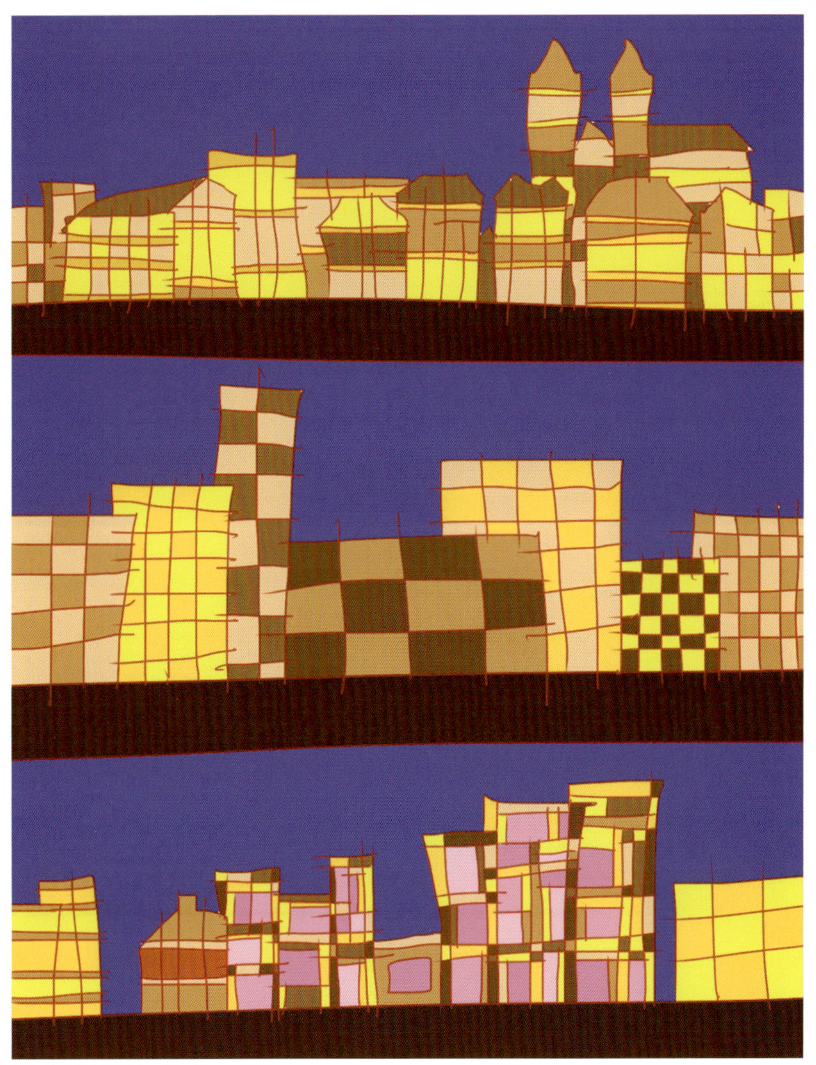

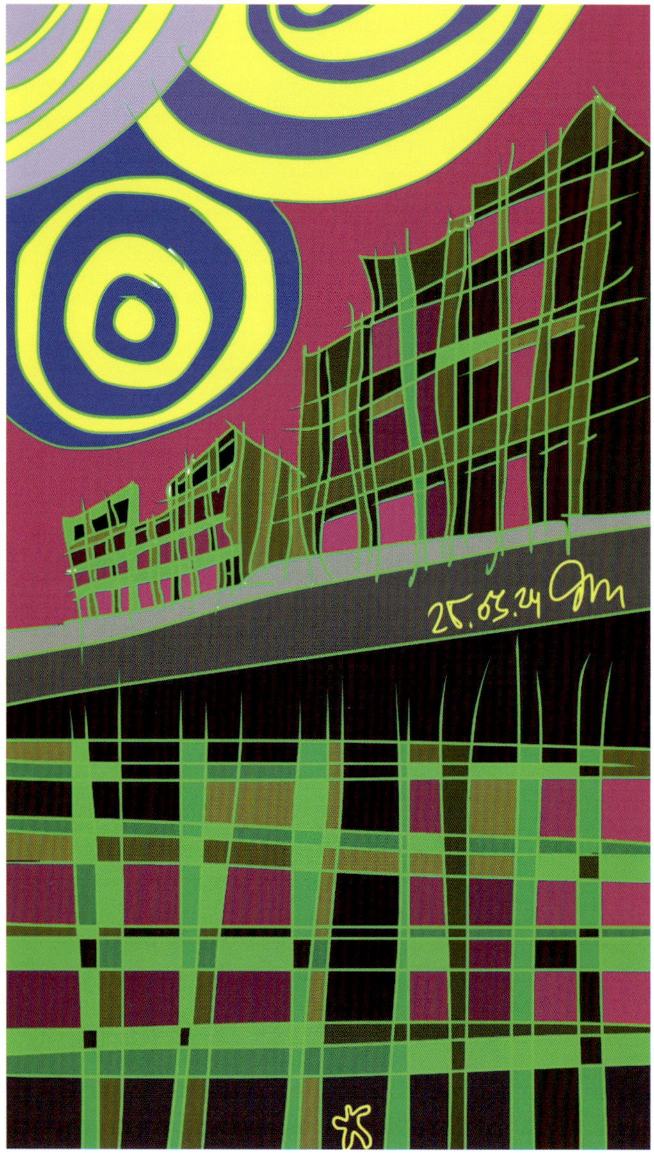
25.05.24

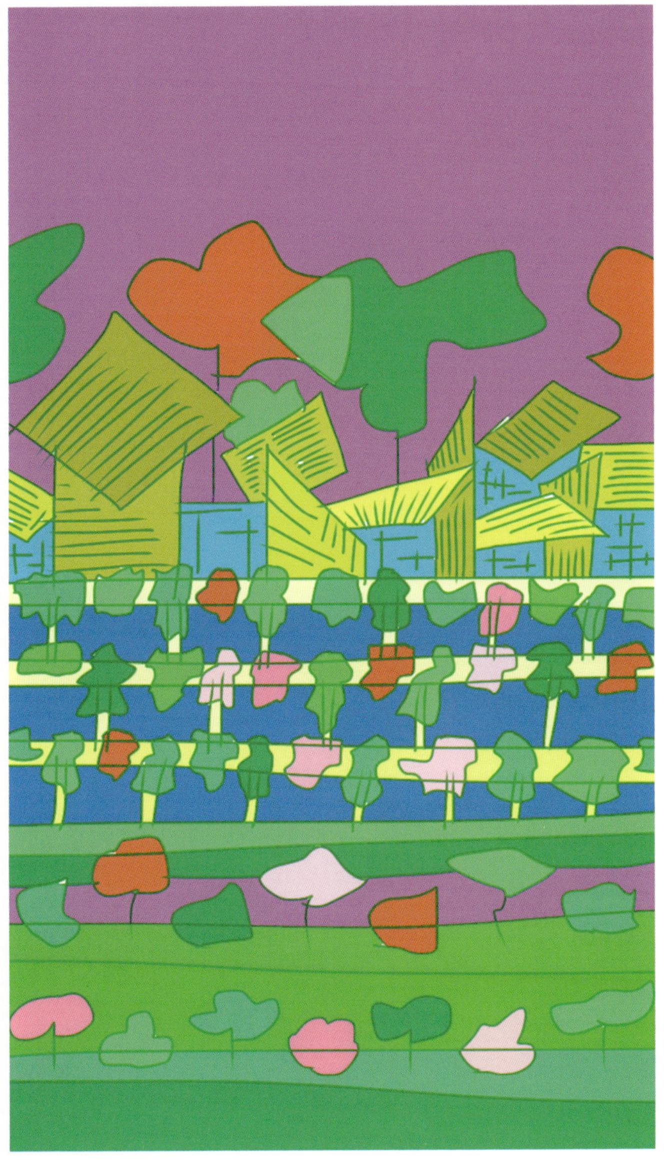

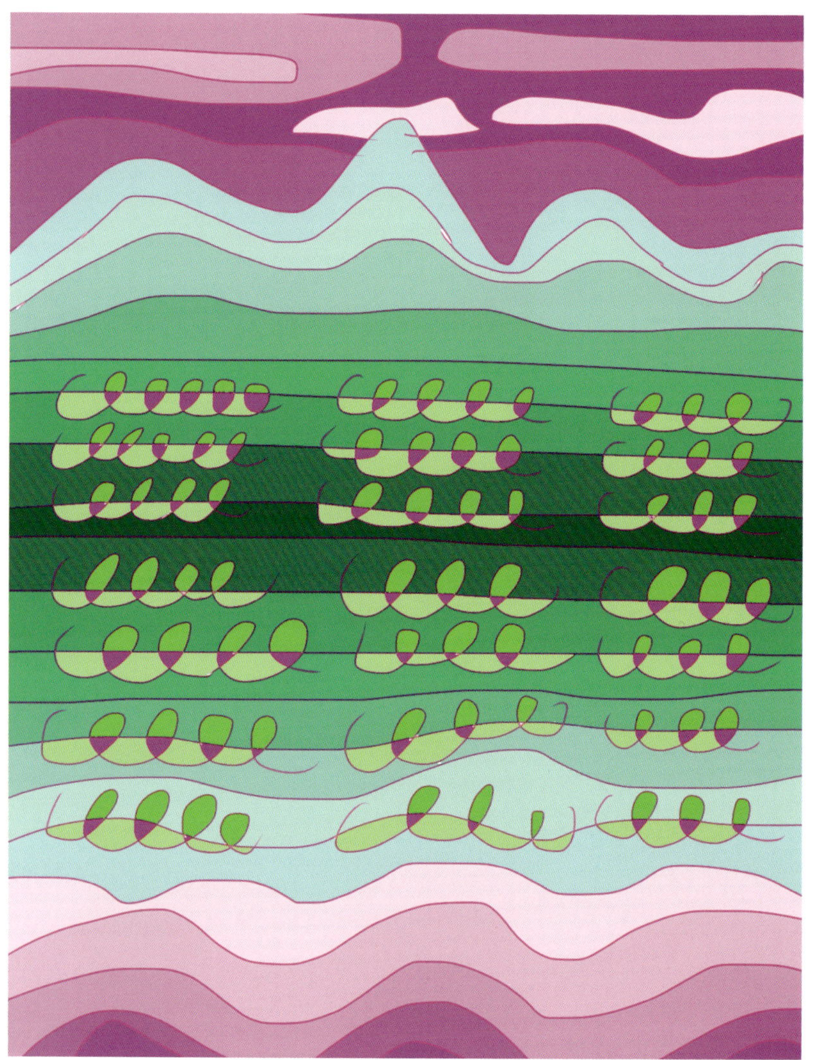

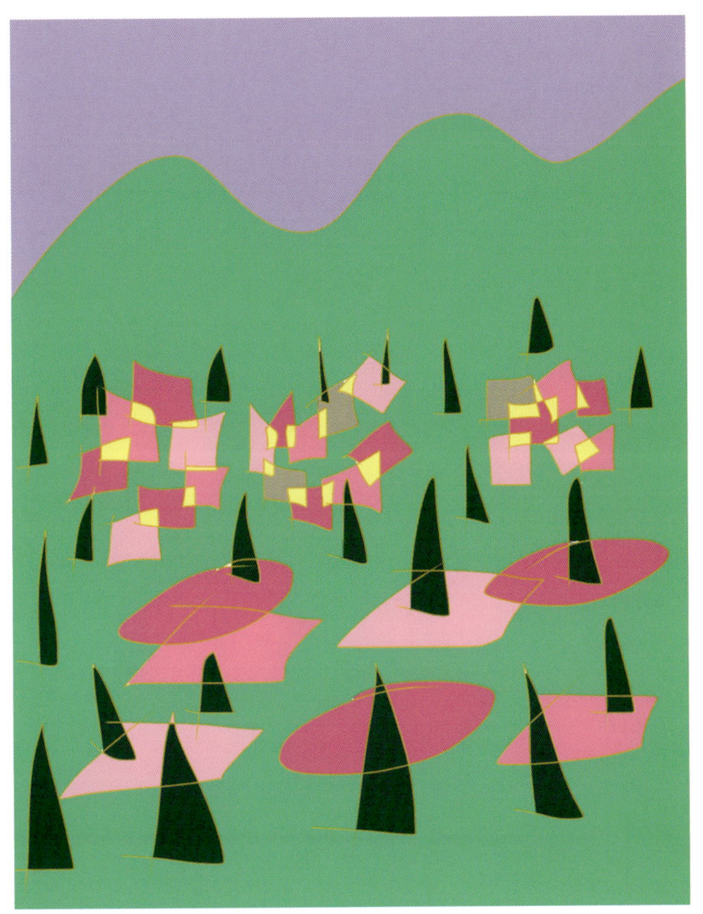

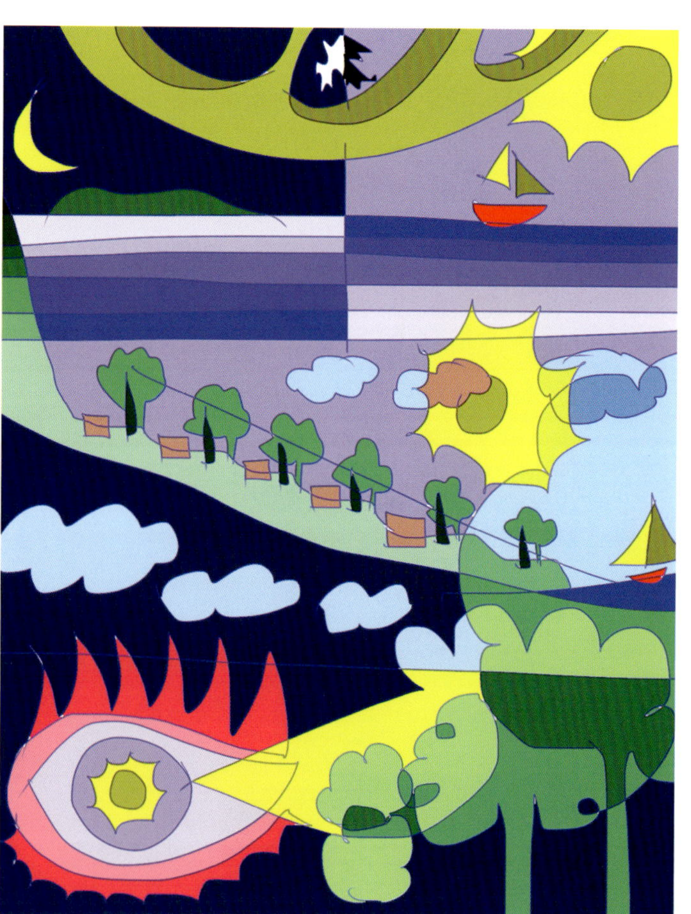

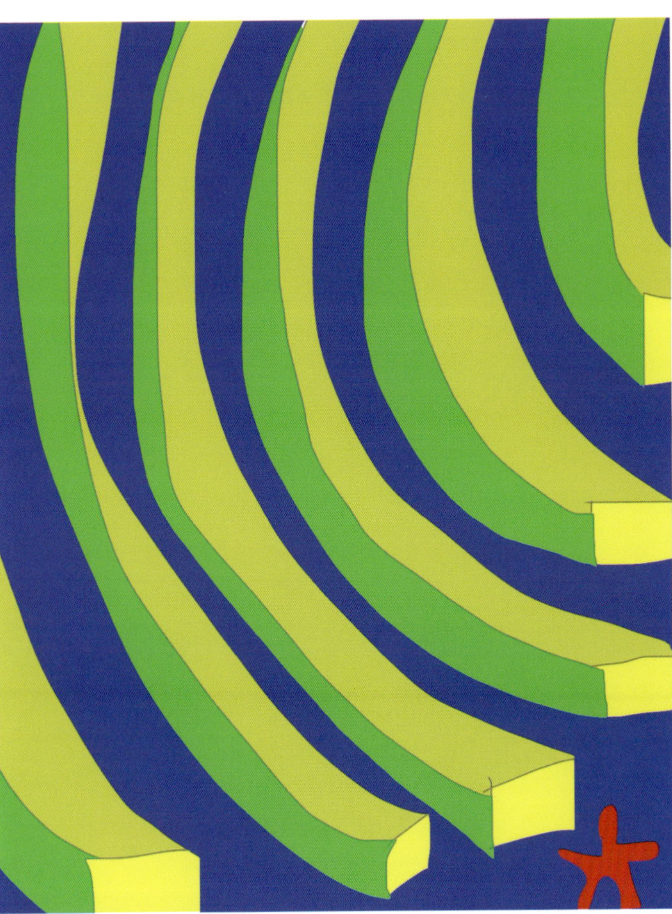

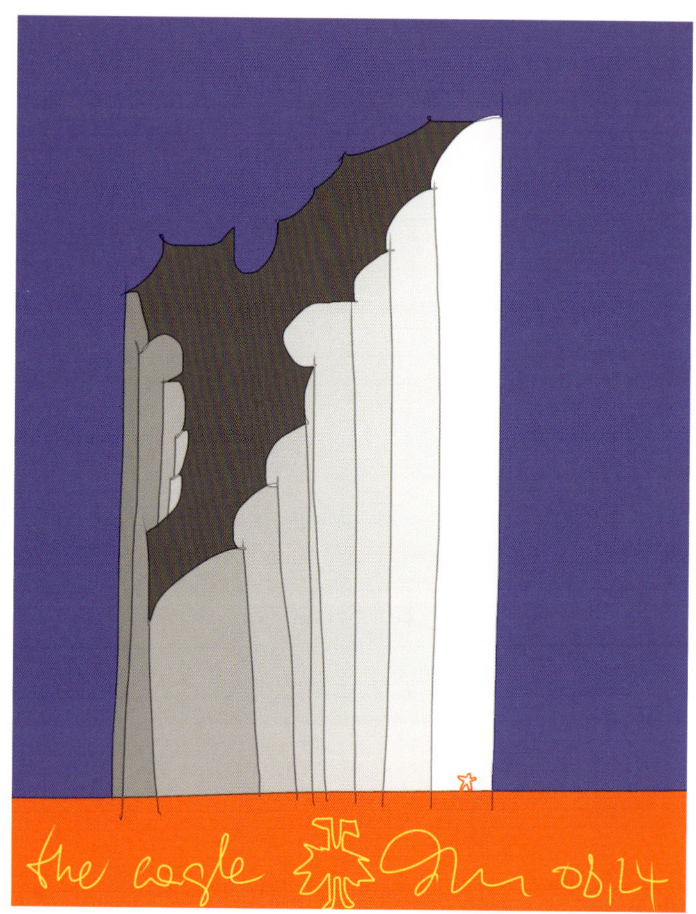

the castle

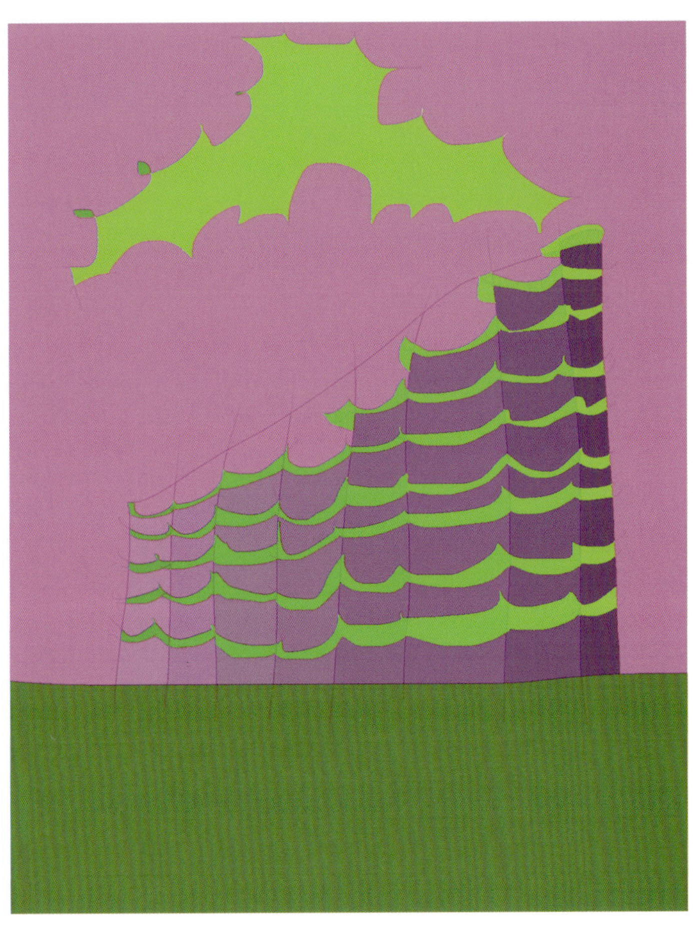

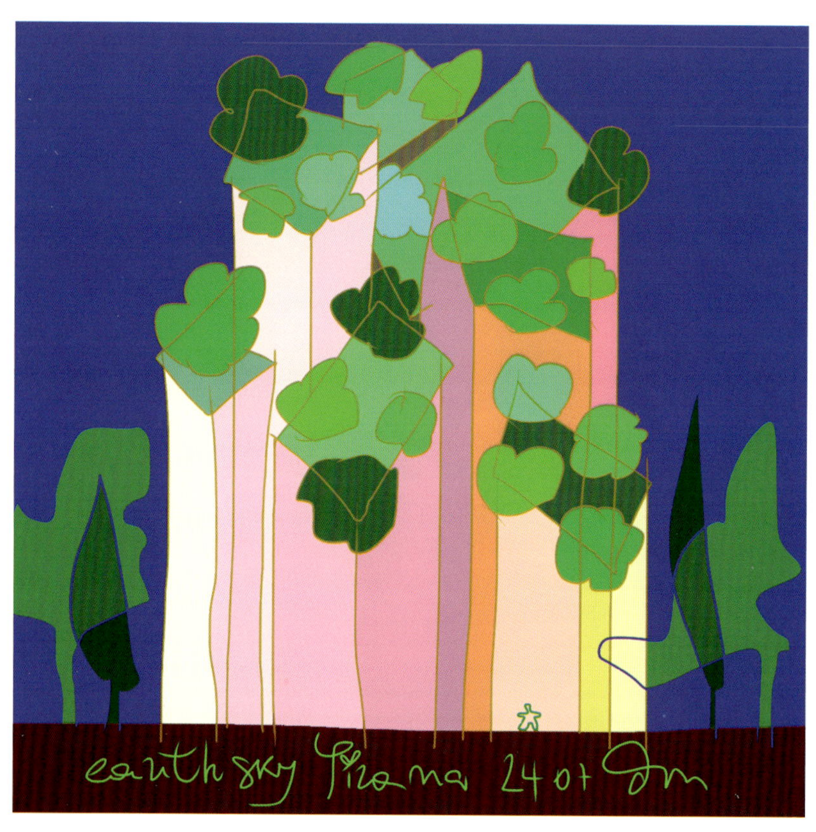
earth sky Tirana 24 ot

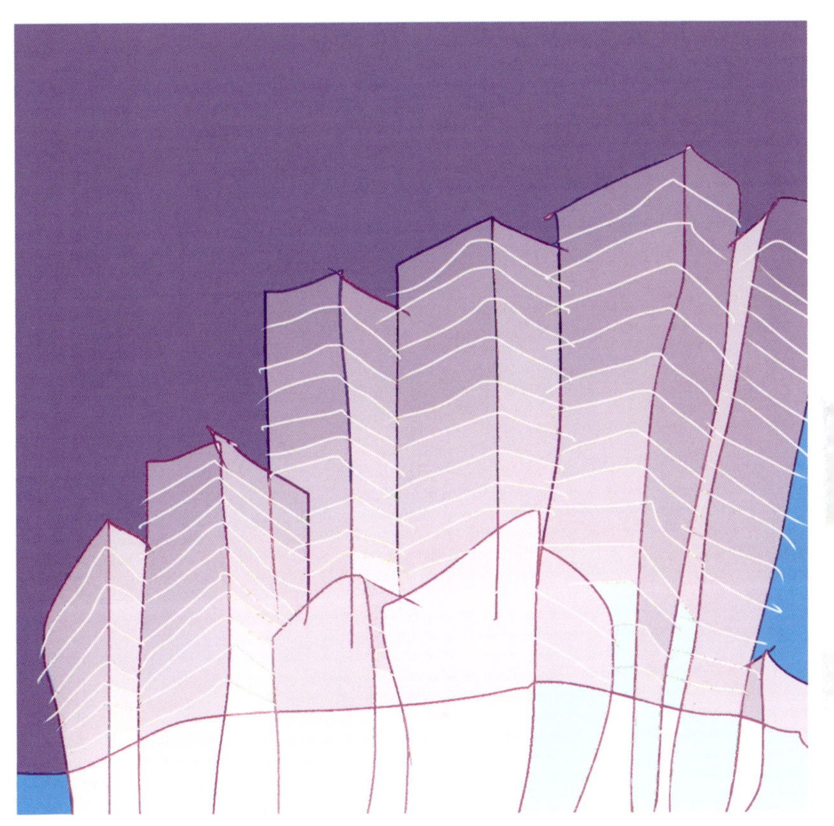

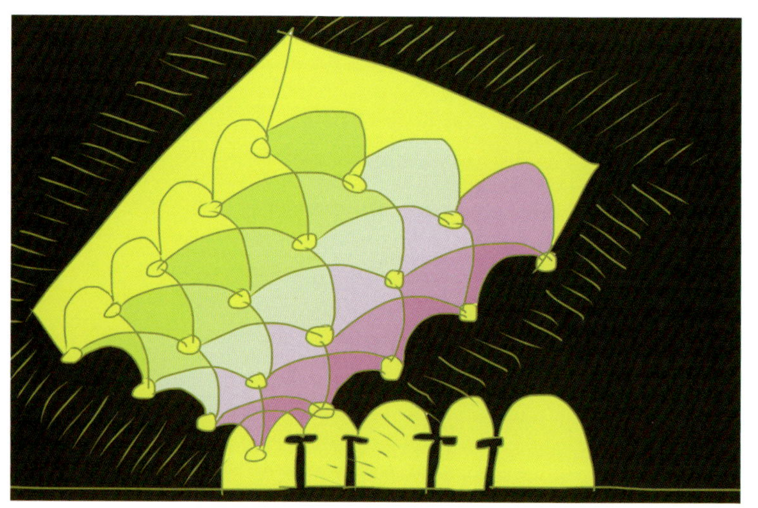

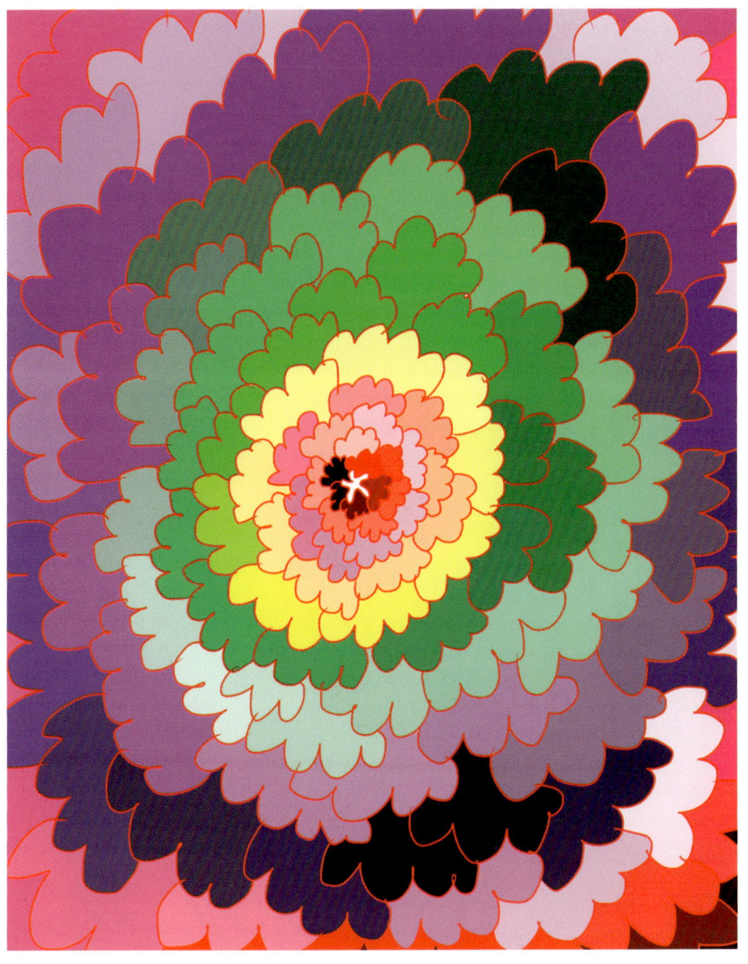

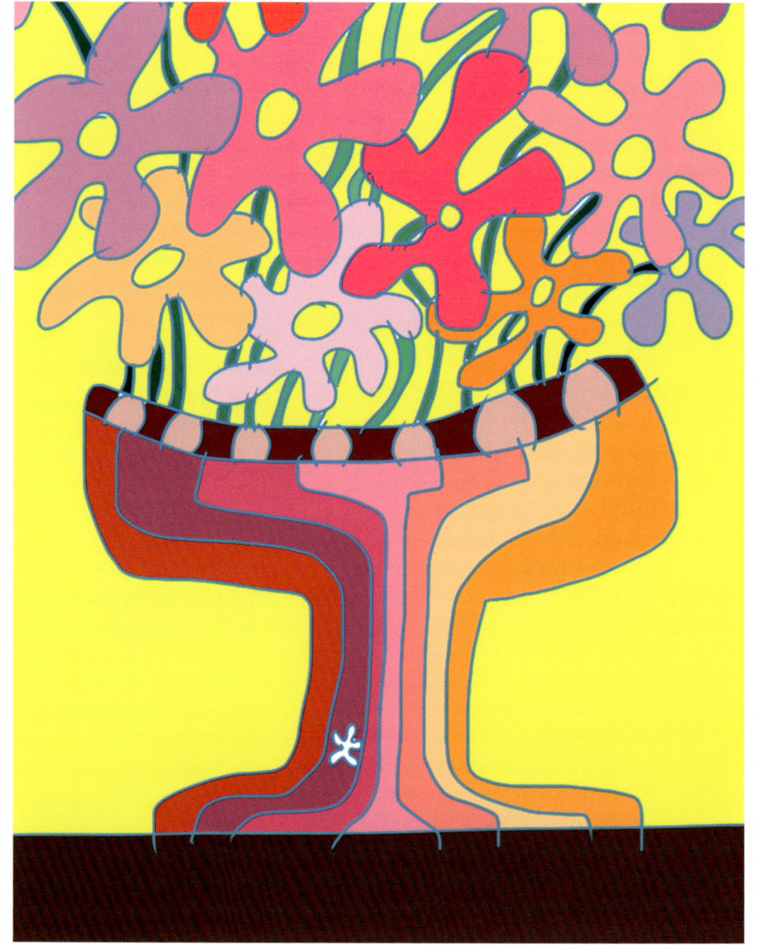

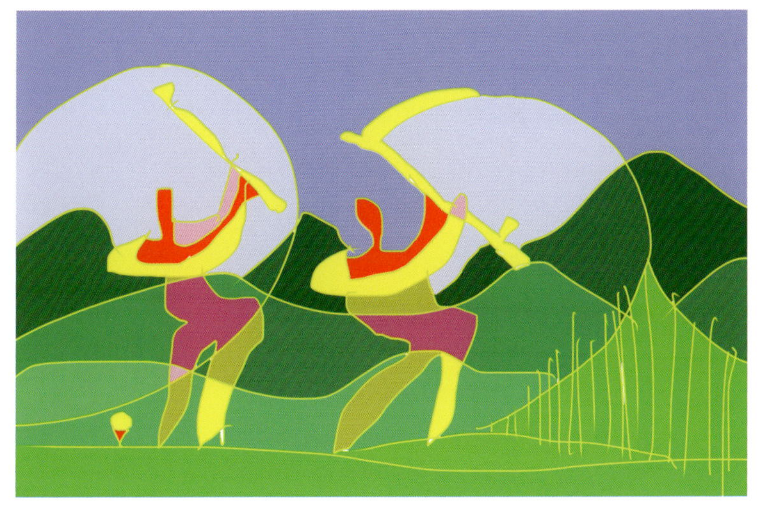

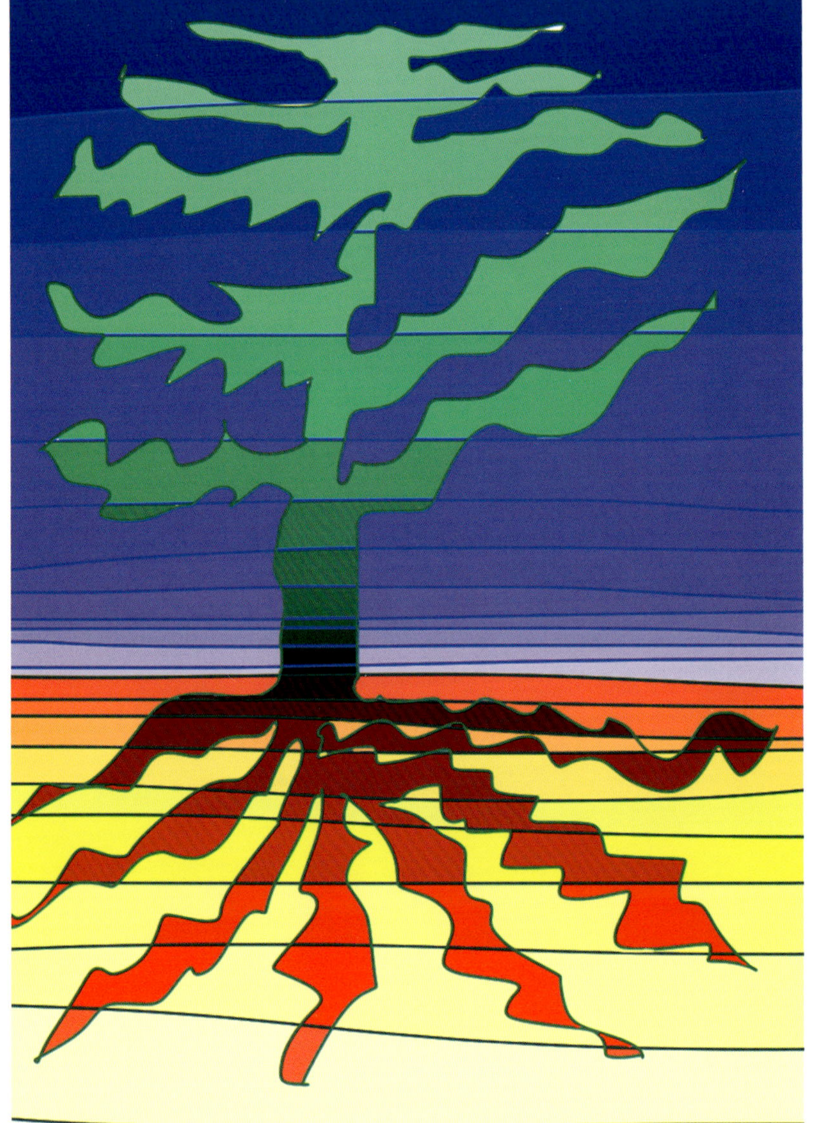

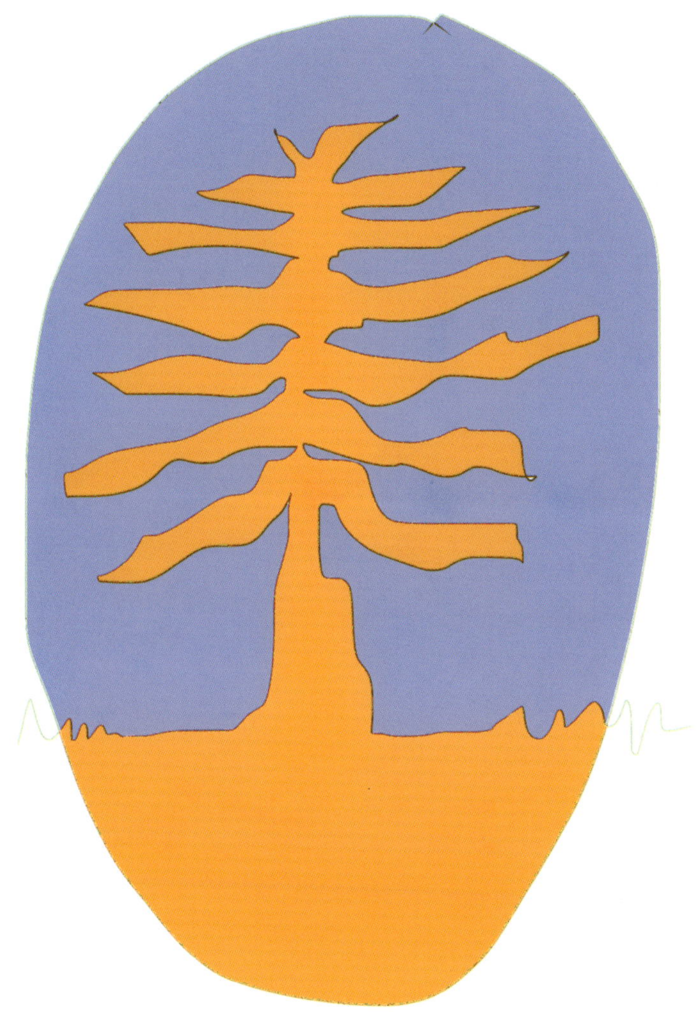

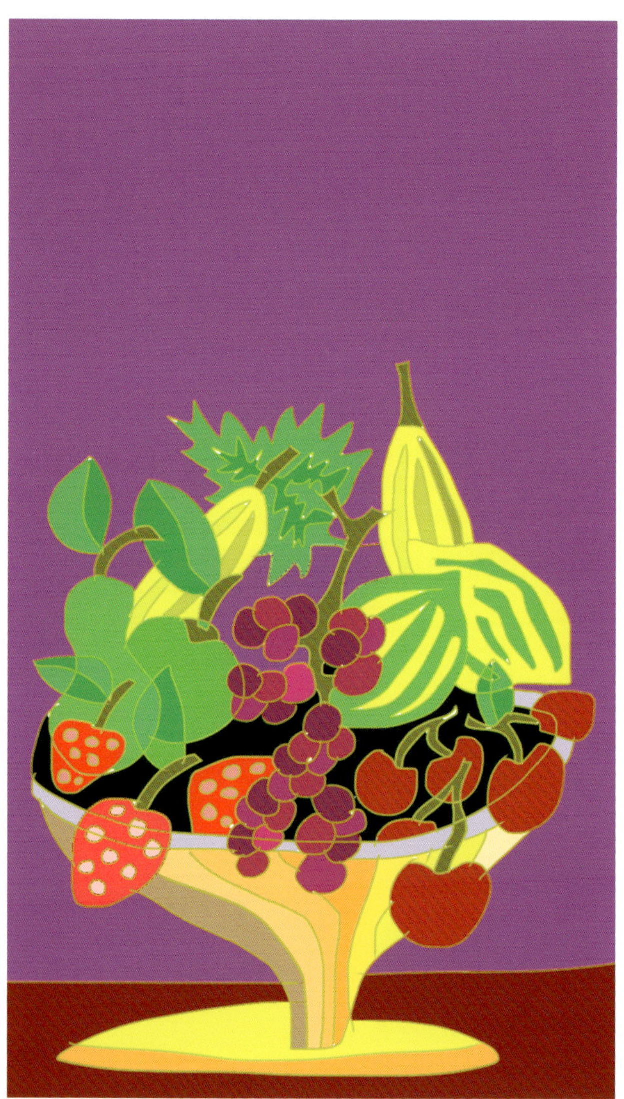

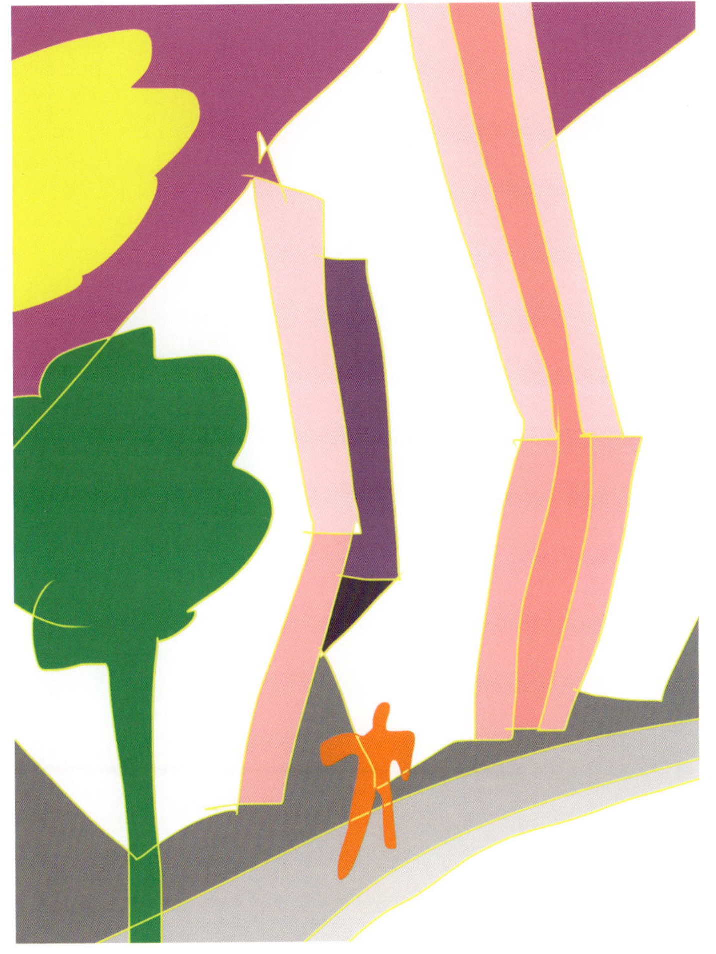

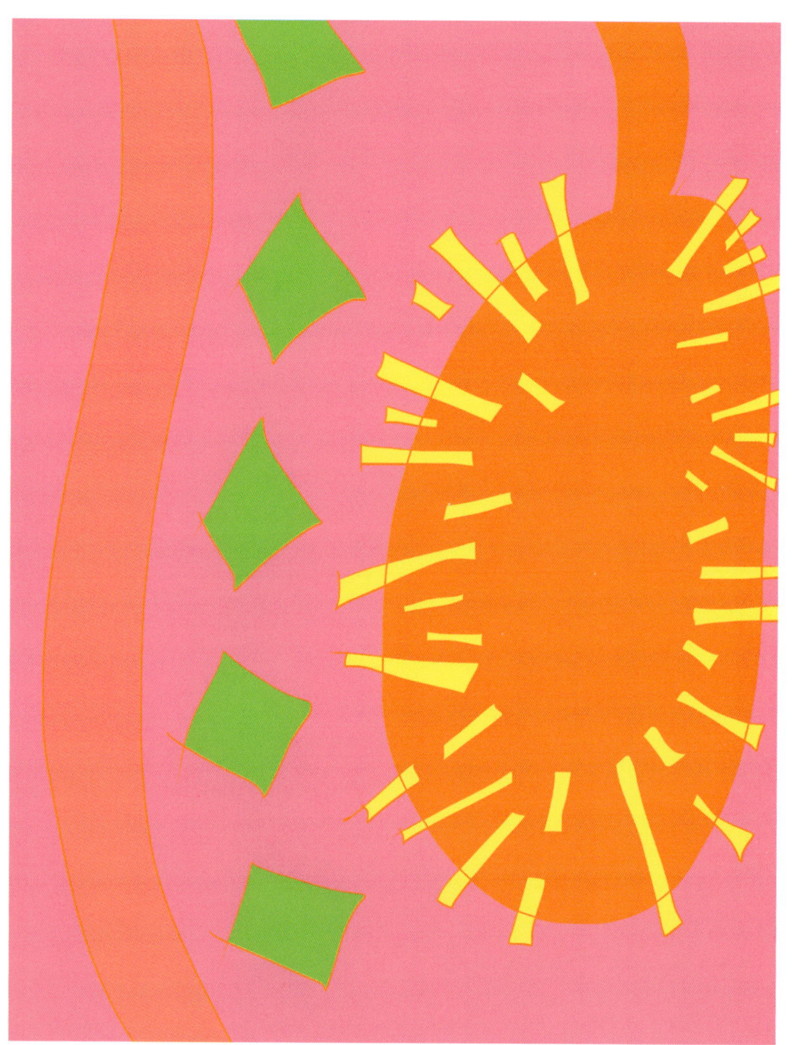

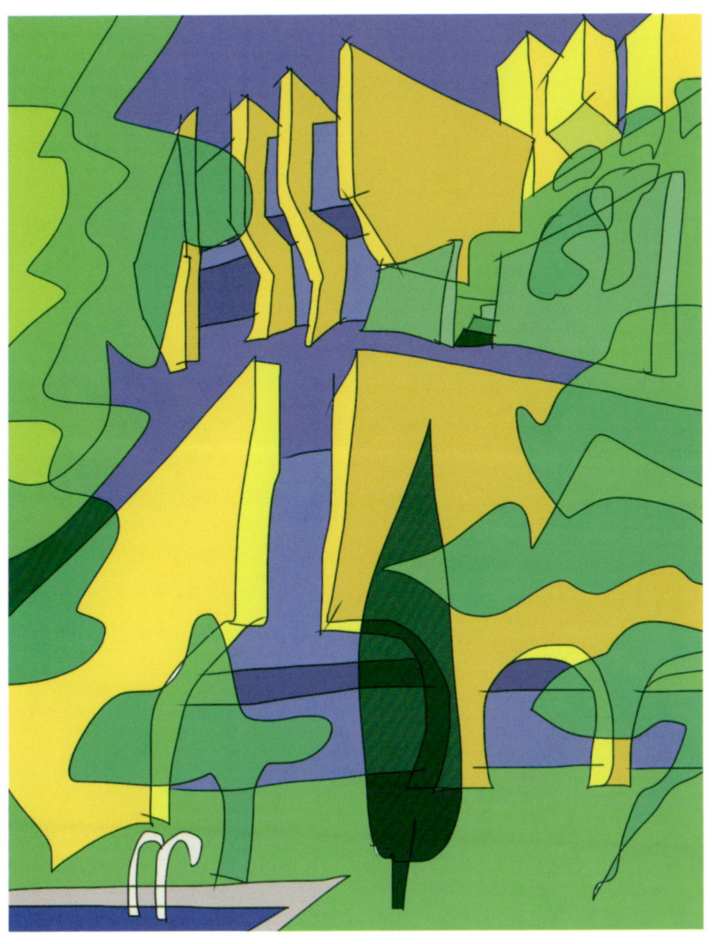

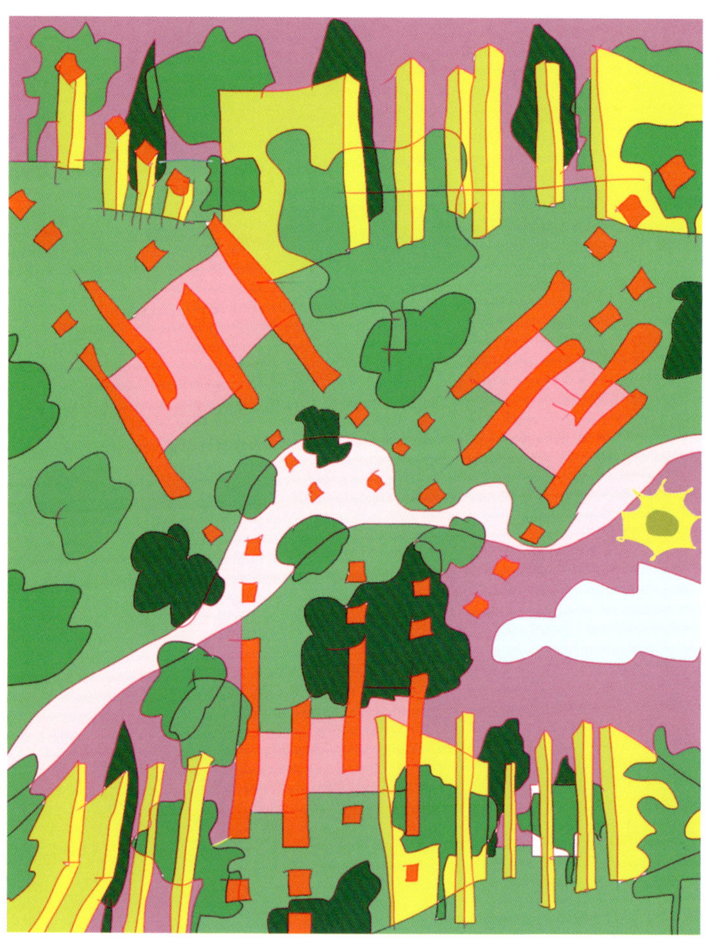

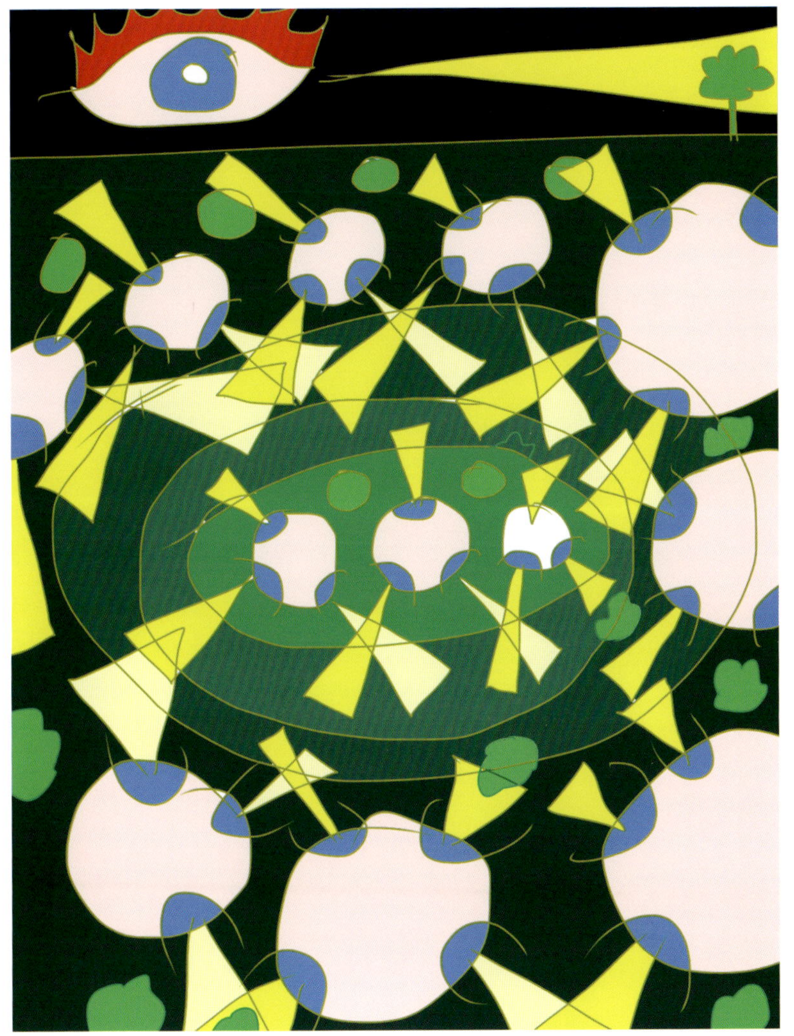

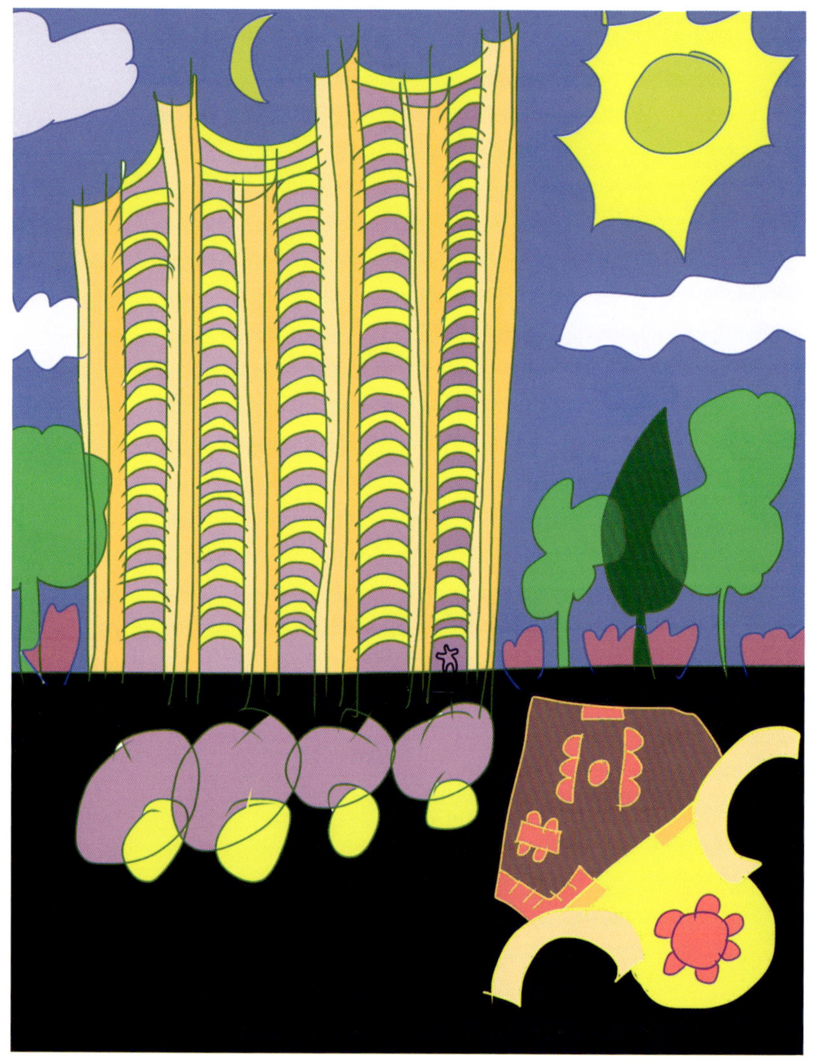

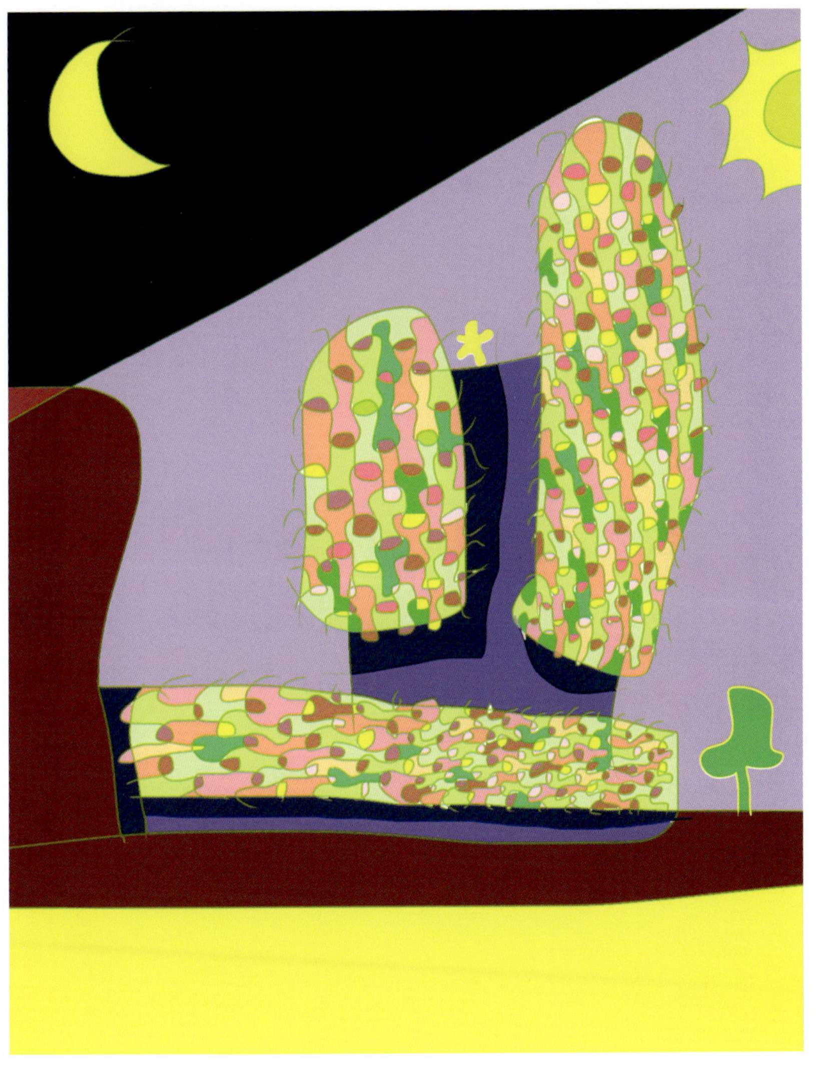

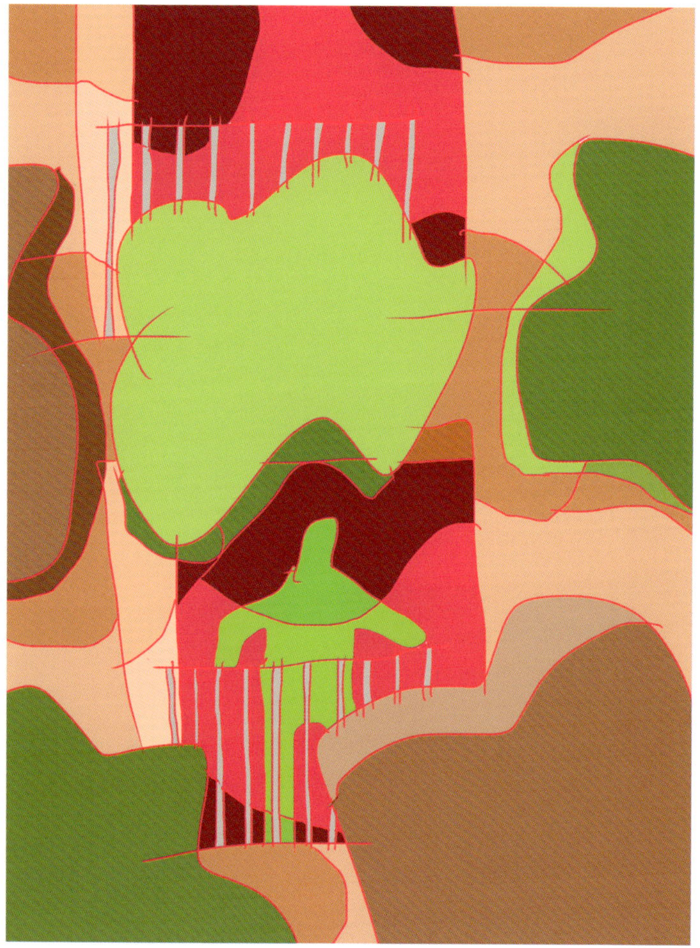

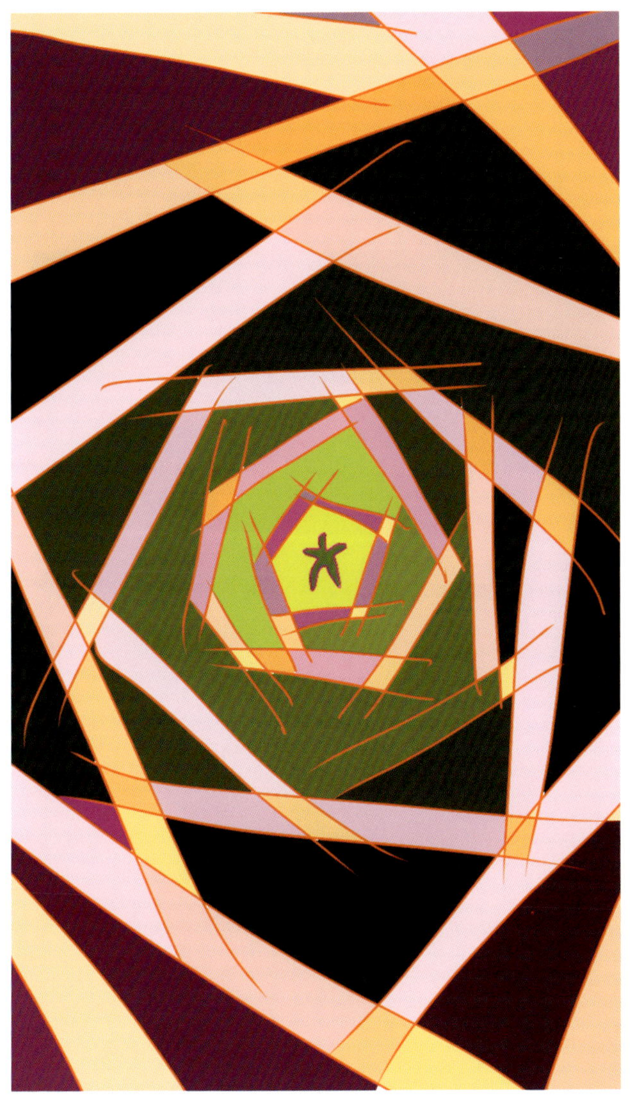

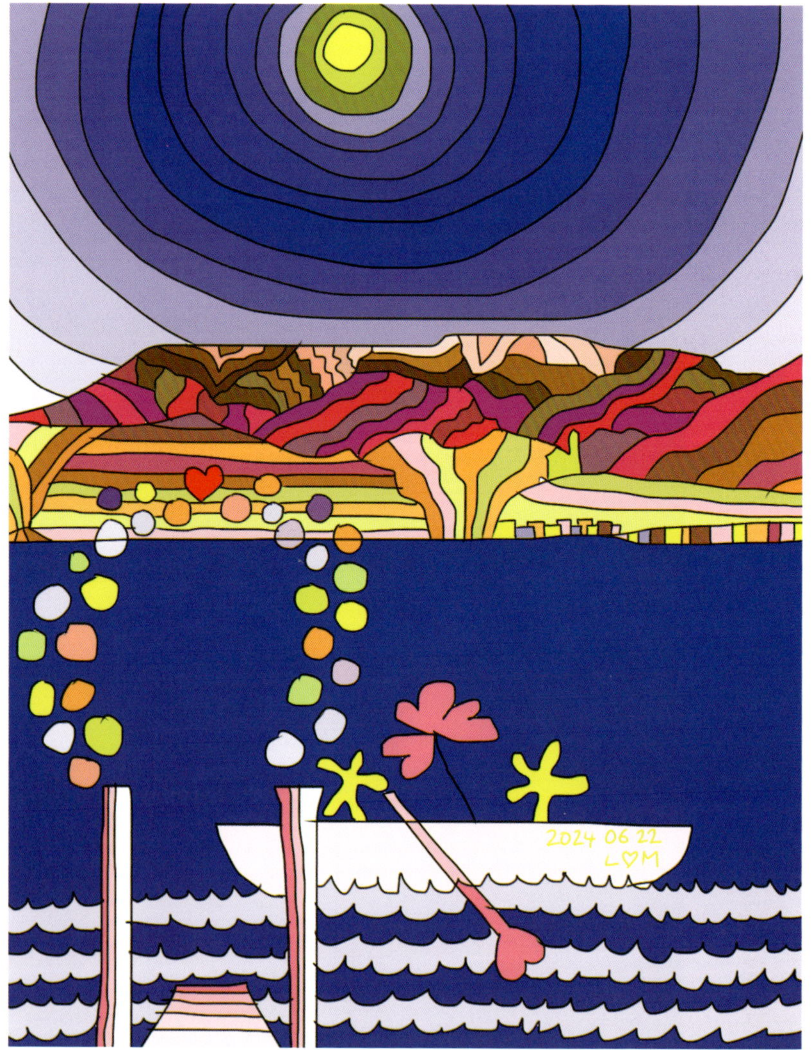
2024 06 22
L♡M

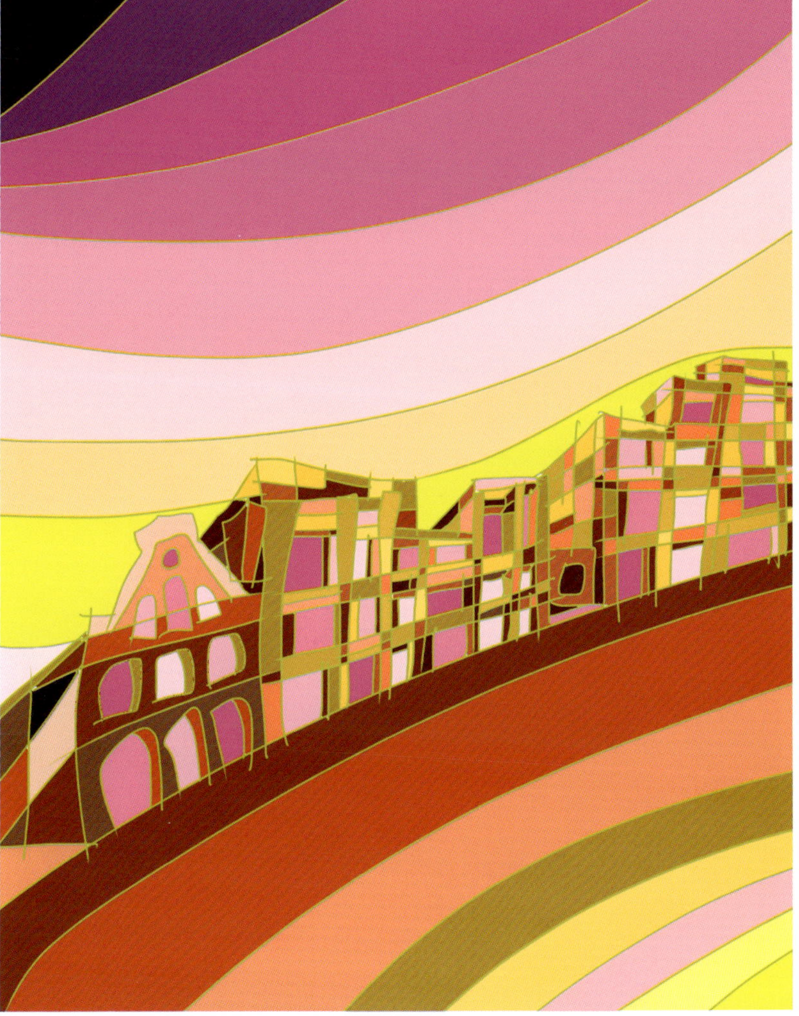

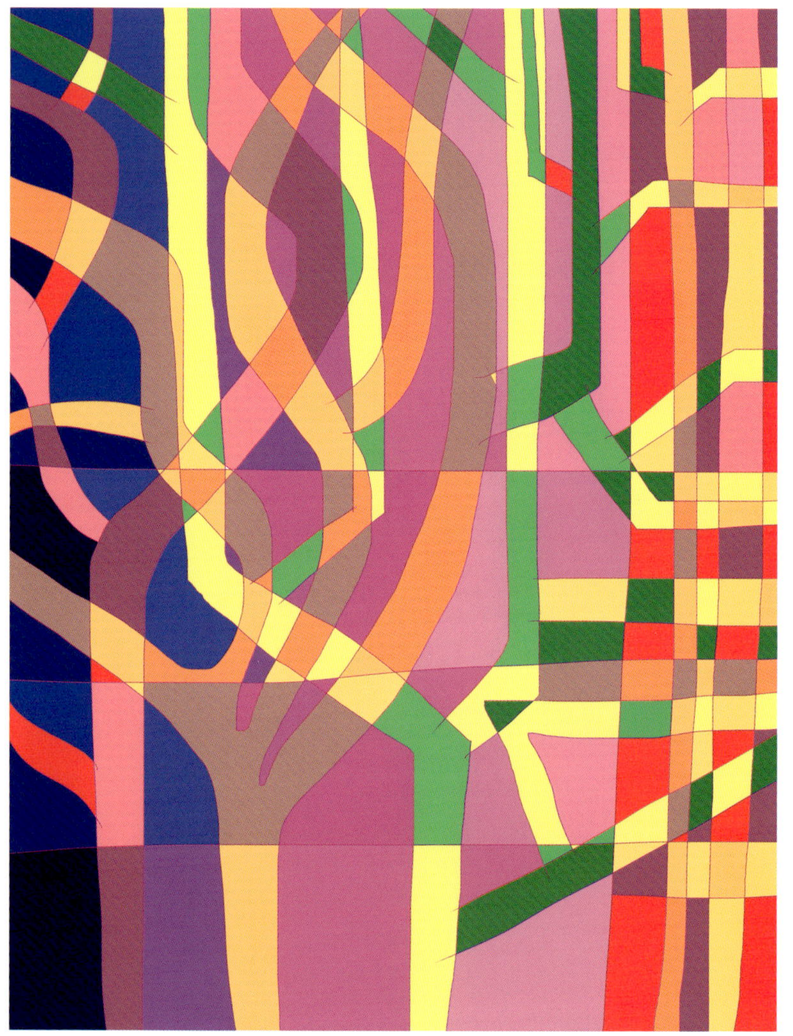

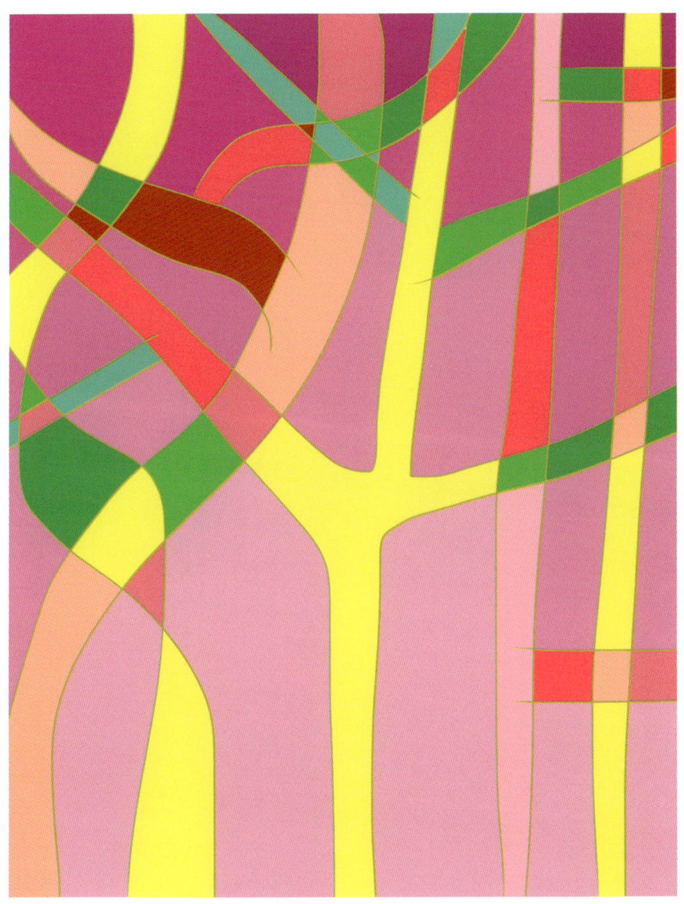

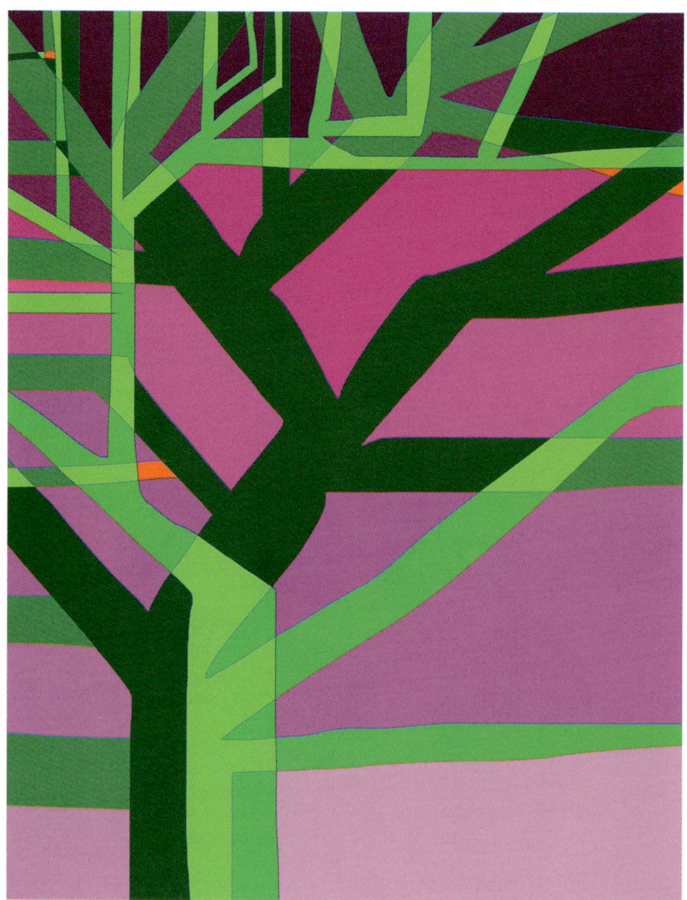

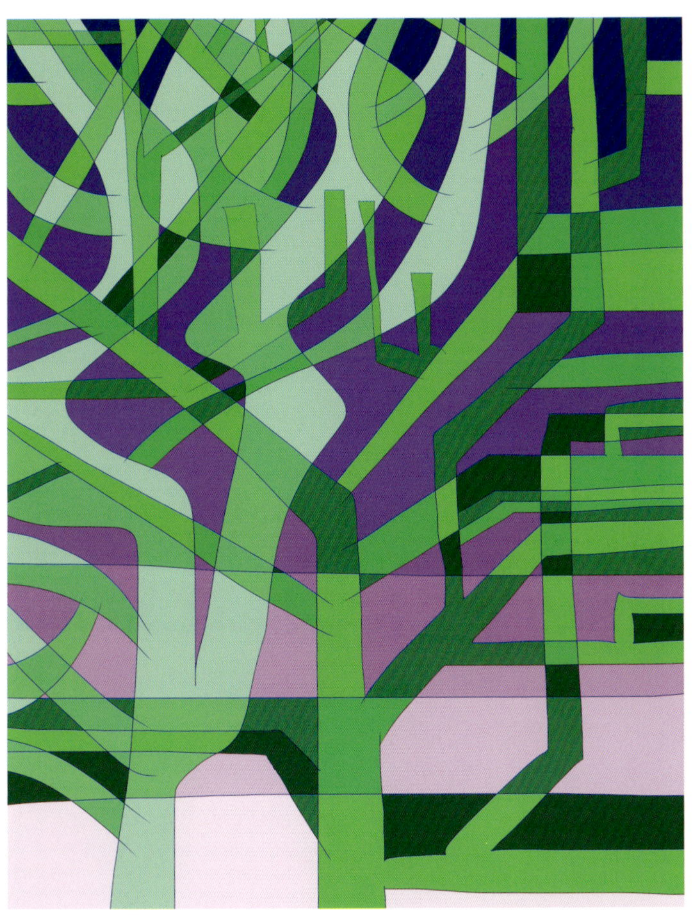

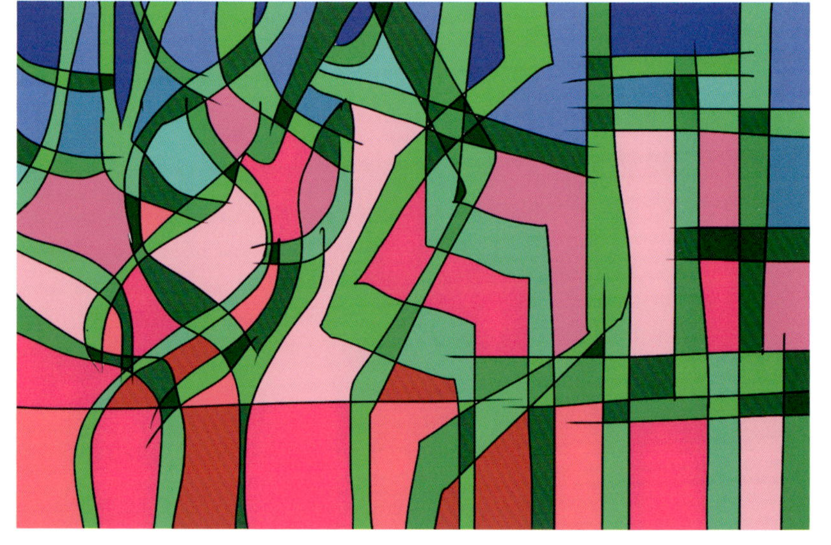

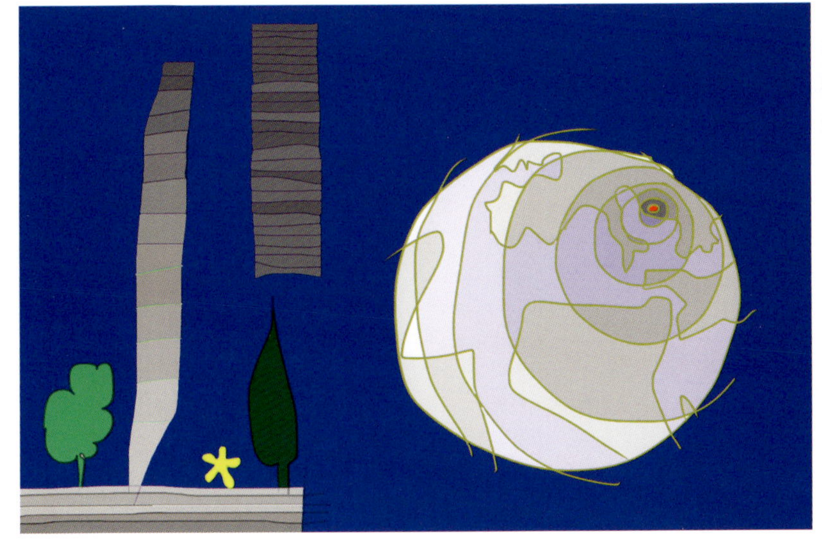

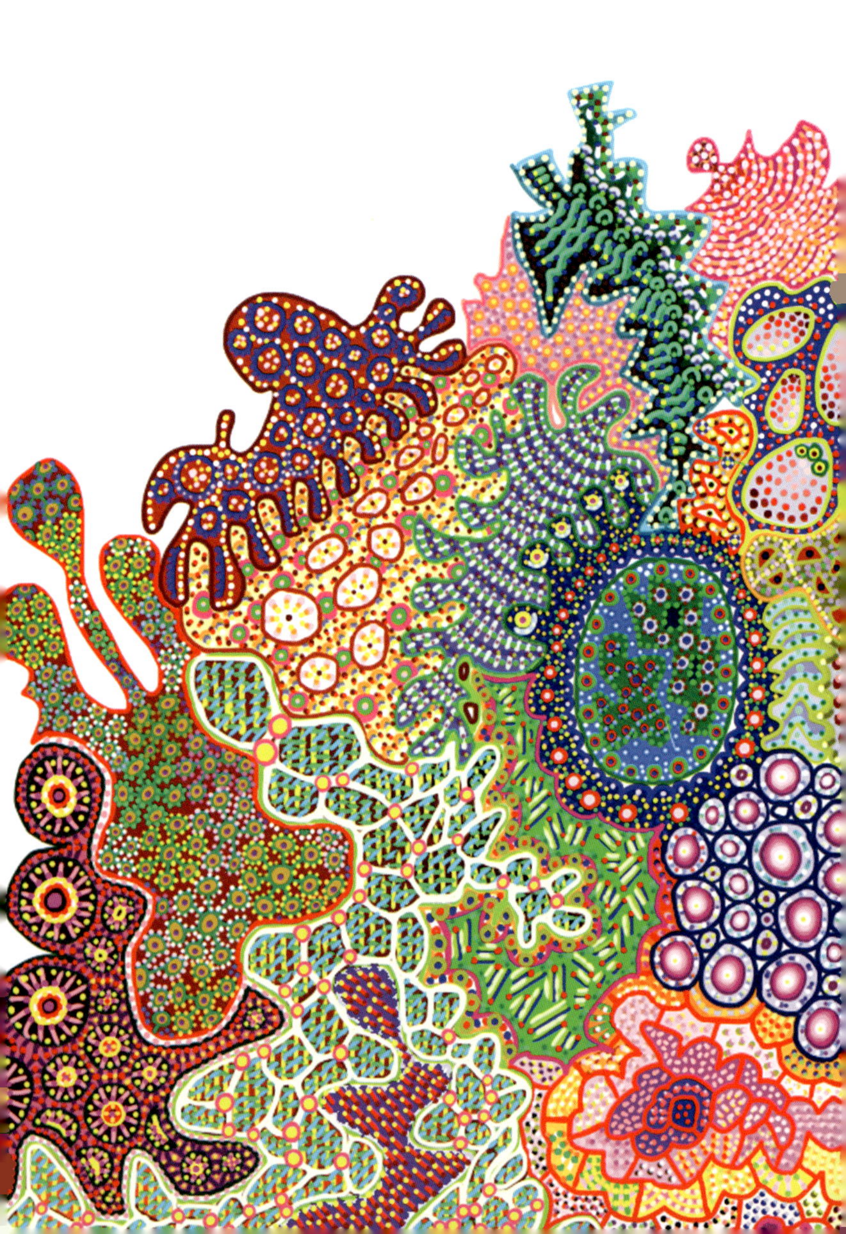

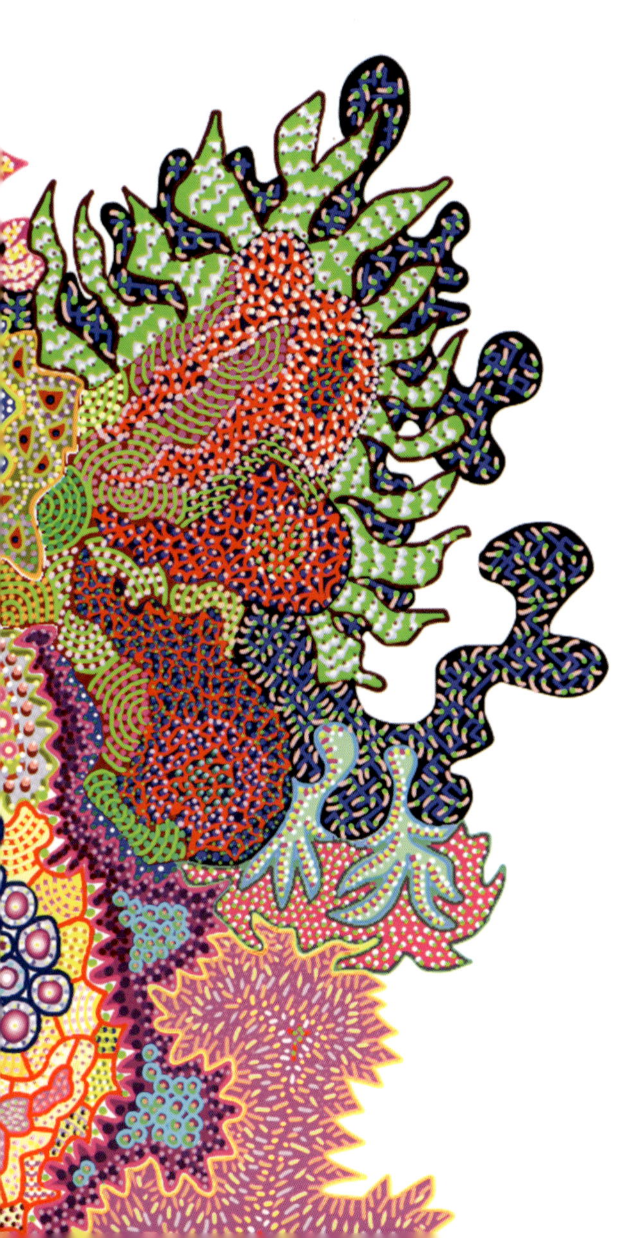

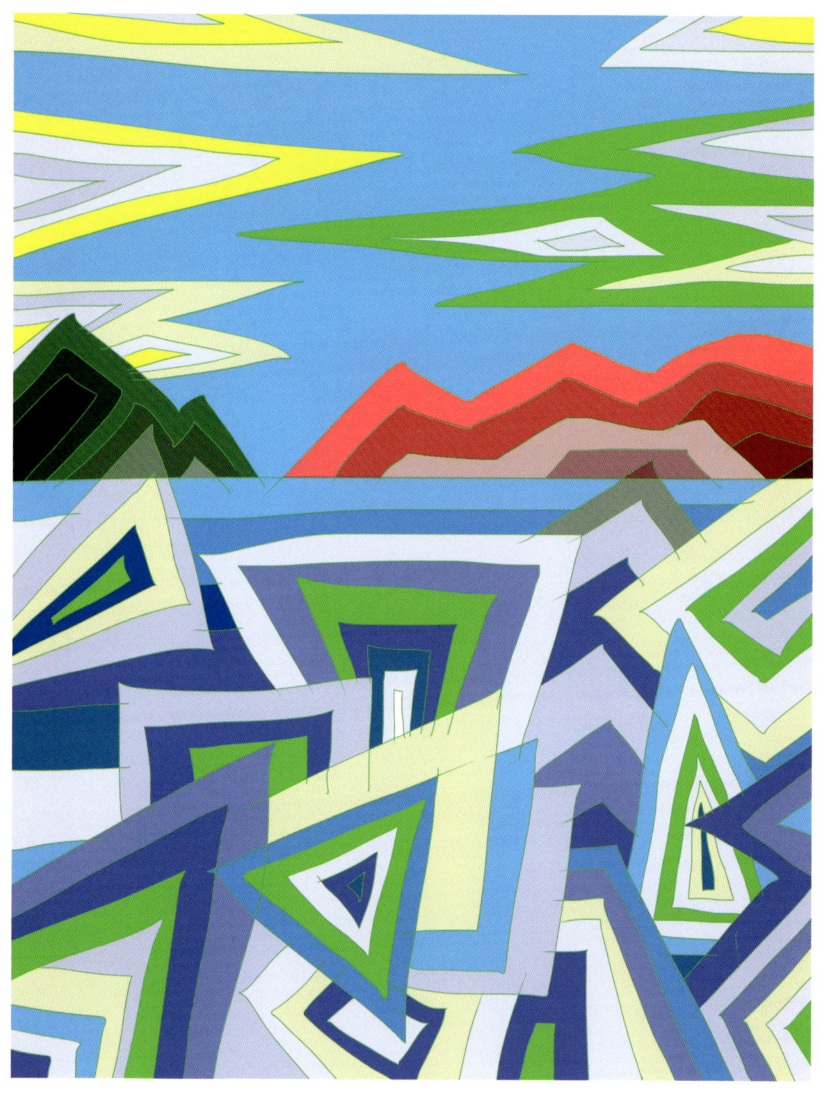

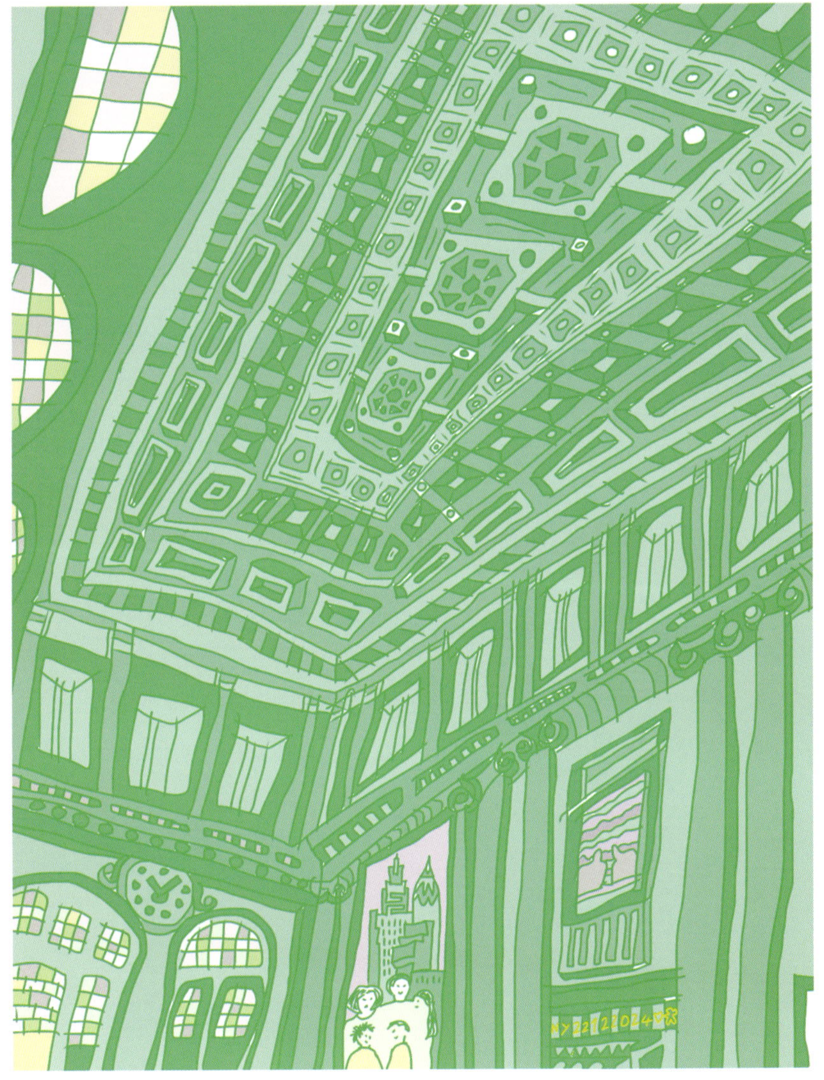

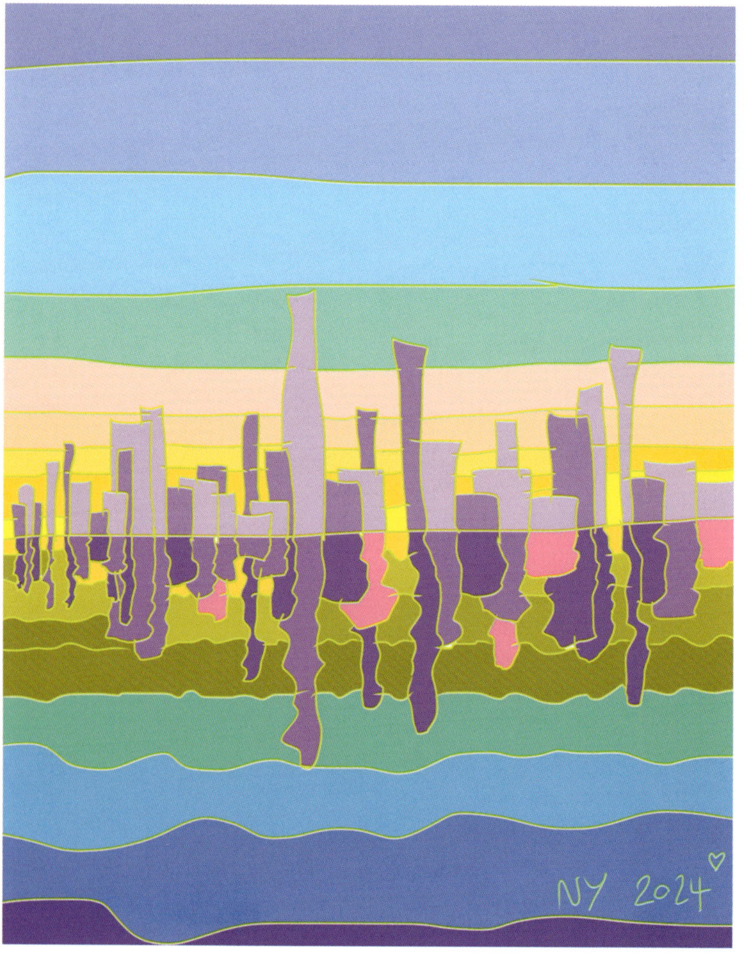
NY 2024

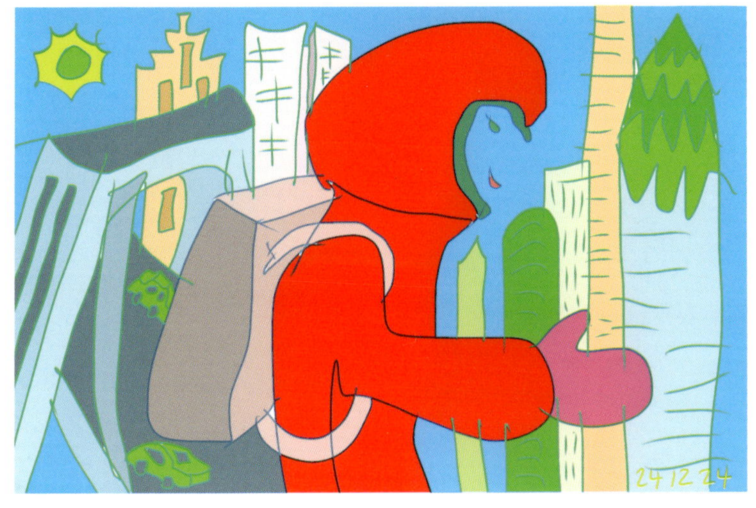

24 12 24

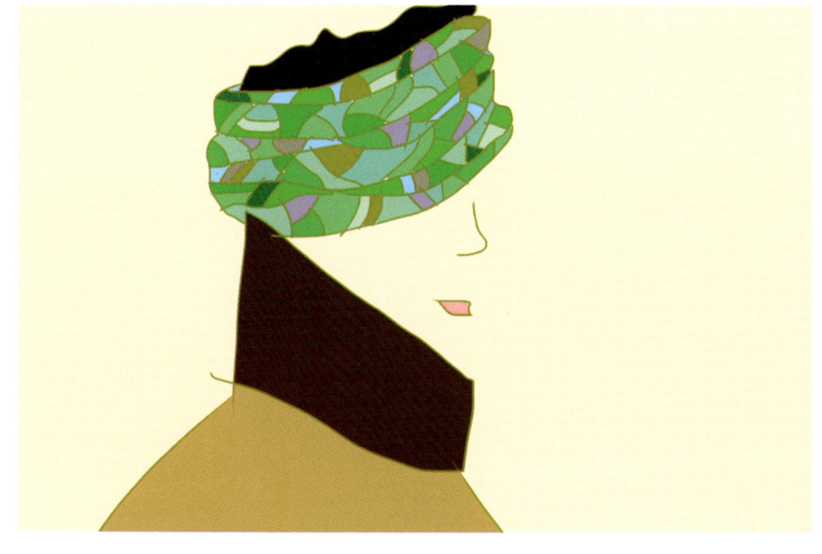

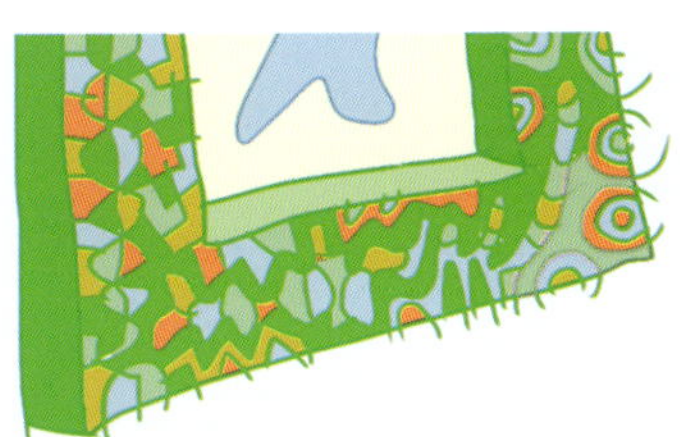
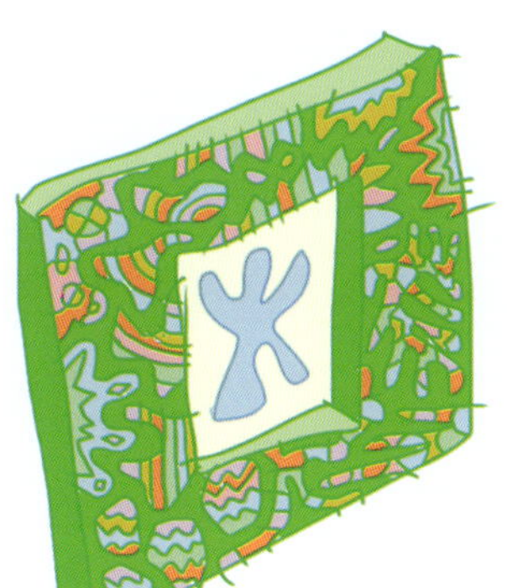
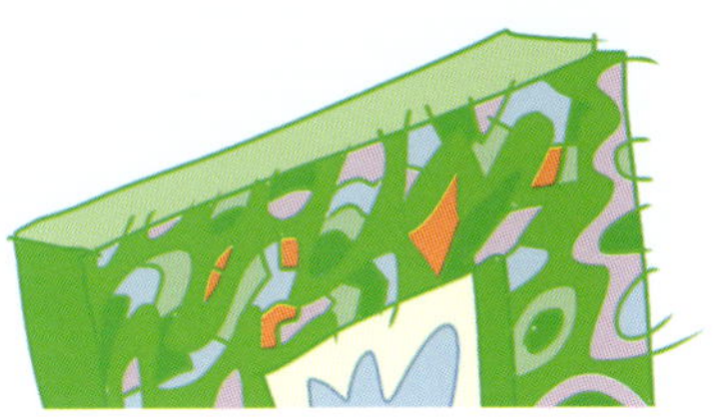

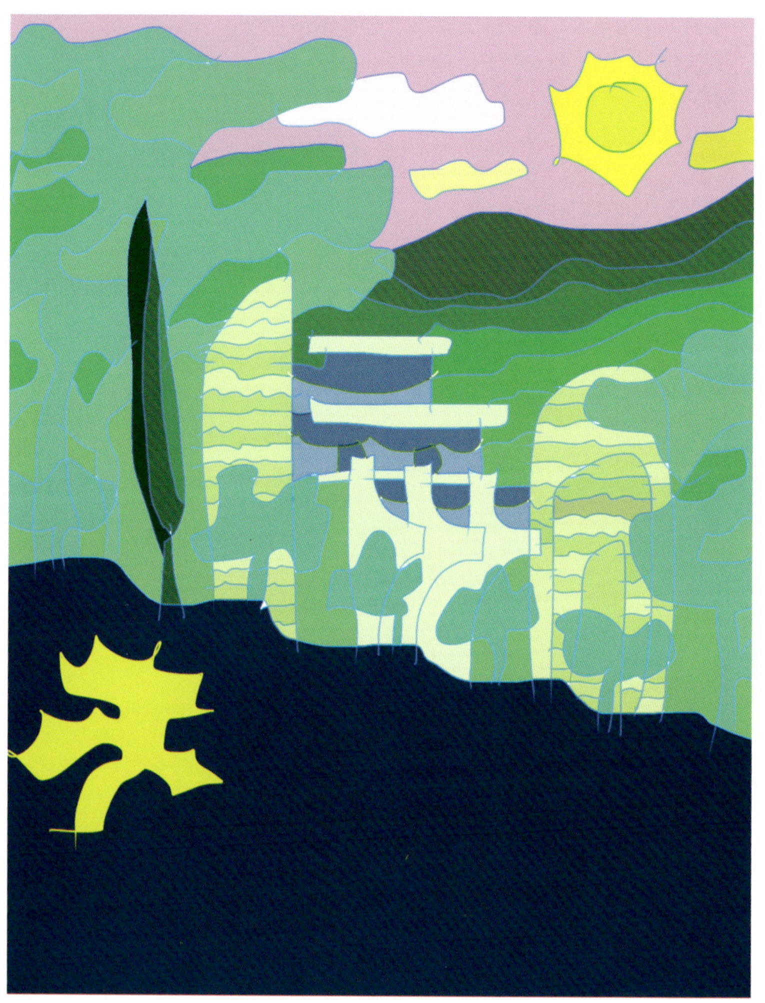

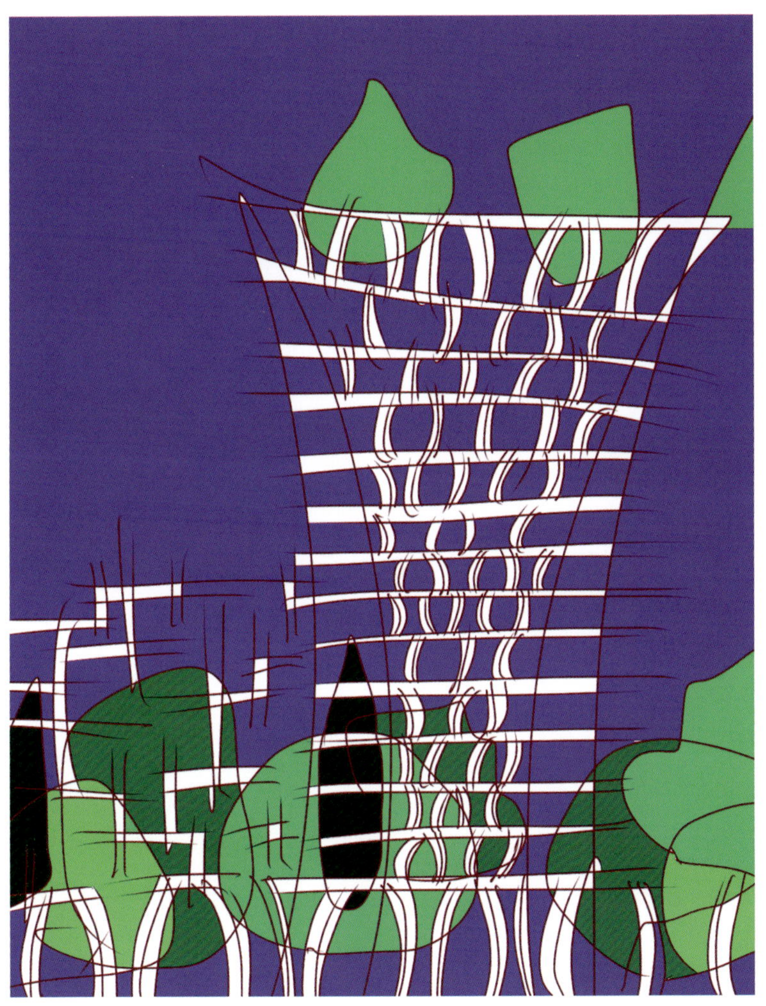

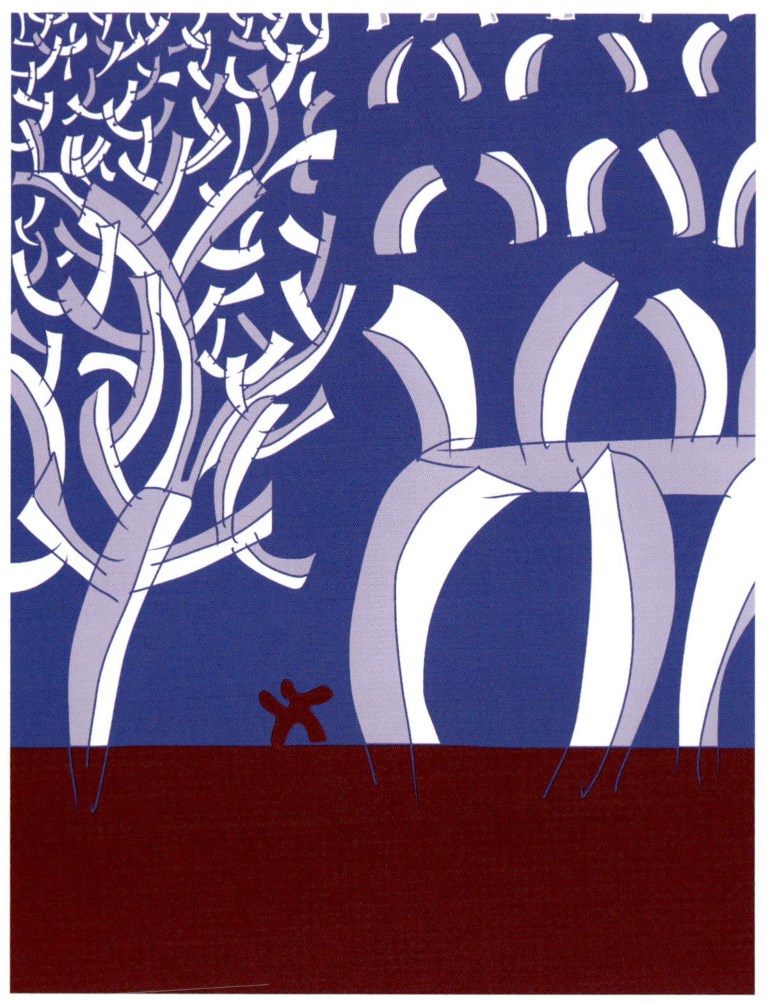

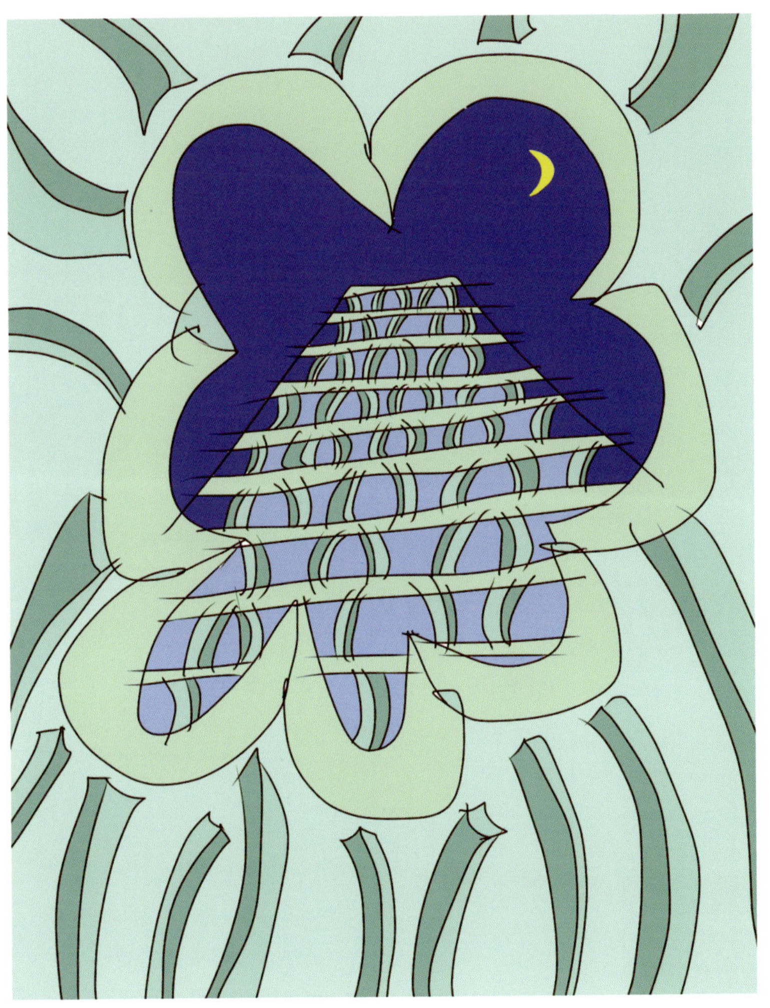

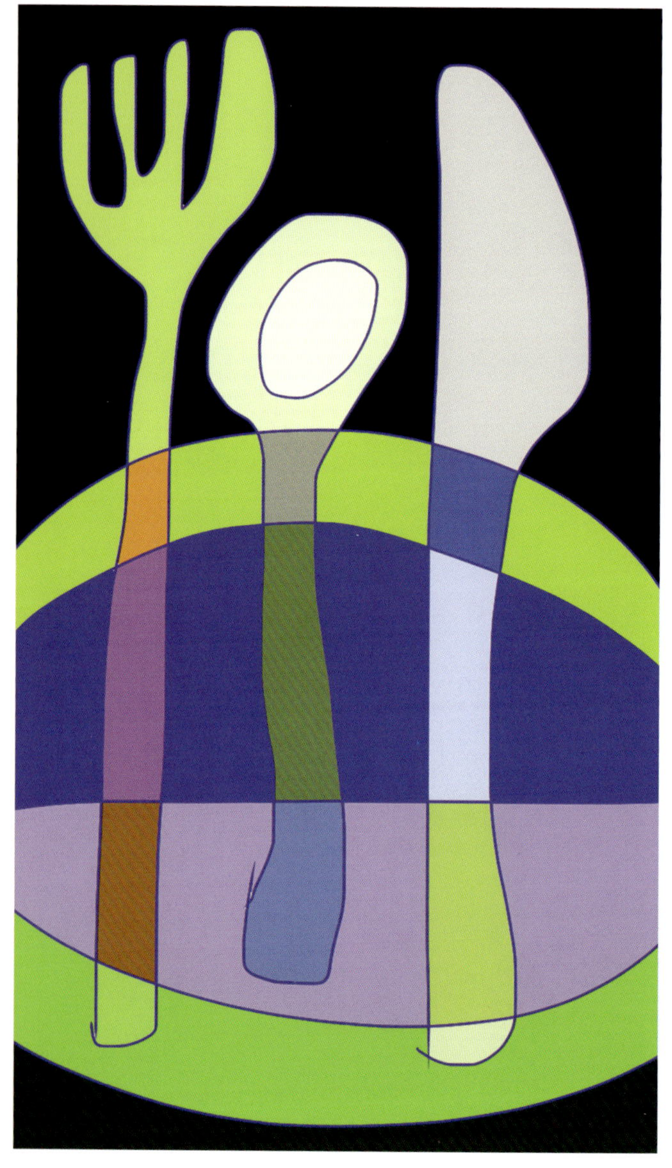

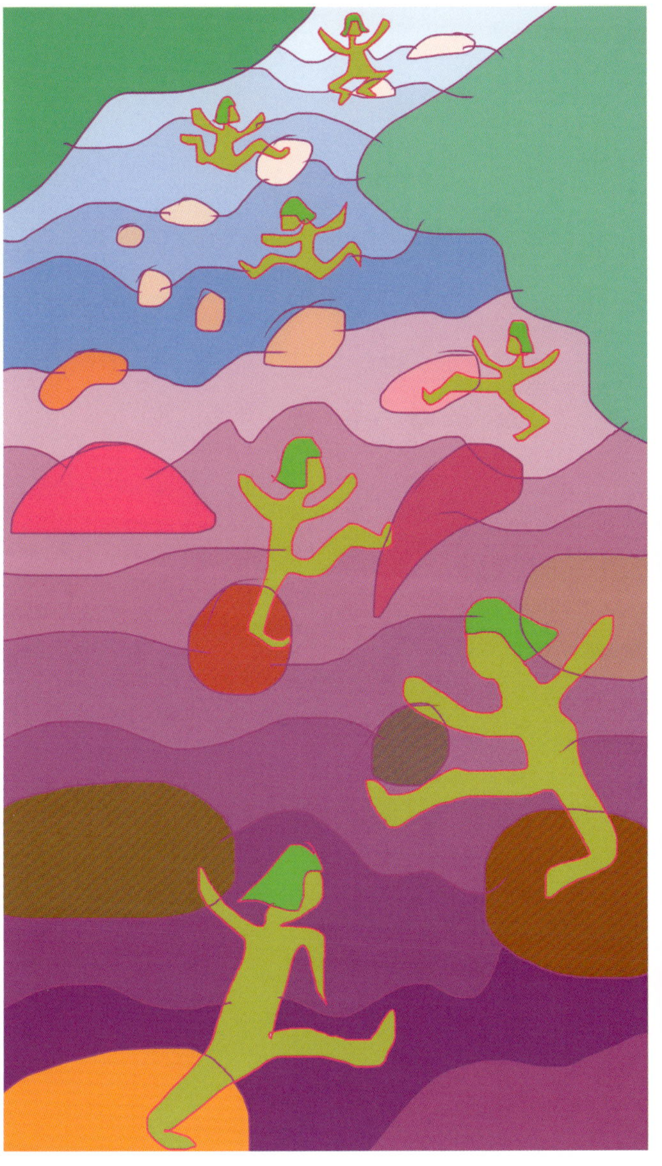

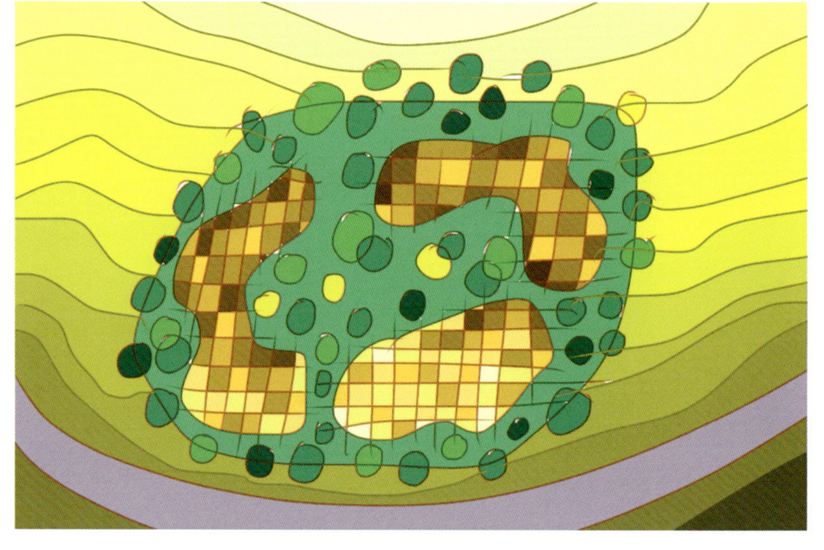

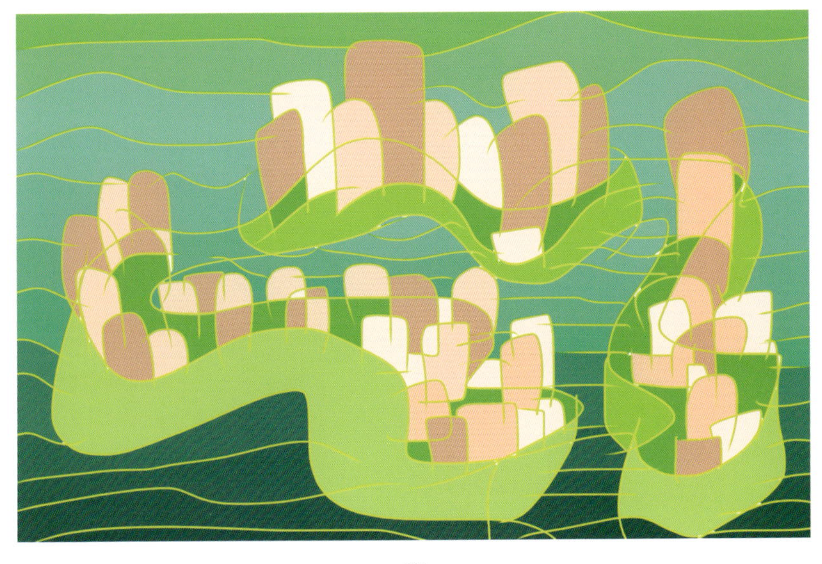

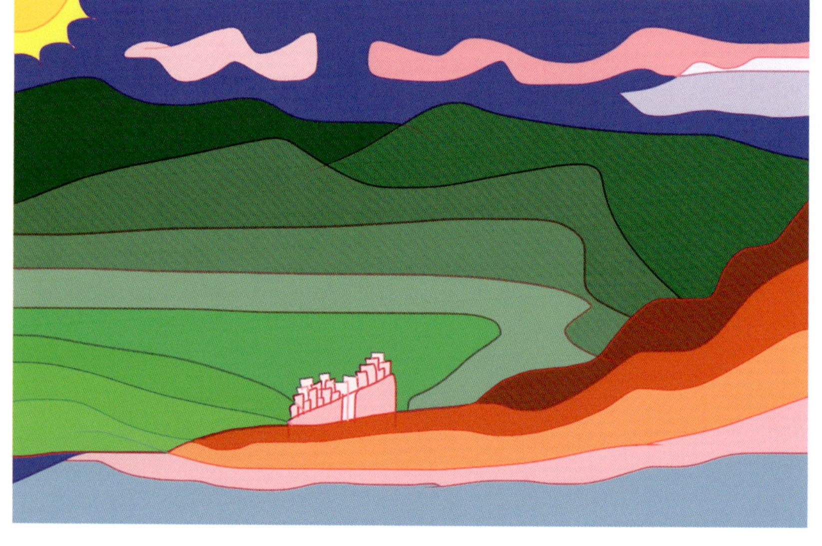

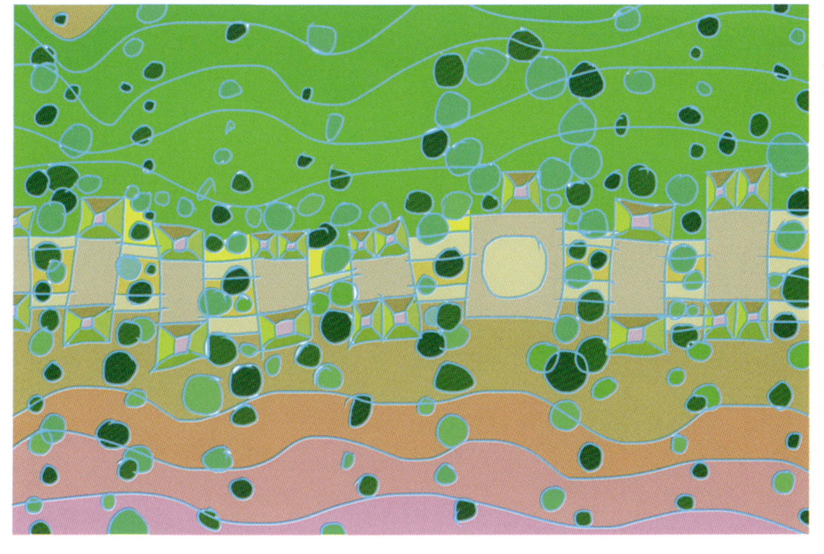

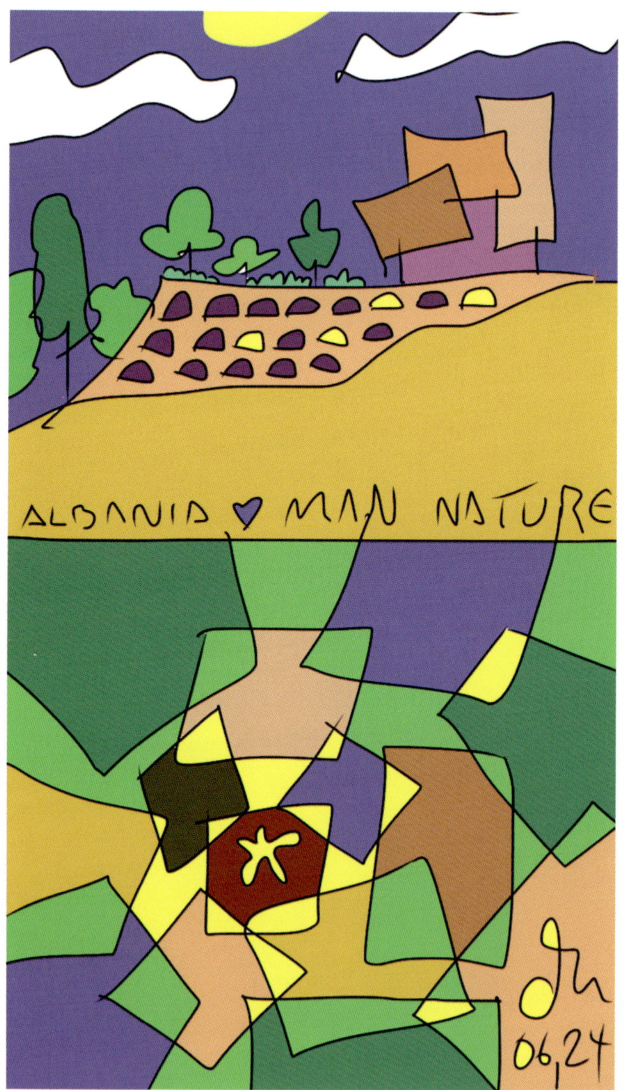

ALBANIA ♥ MAN NATURE
06,24

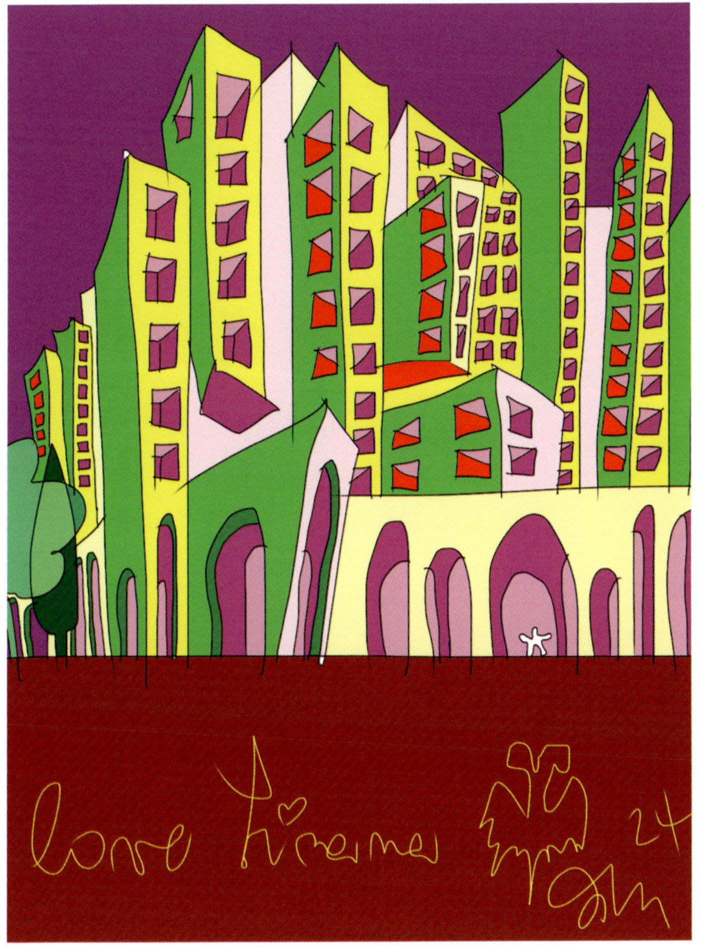

love Liramer 24

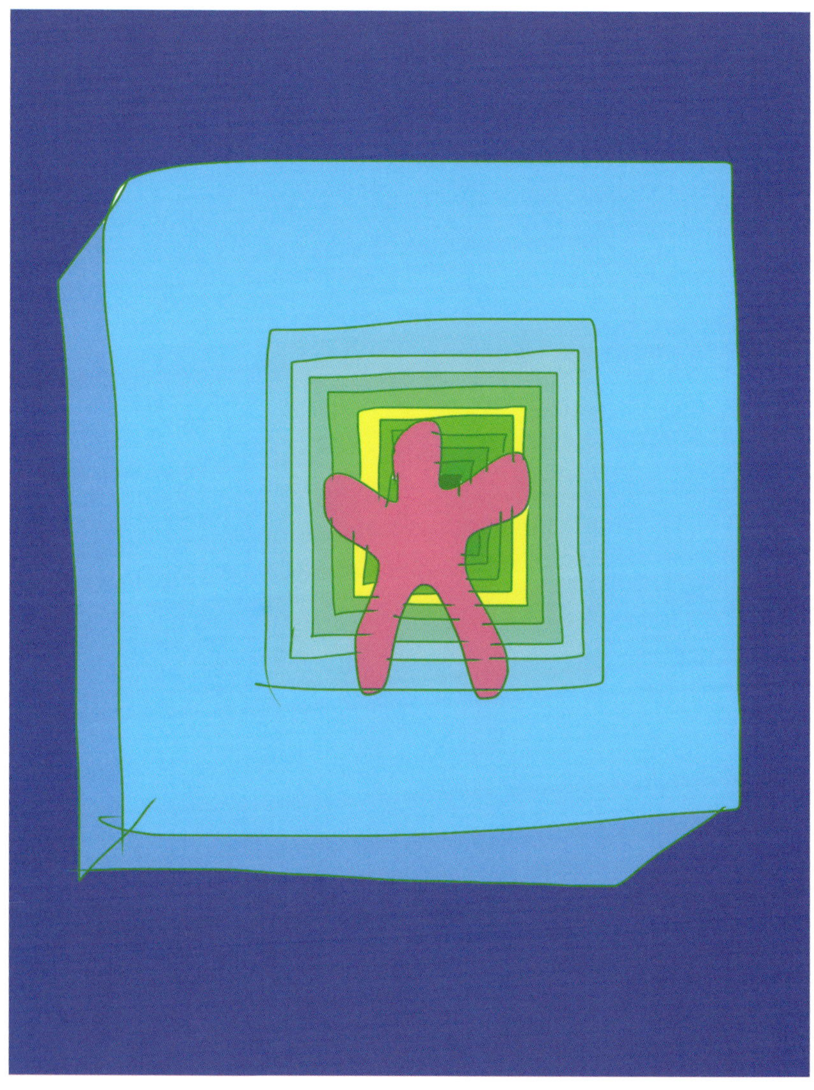

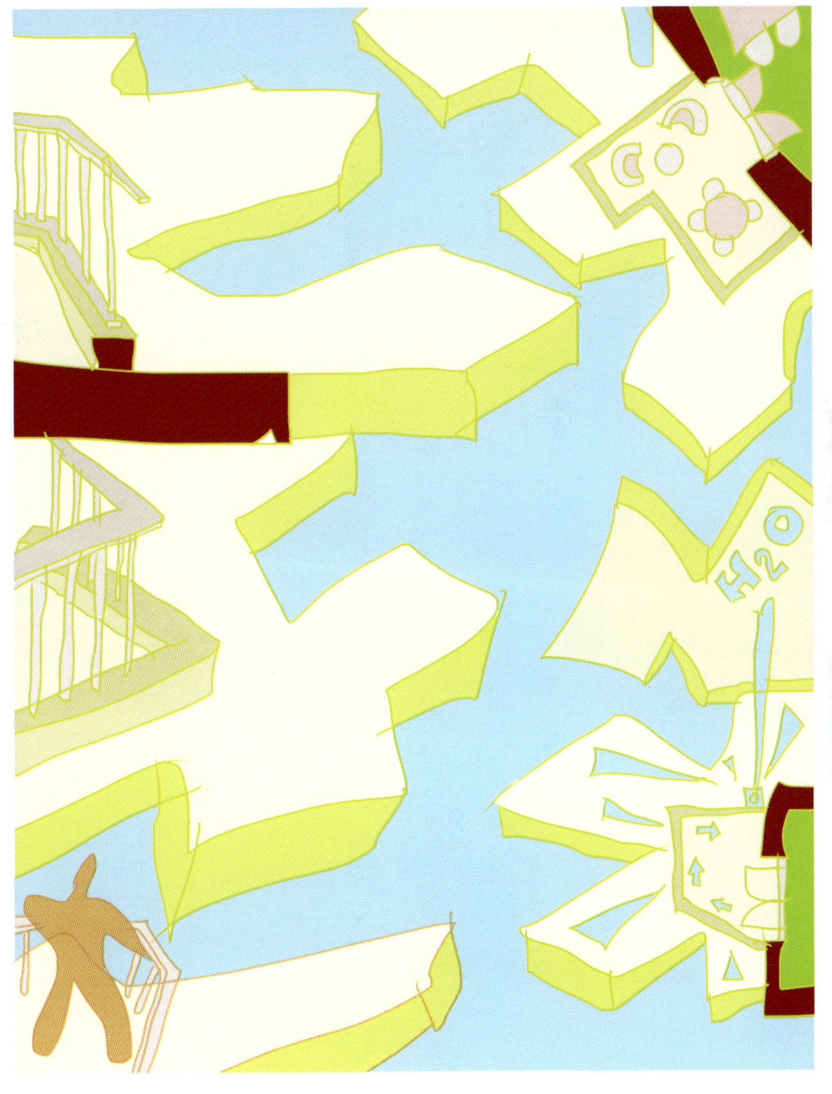
H2O

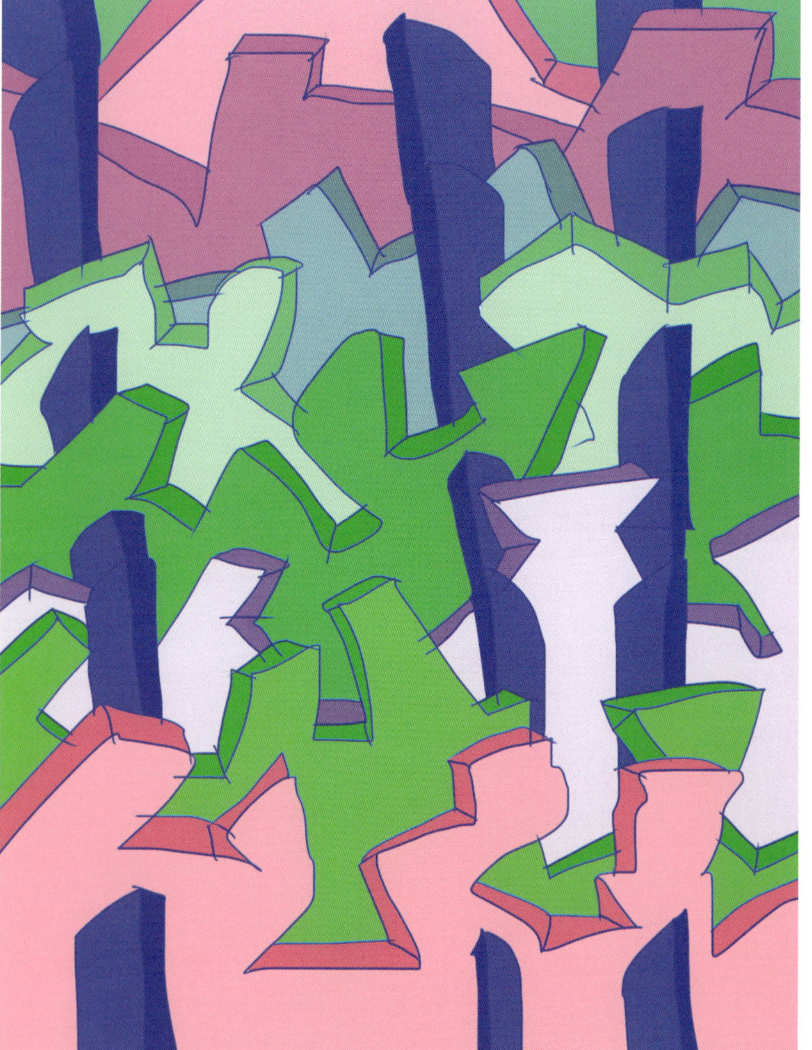

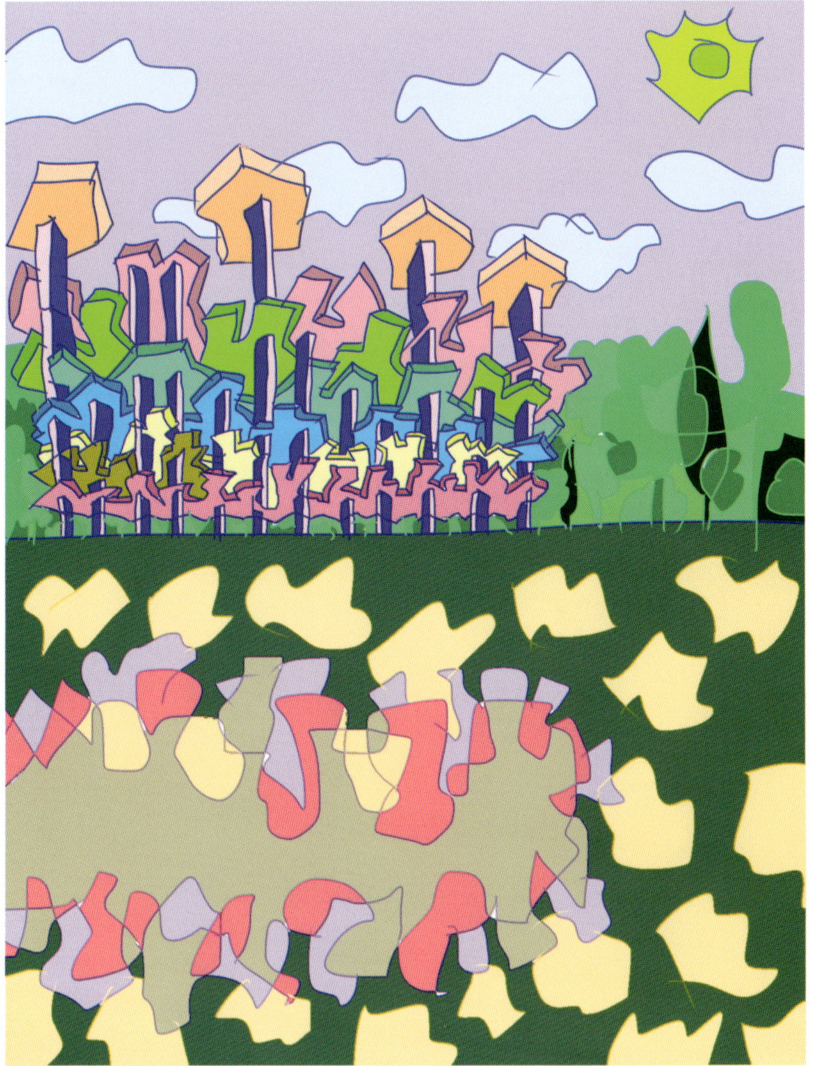

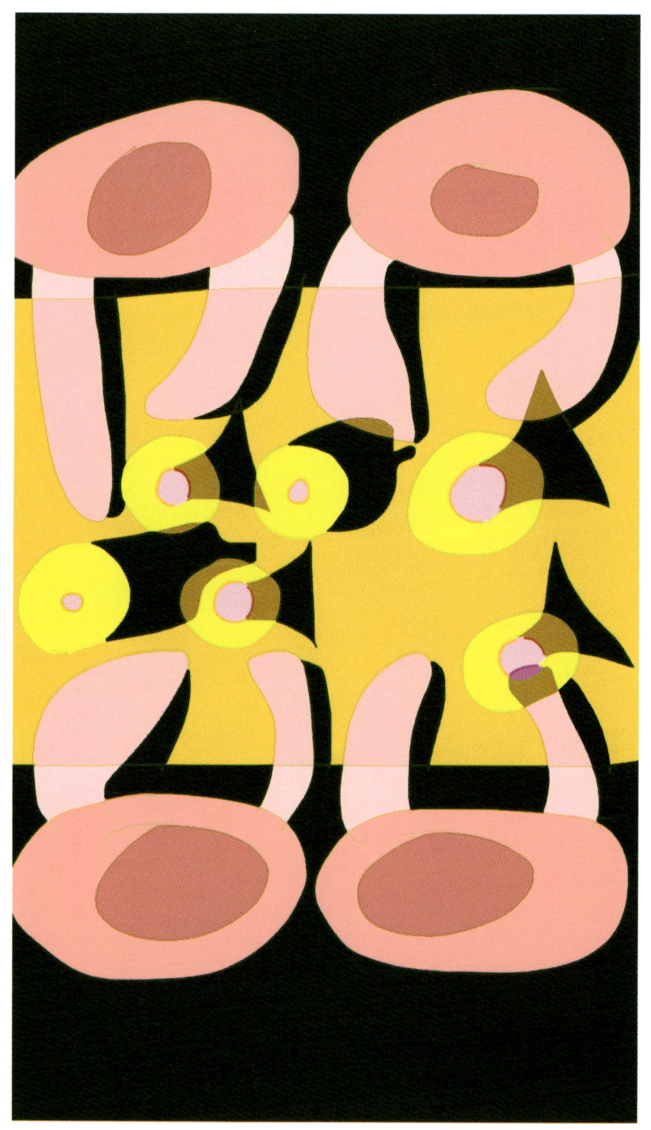

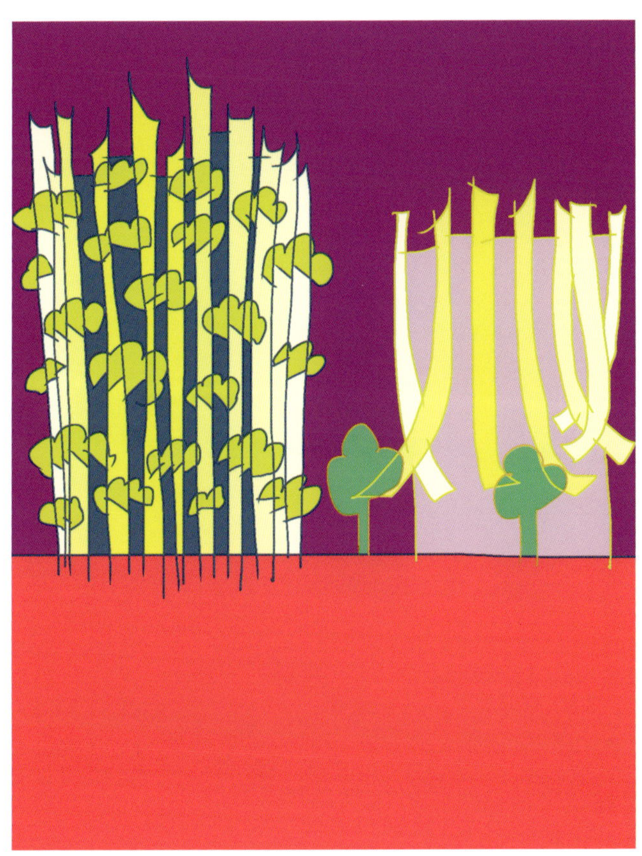

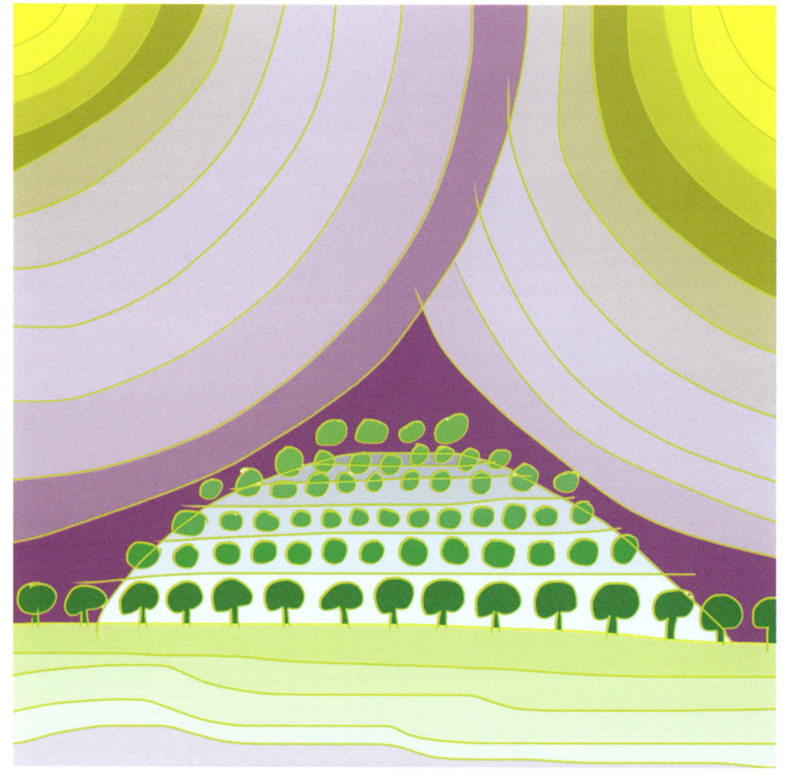

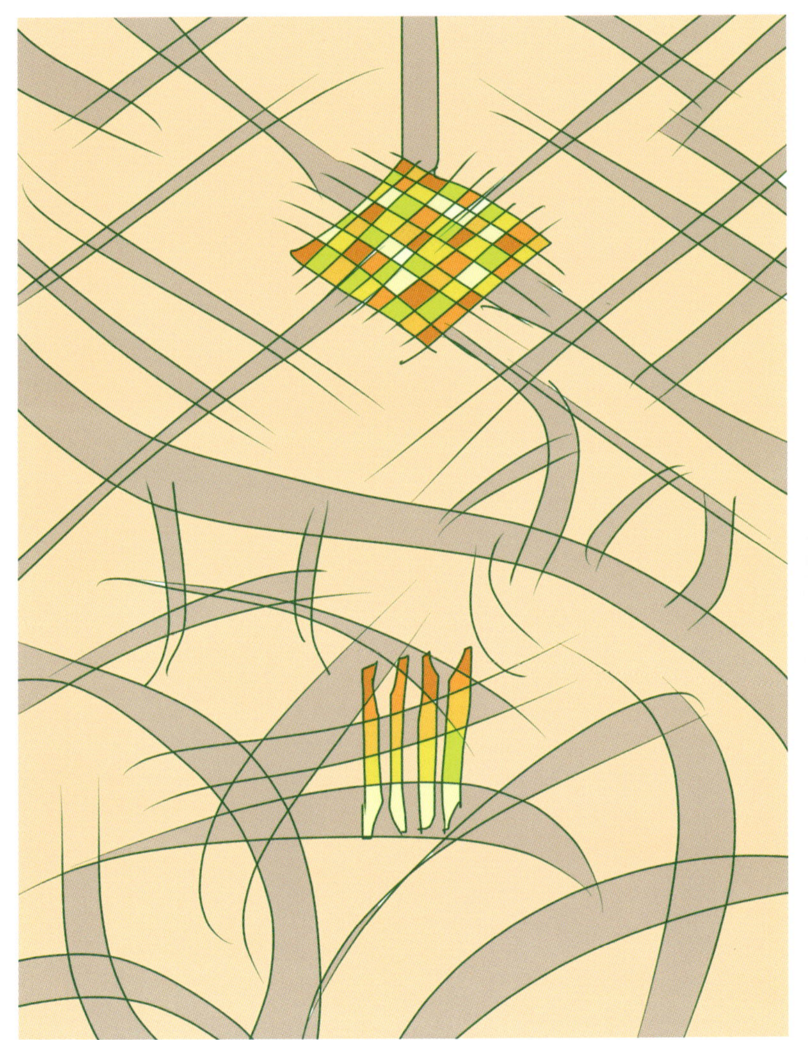

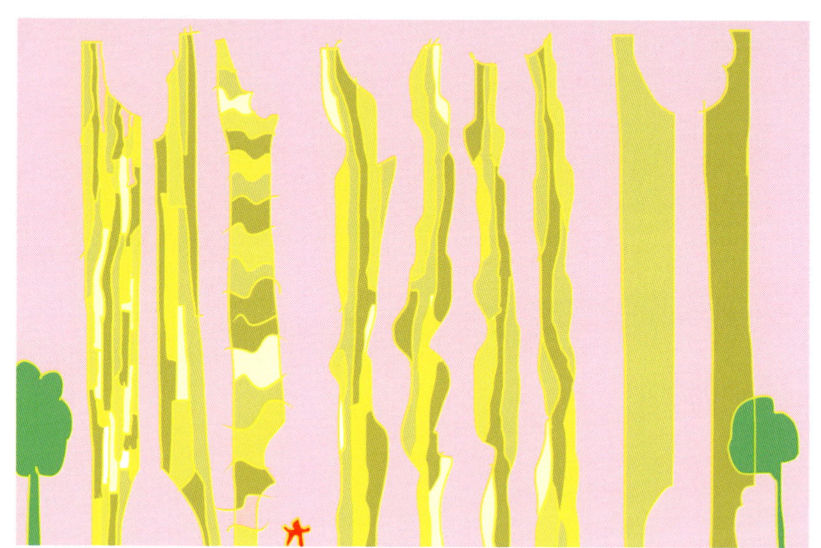

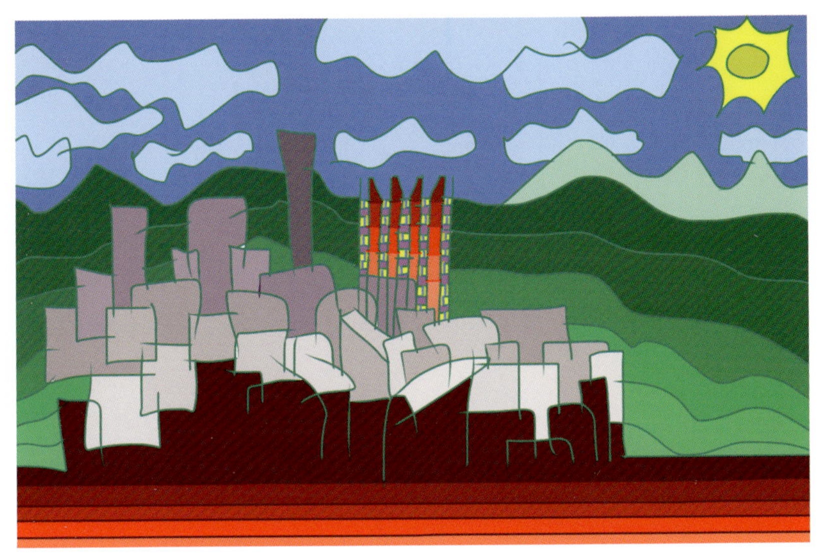

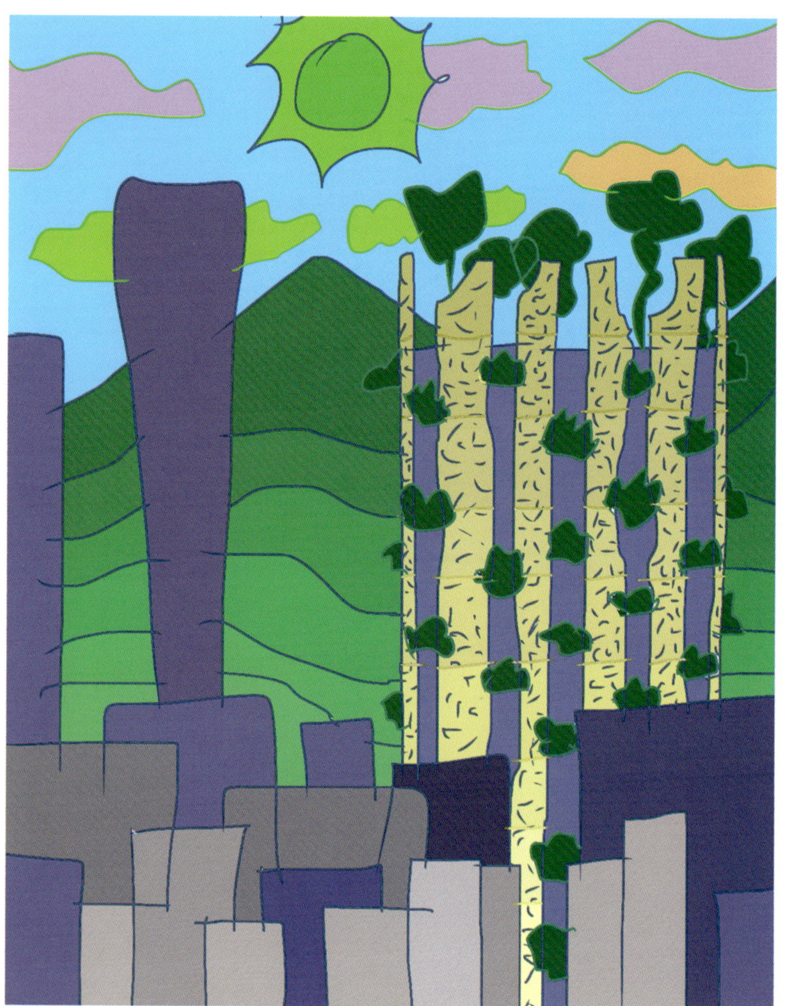

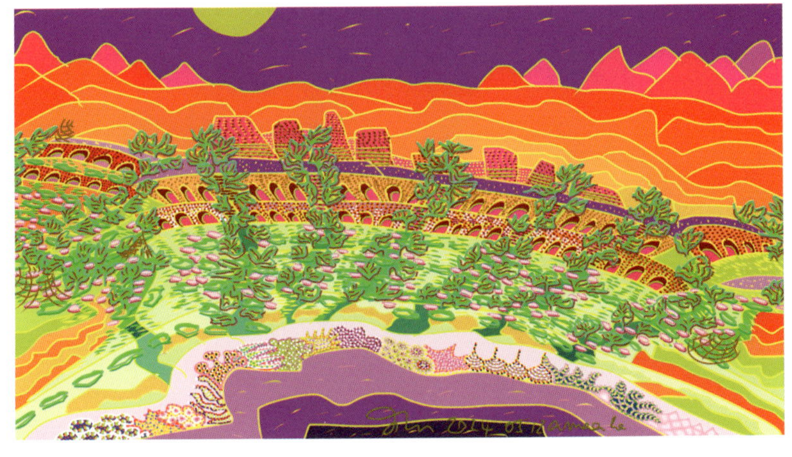

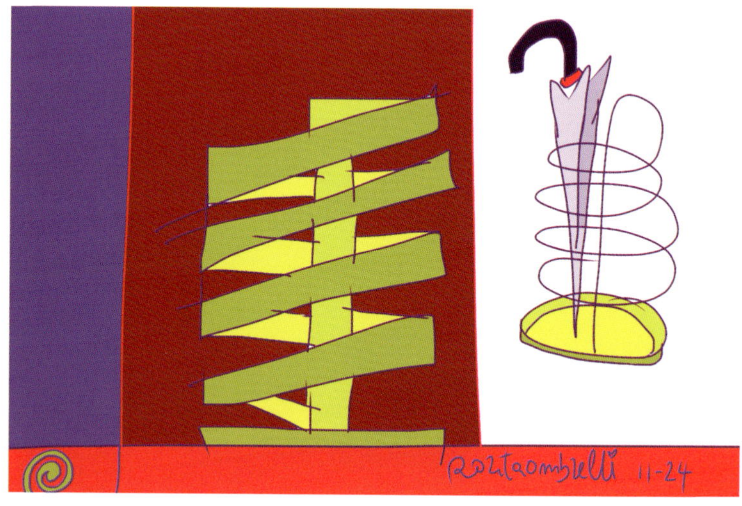

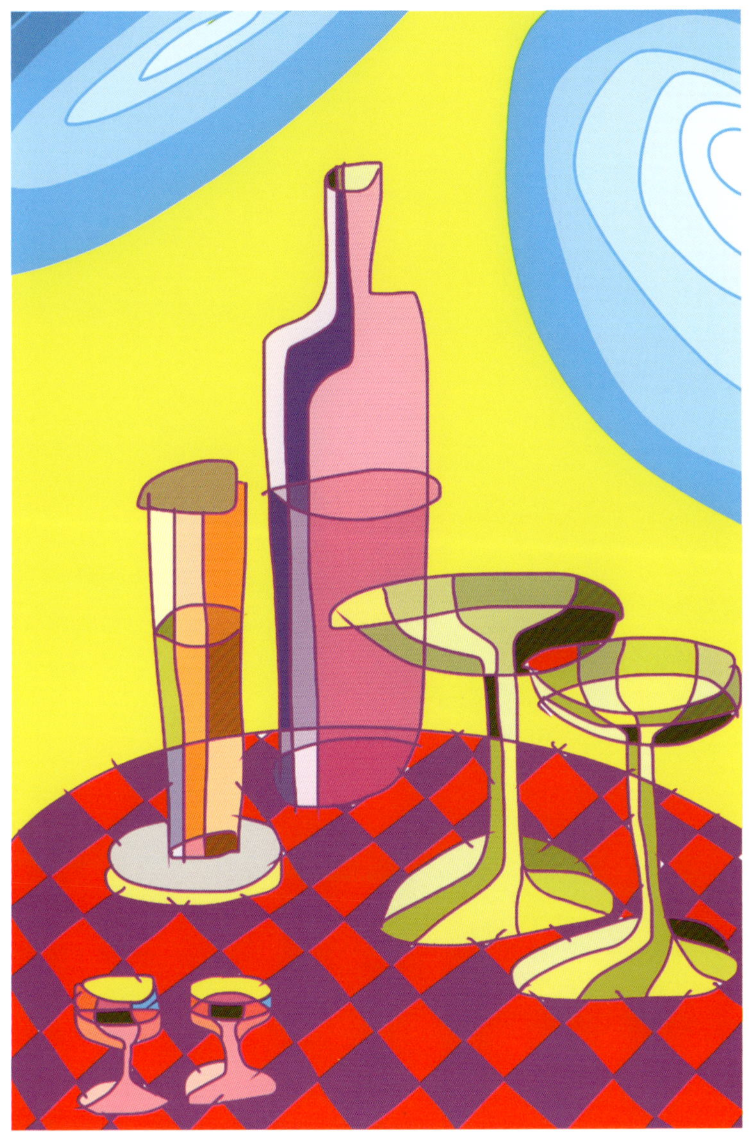

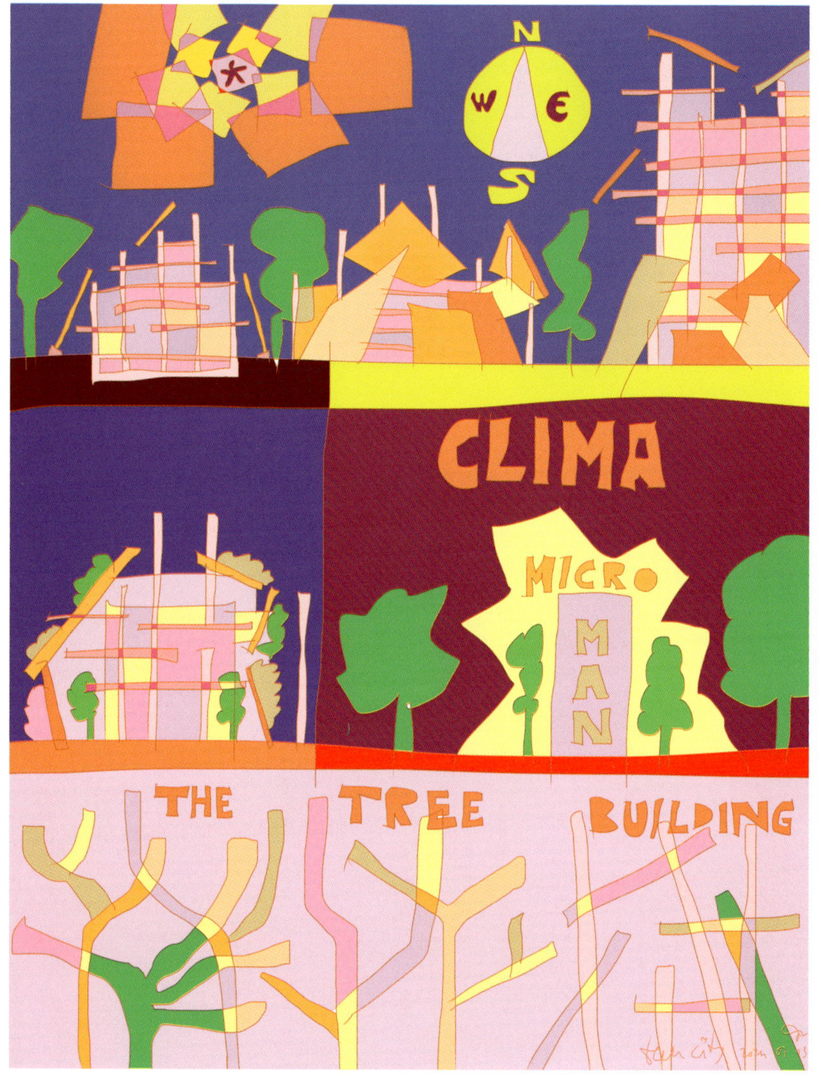

N
W E
S
CLIMA
MICRO
MAN
THE TREE BUILDING

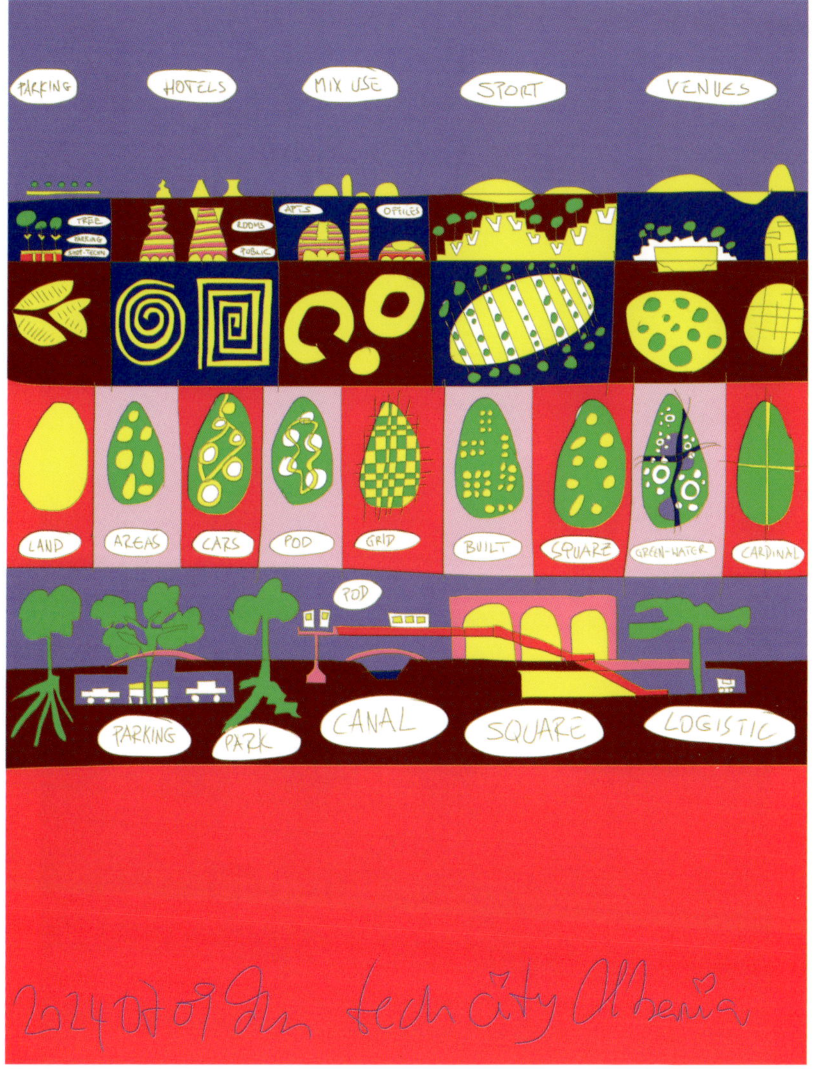
PARKING
HOTELS
MIX USE
SPORT
VENUES
TREE
PARKING
SHOP-TECHN
ROOMS
PUBLIC
APTS
OFFICES
LAND
AREAS
CARS
POD
GRID
BUILT
SQUARE
GREEN-WATER
CARDINAL
POD
PARKING
PARK
CANAL
SQUARE
LOGISTIC
2024 07 09 Jm tech city Albania

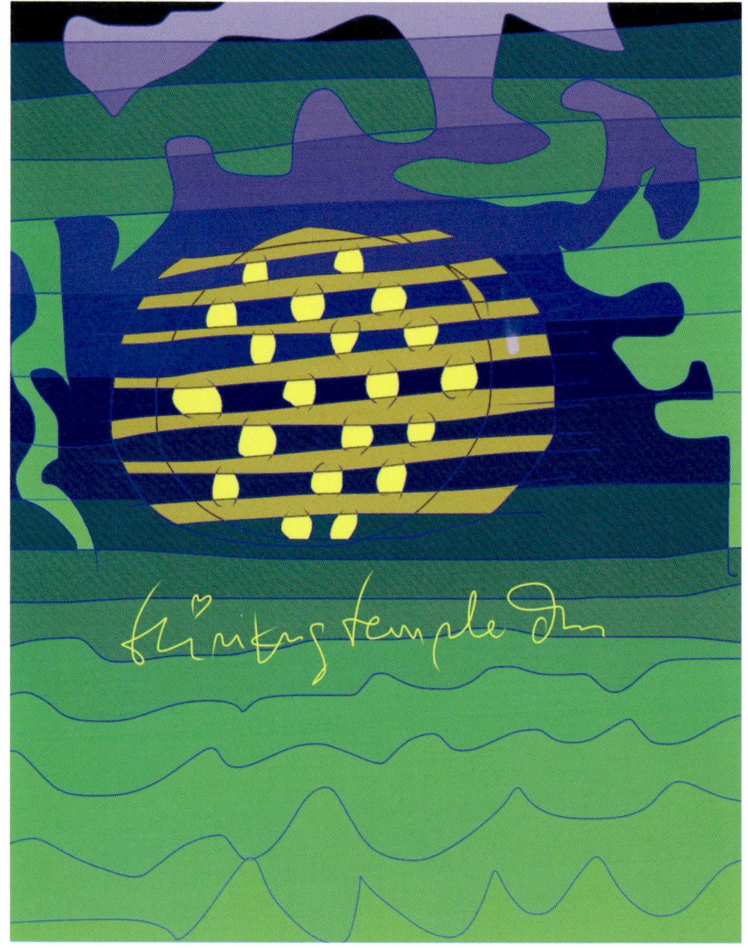
Klimbims temple Inn

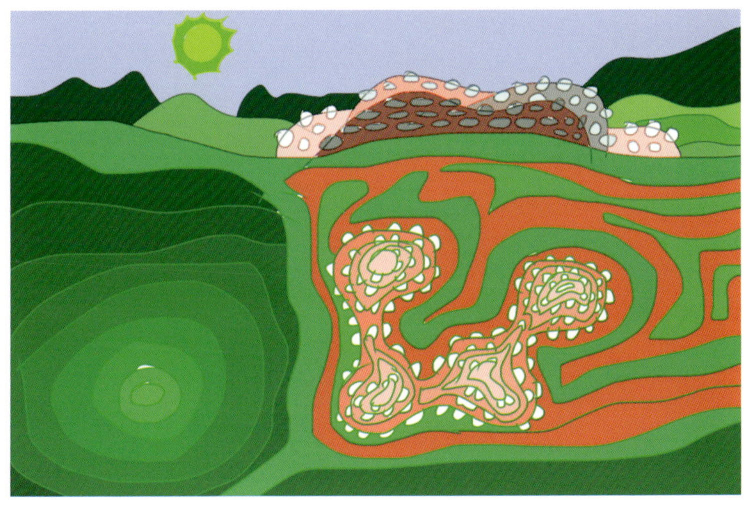

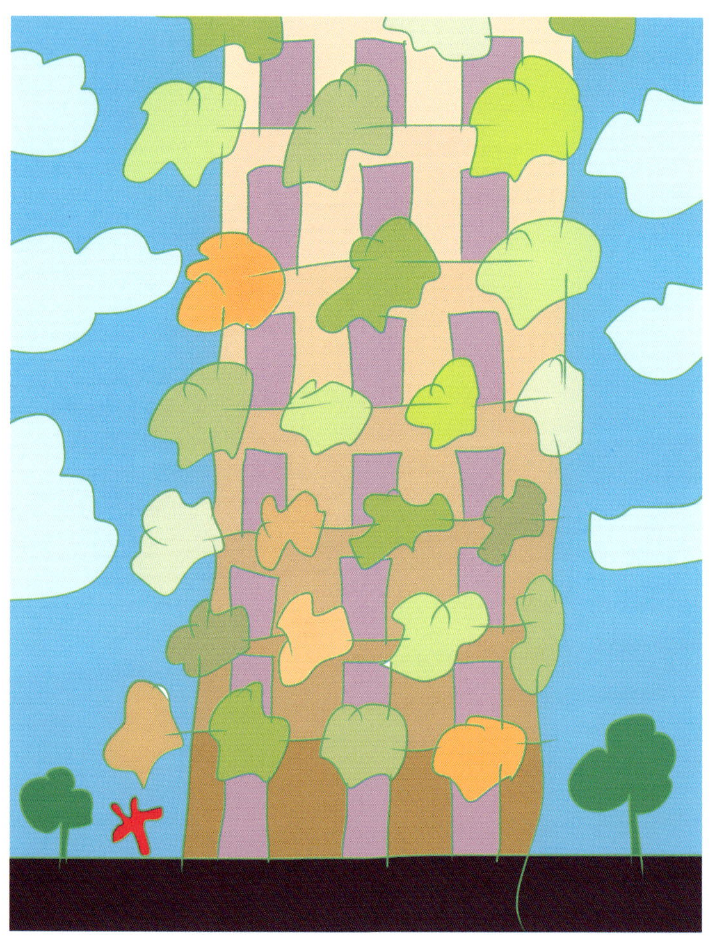

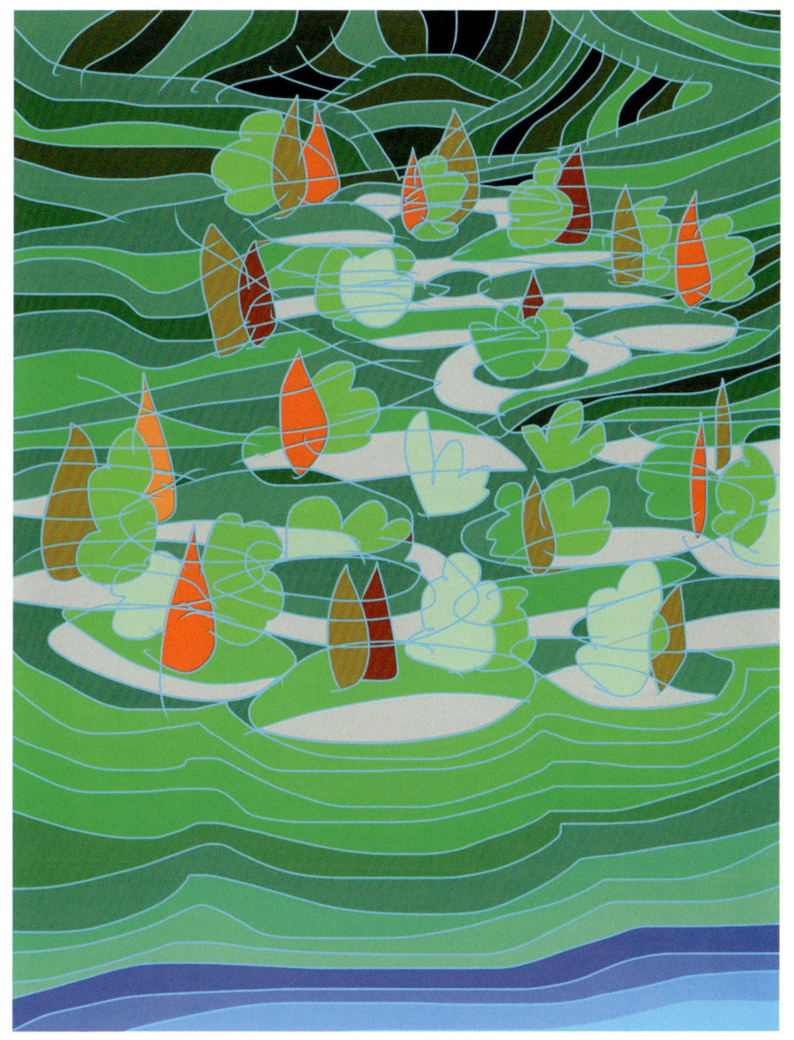

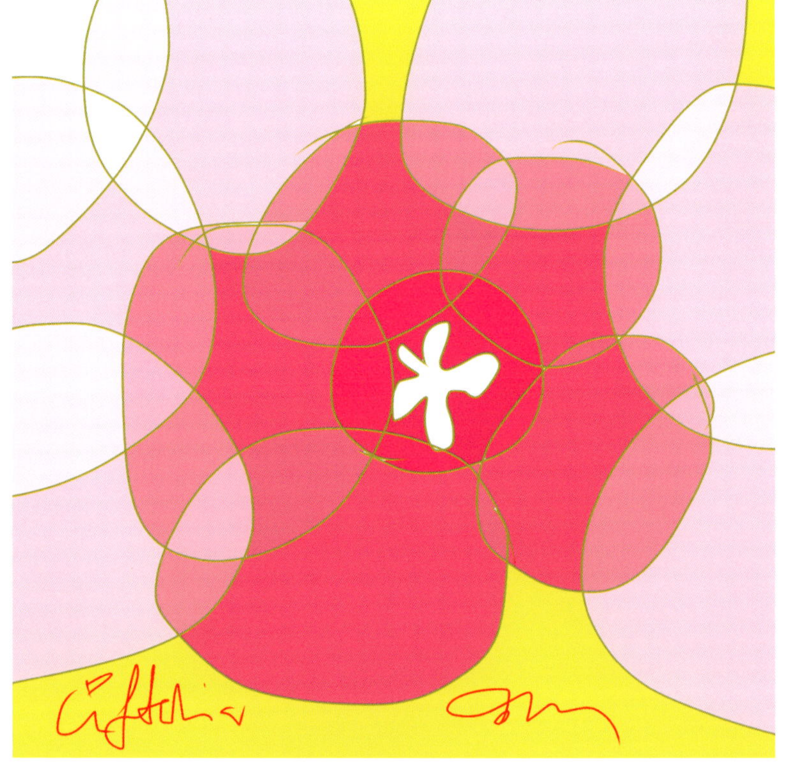

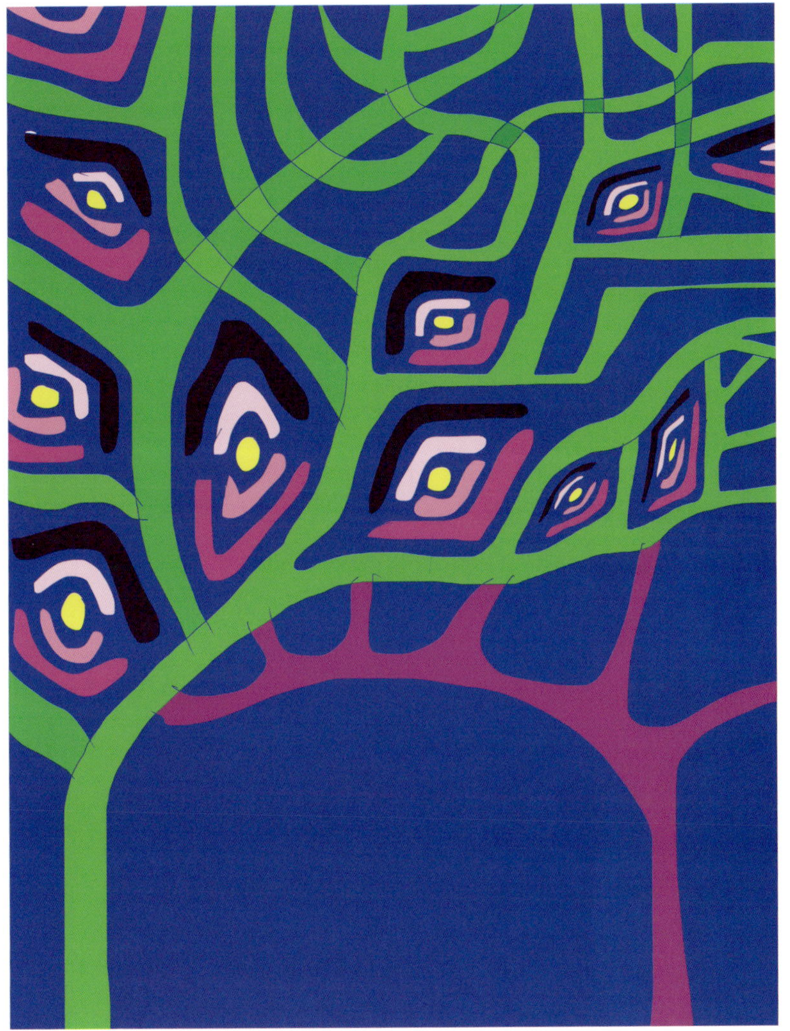

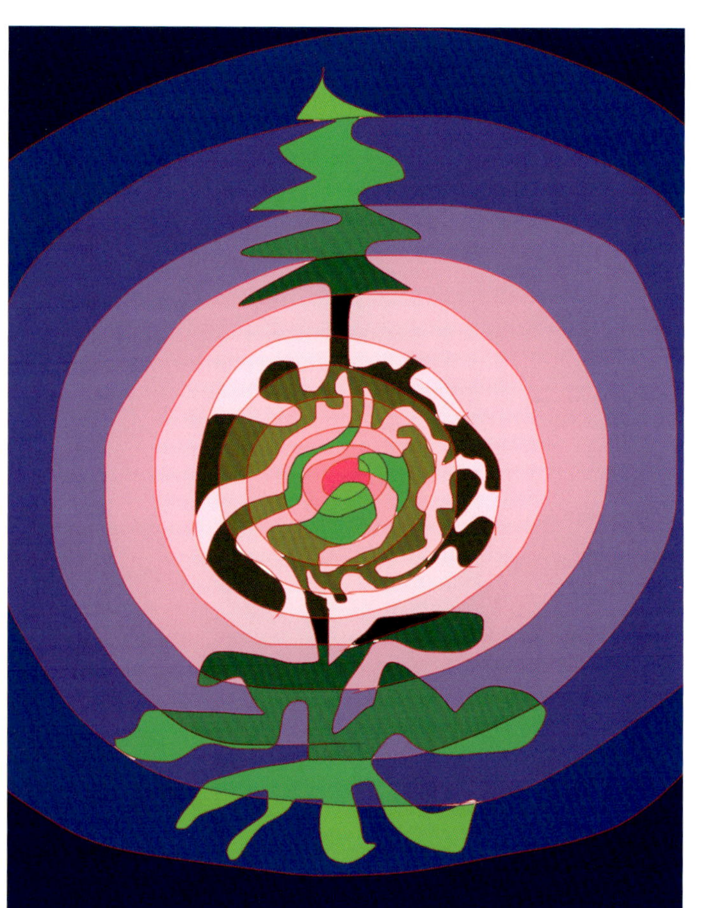

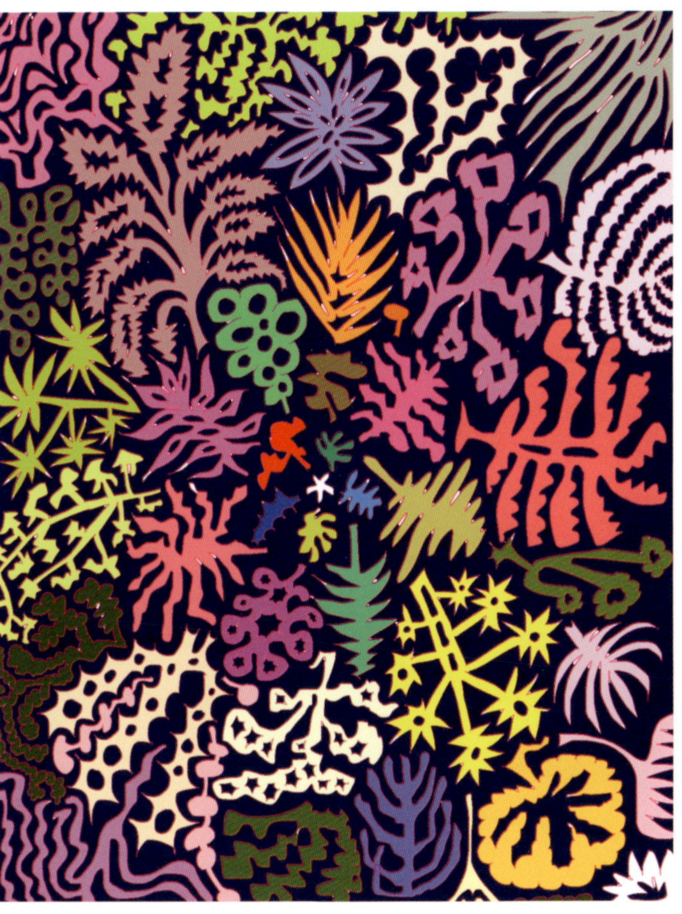

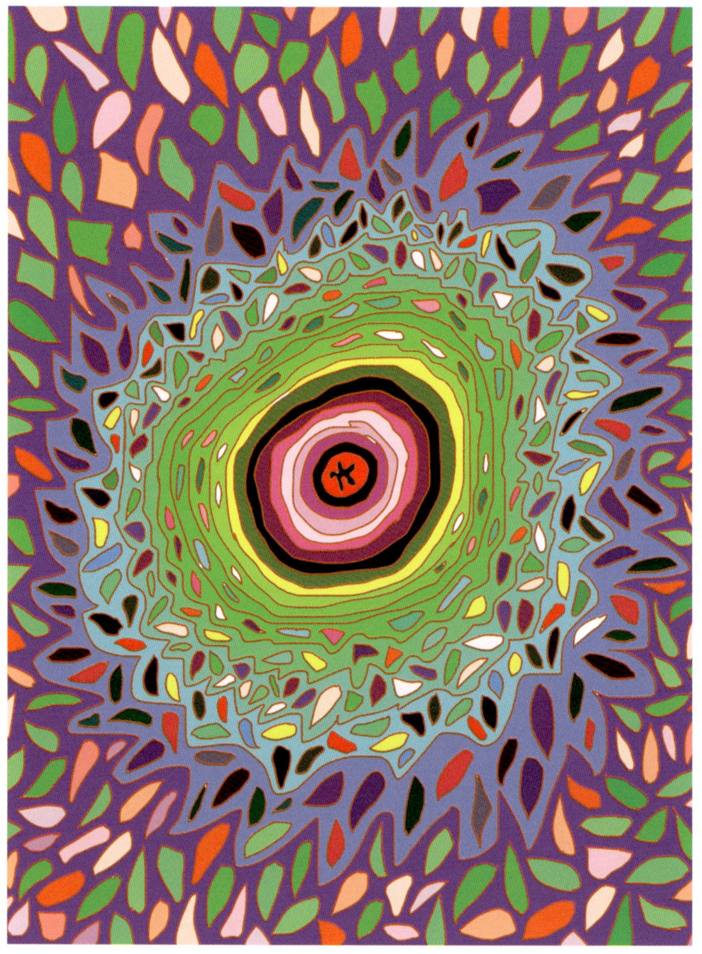

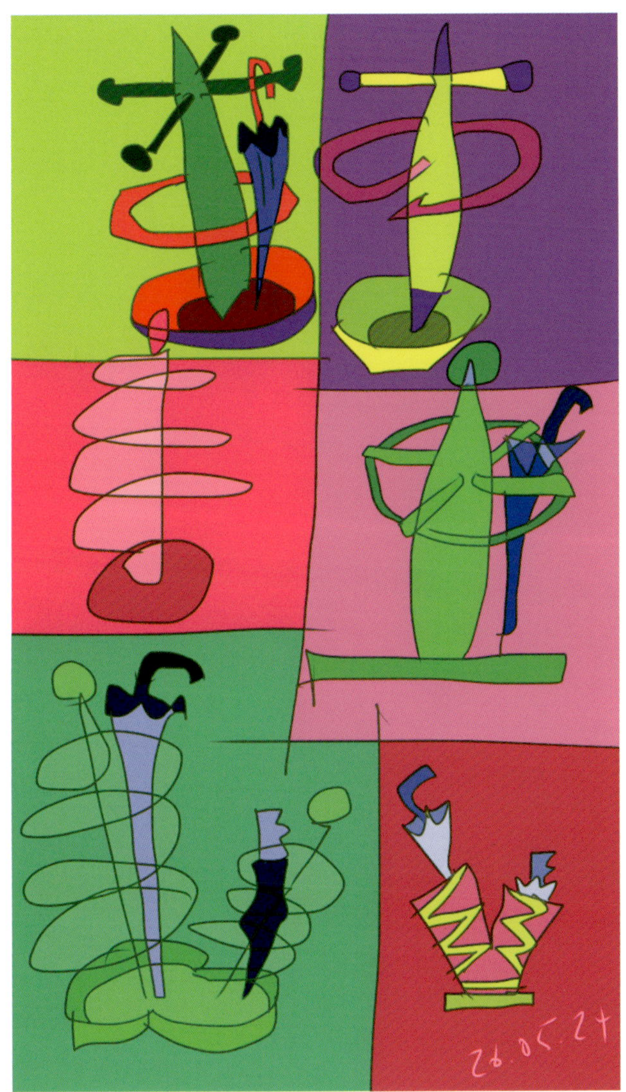

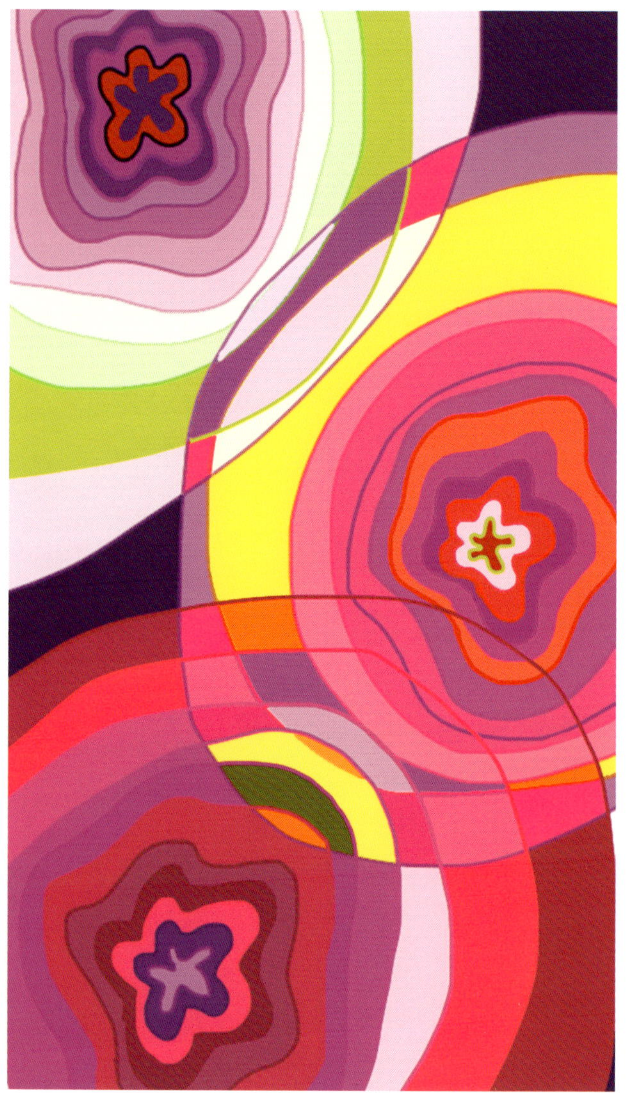

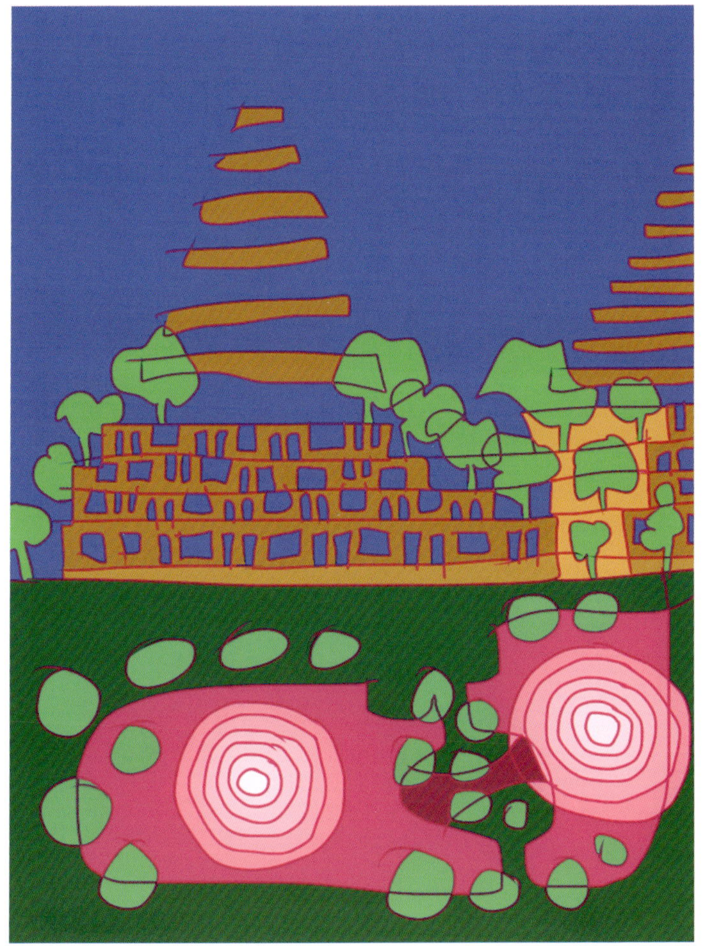

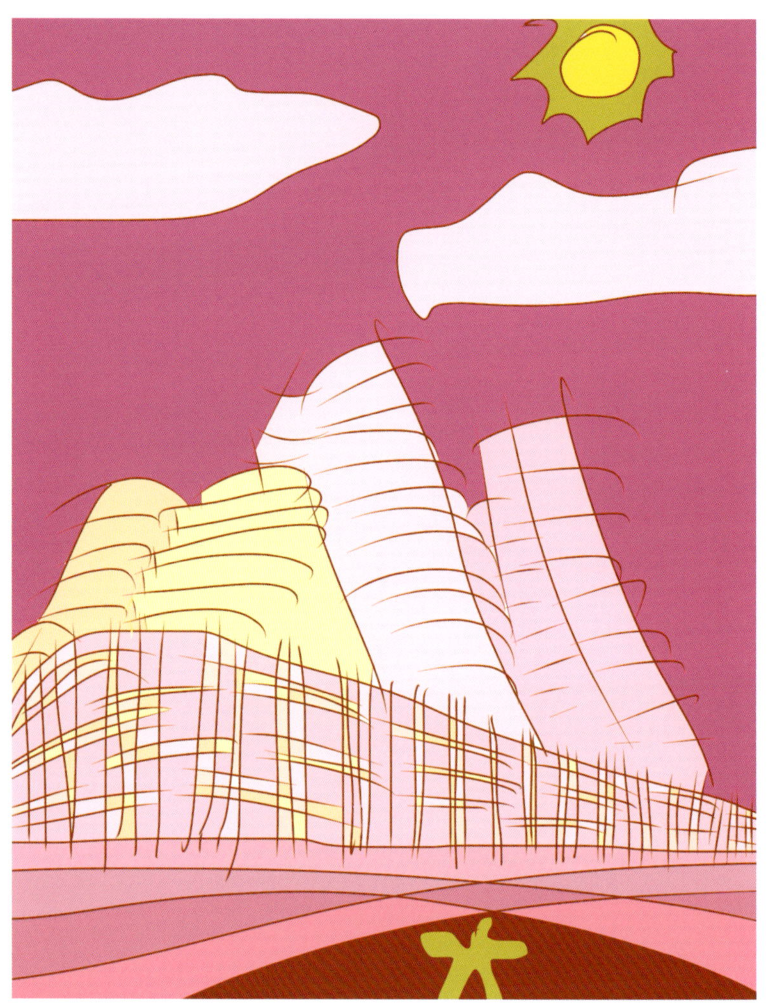

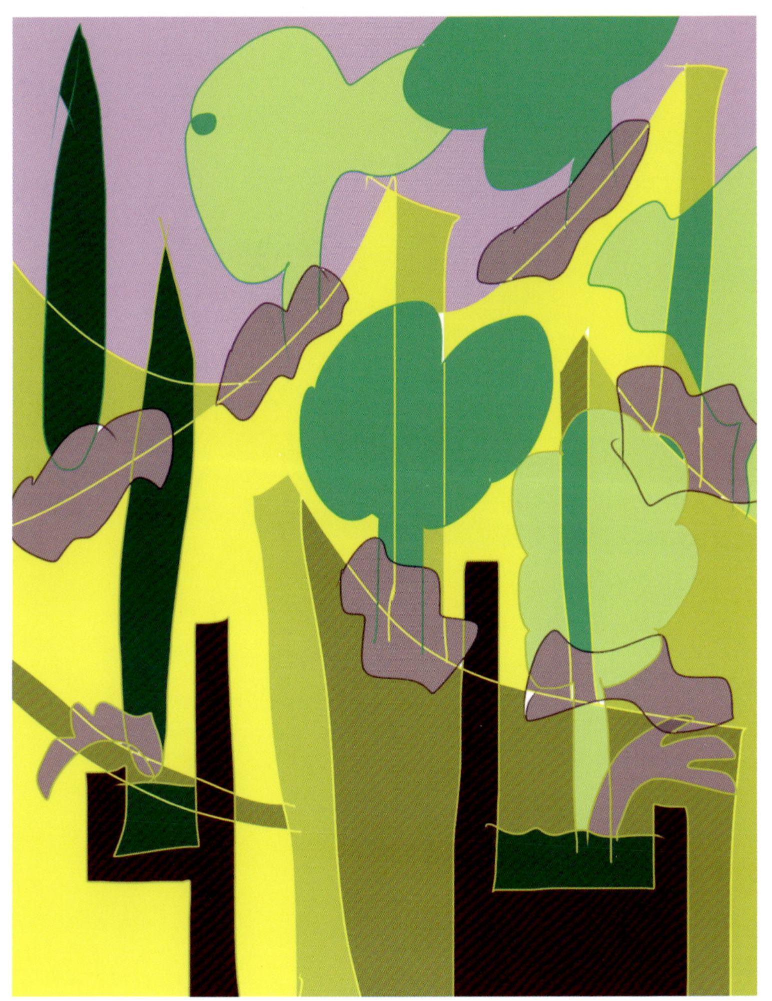

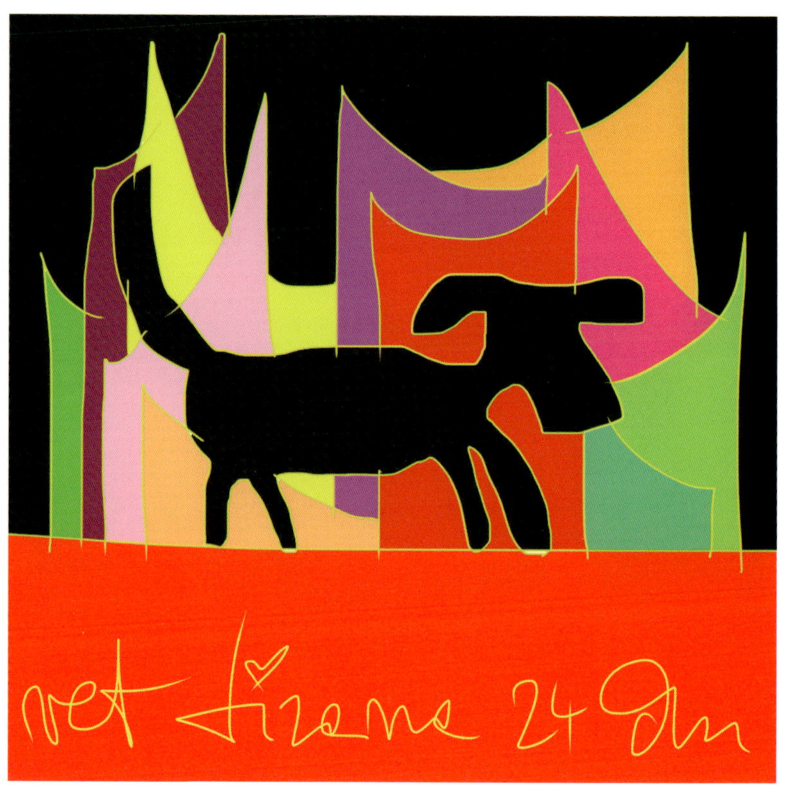

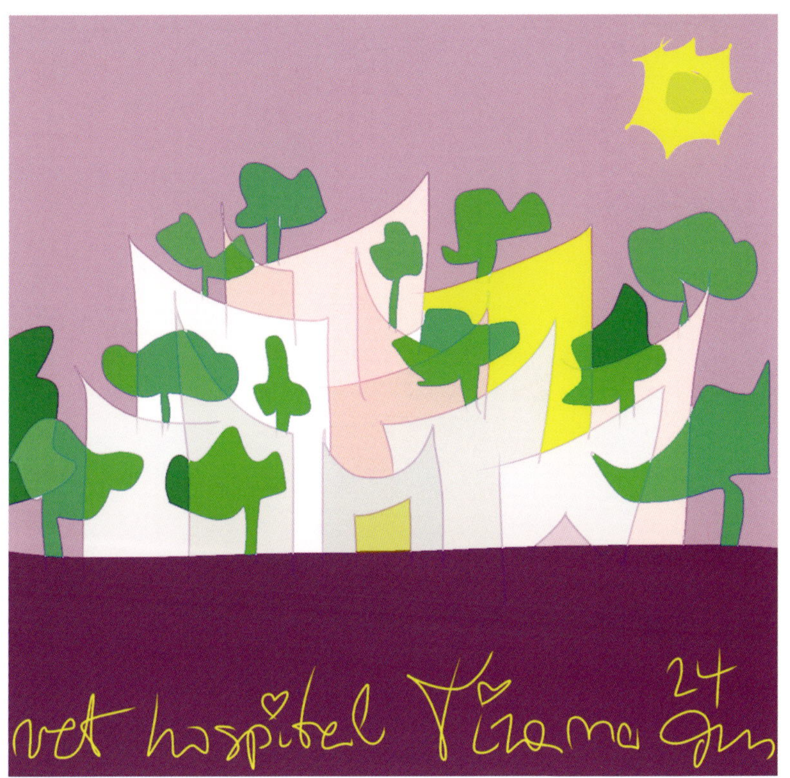

vet hospitel Tirana 24

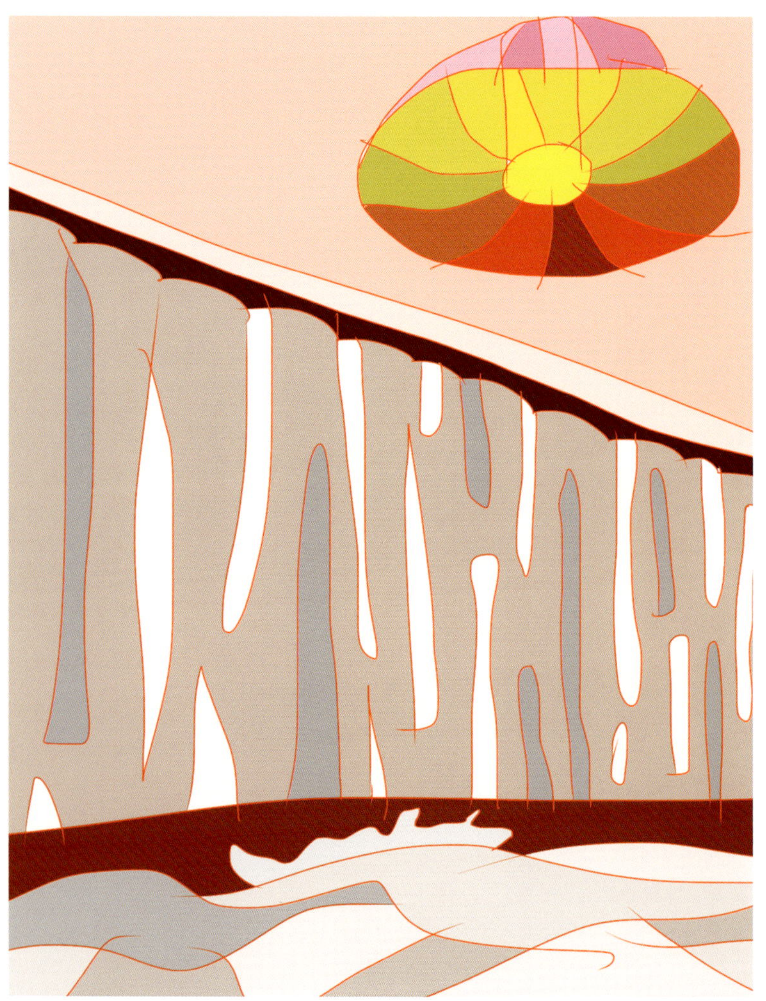

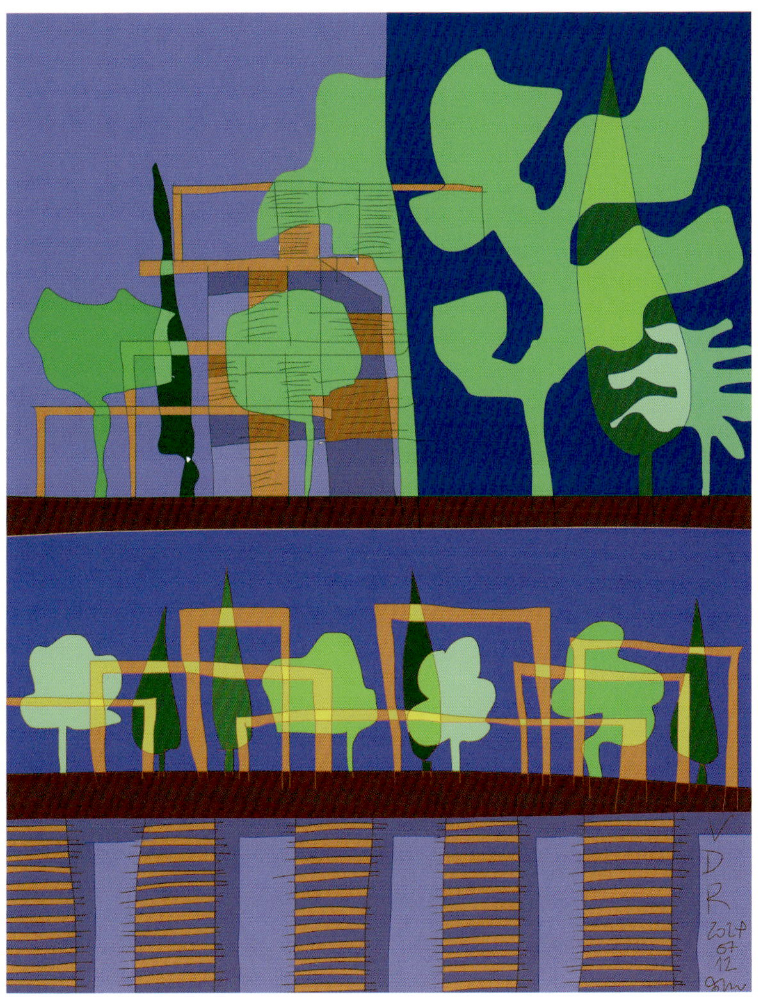

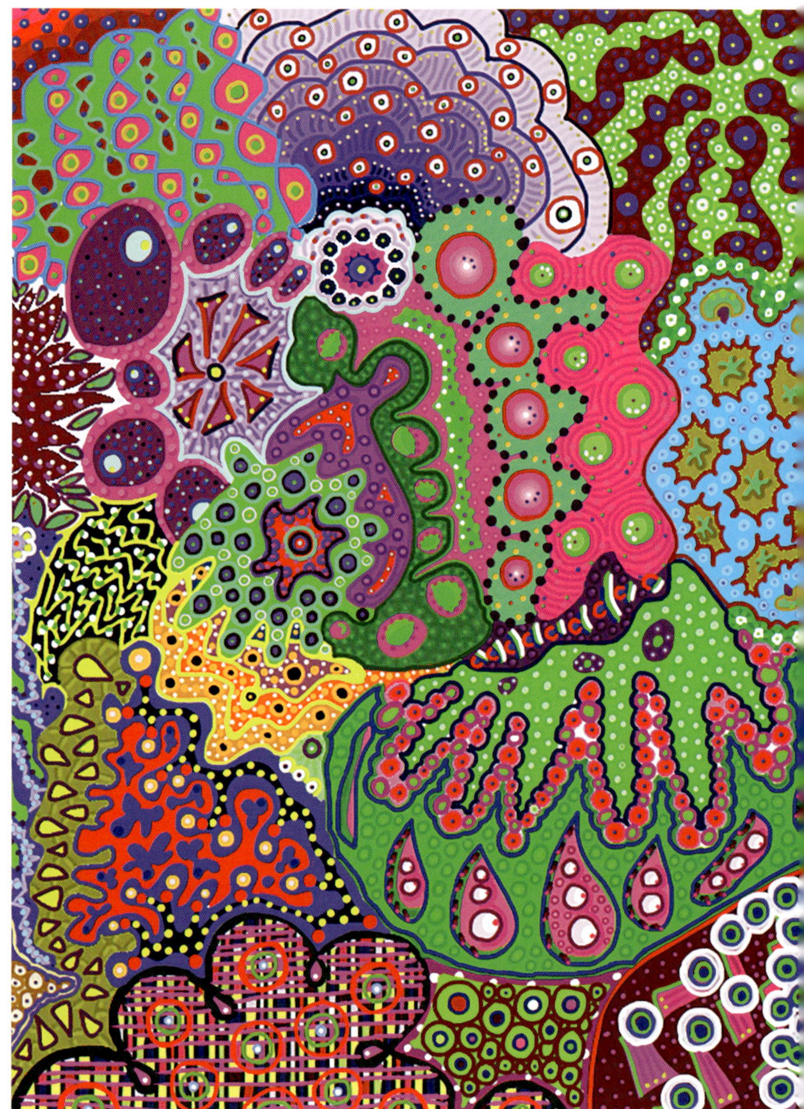

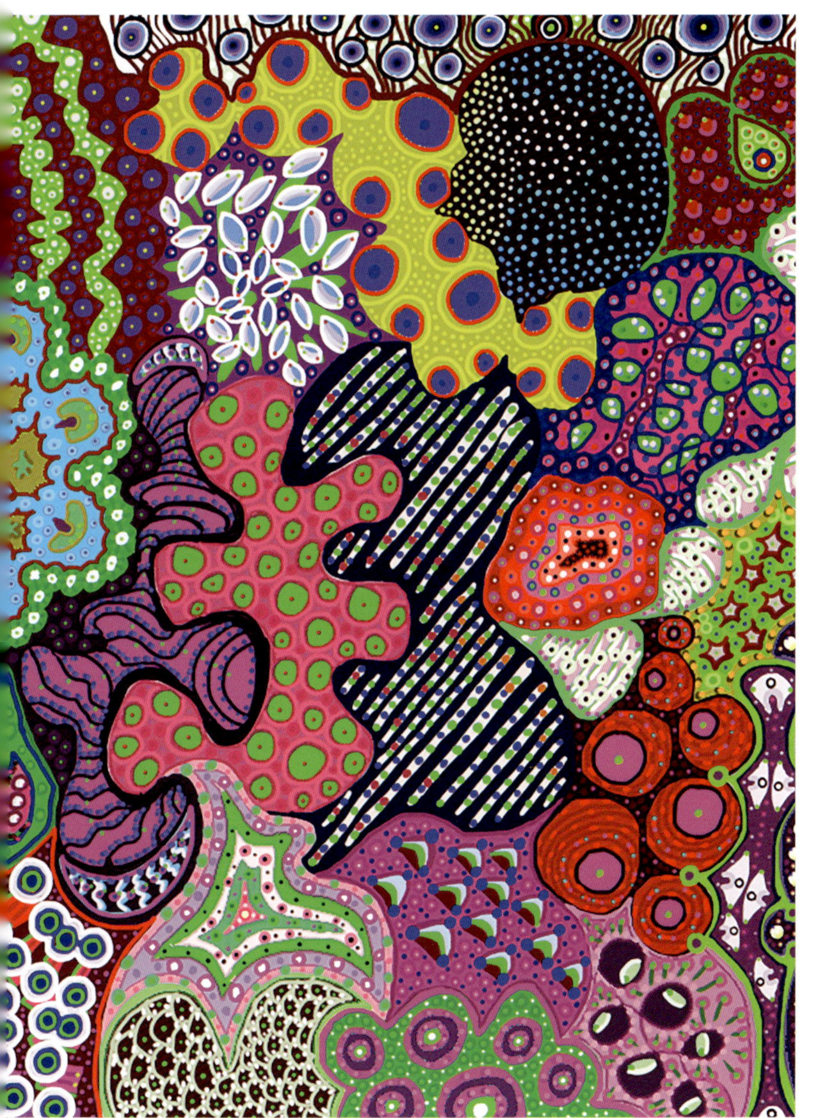

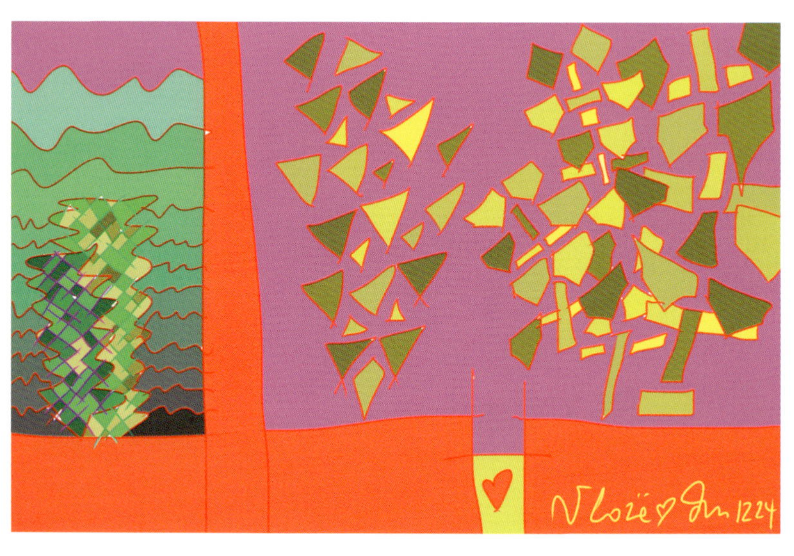

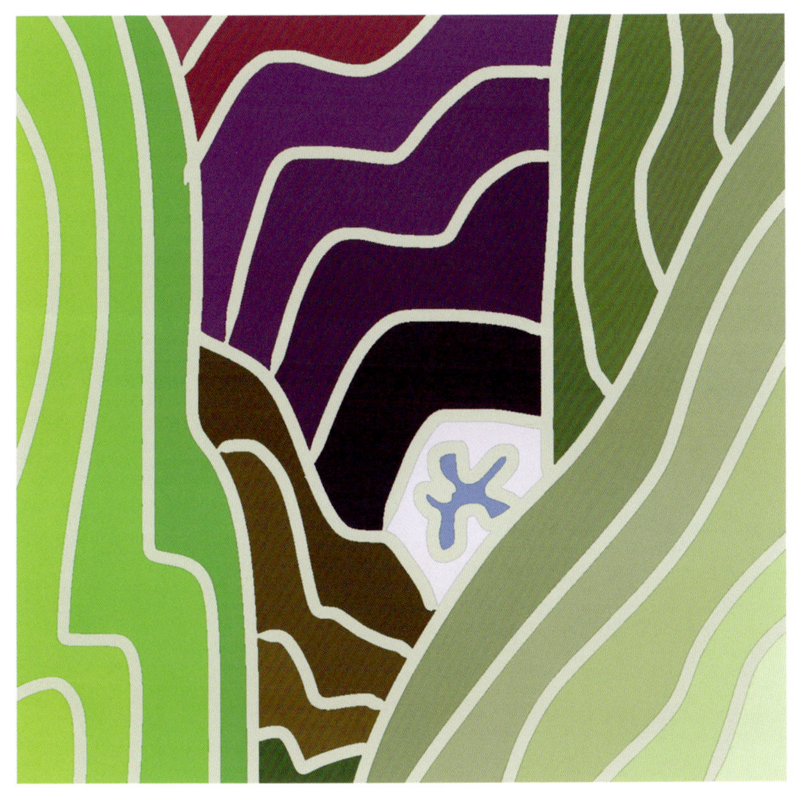

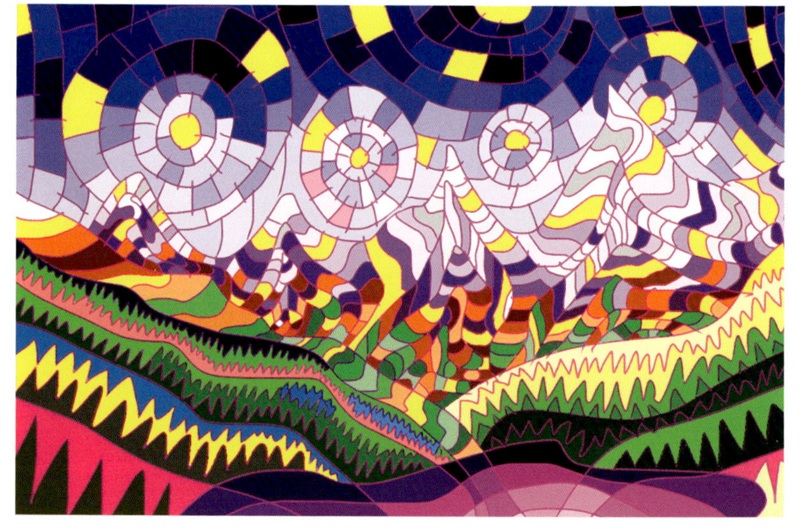

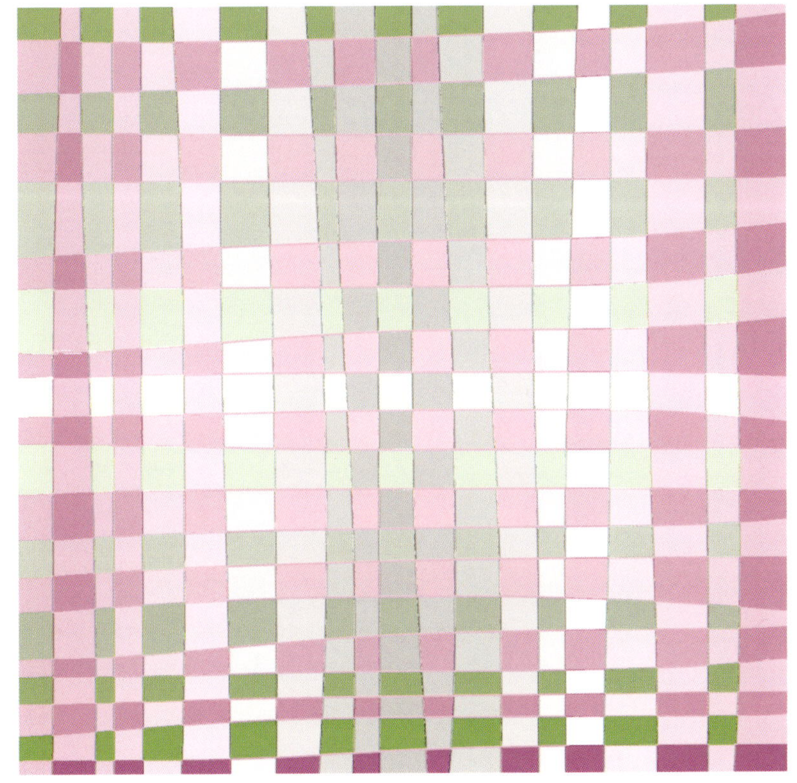

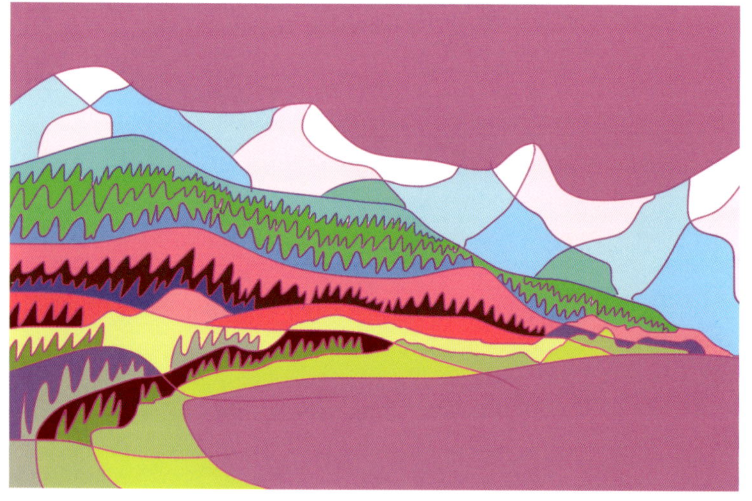

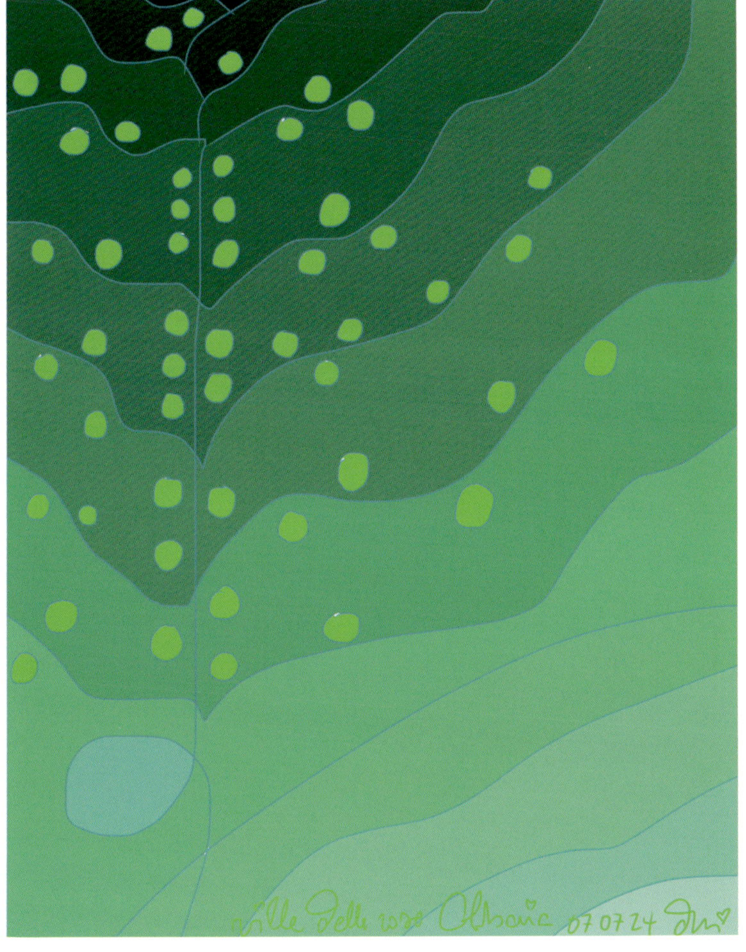

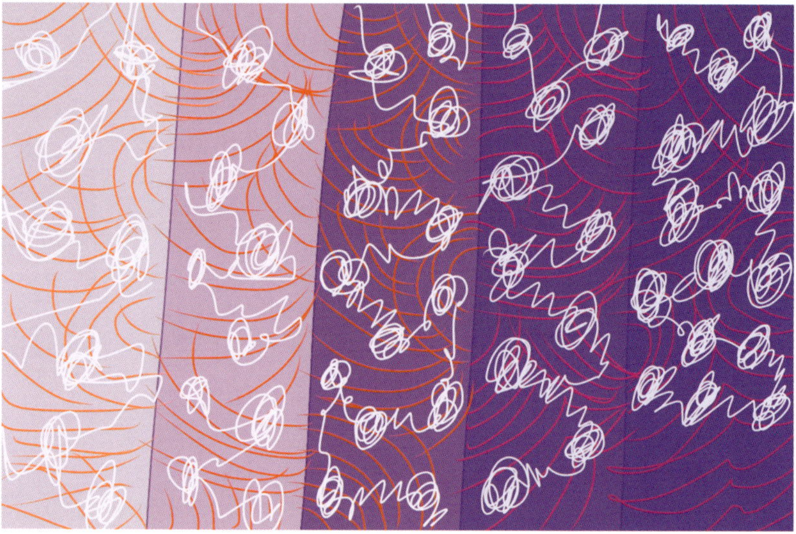

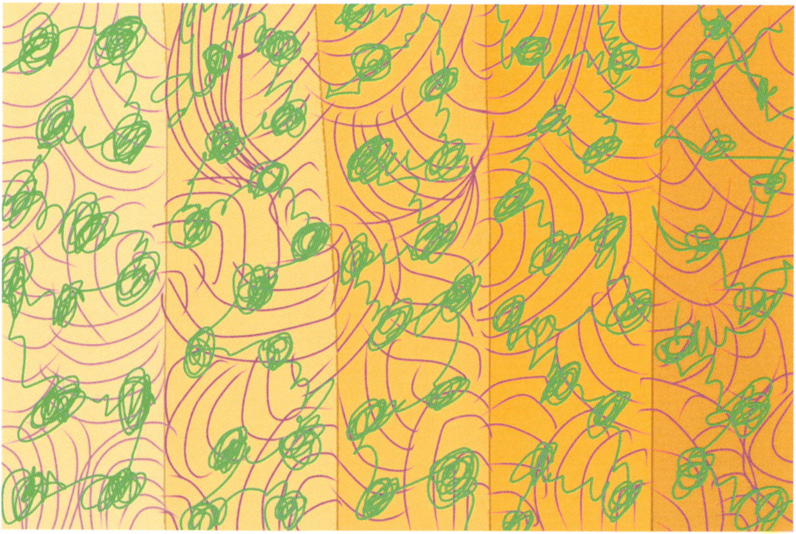

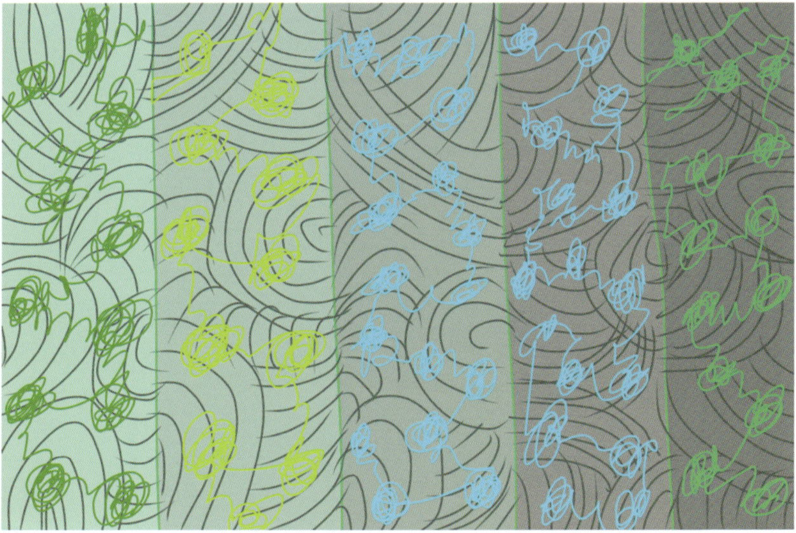

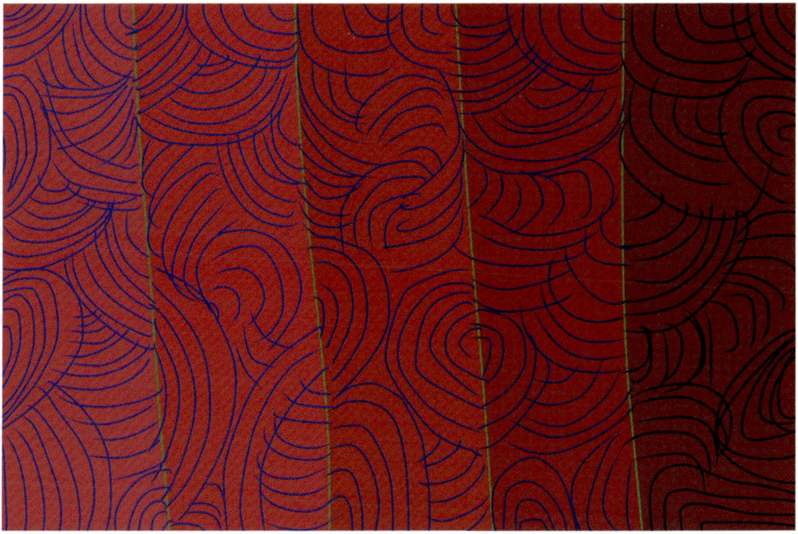

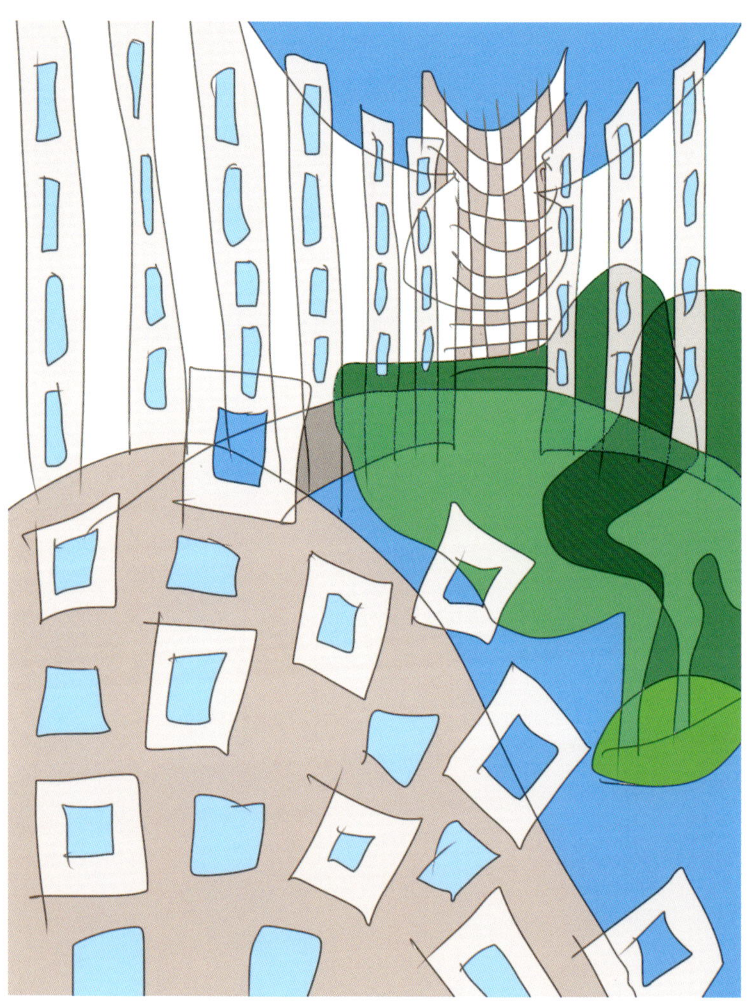

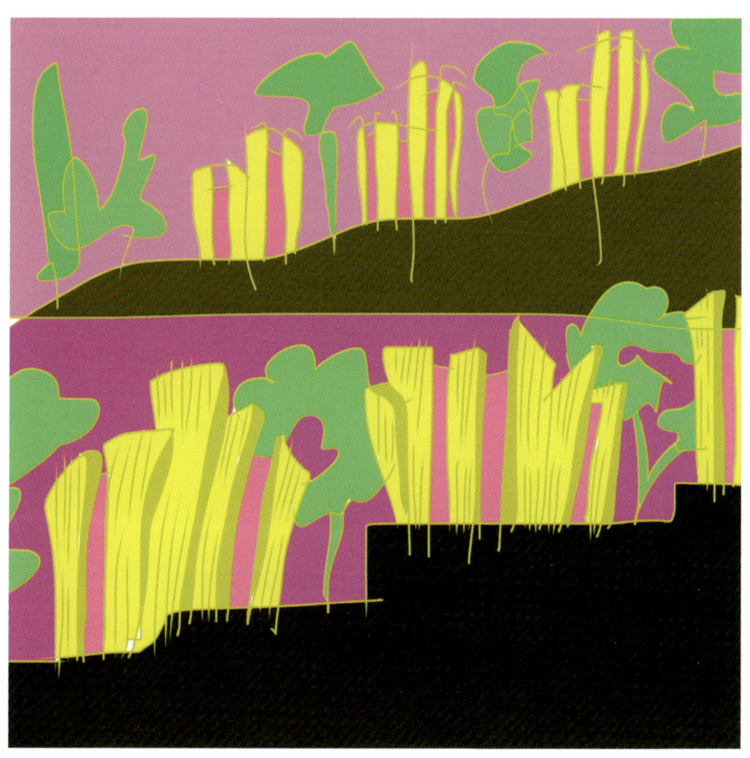

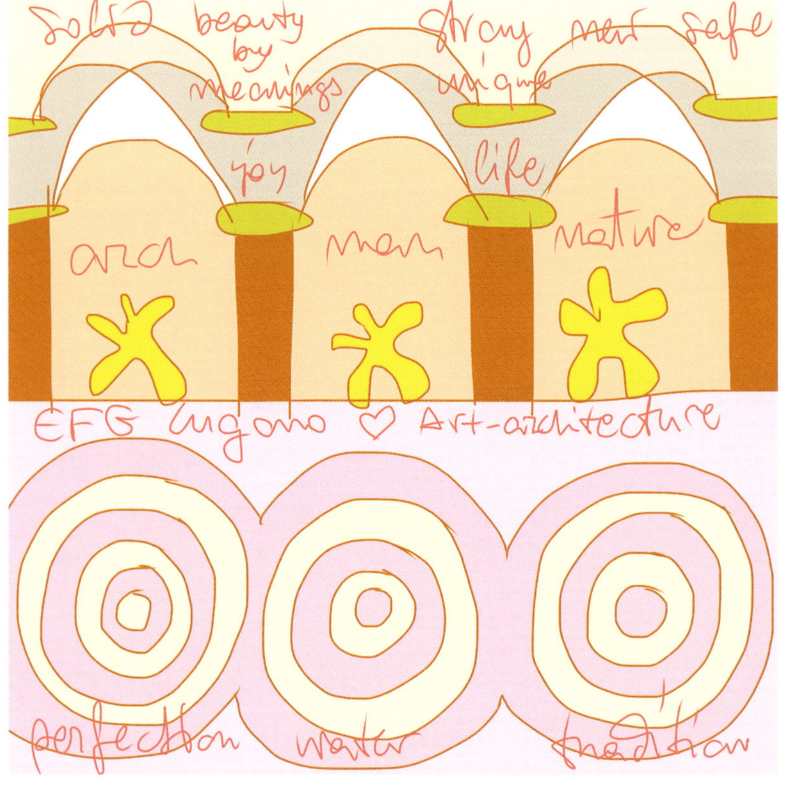

Solid beauty by meanings
strong new safe
unique
joy
life
arch
moon
mature
EFG Lugano ♡ Art-architecture
perfection   water   tradition

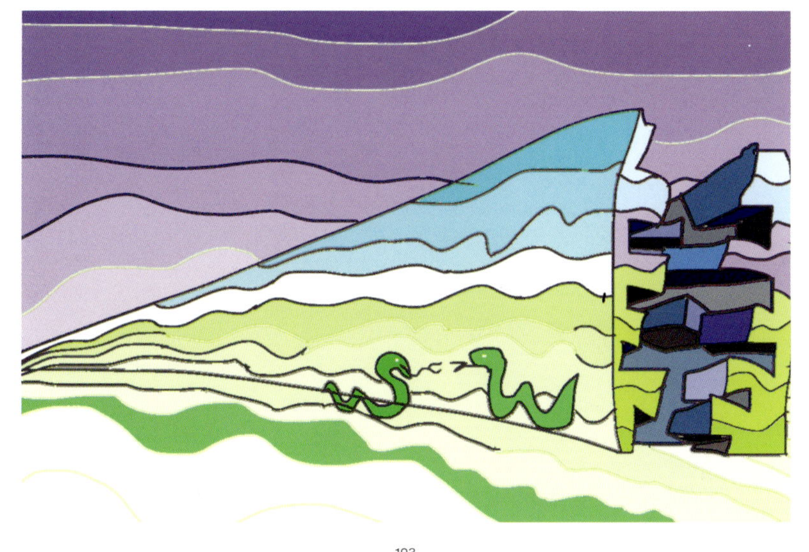

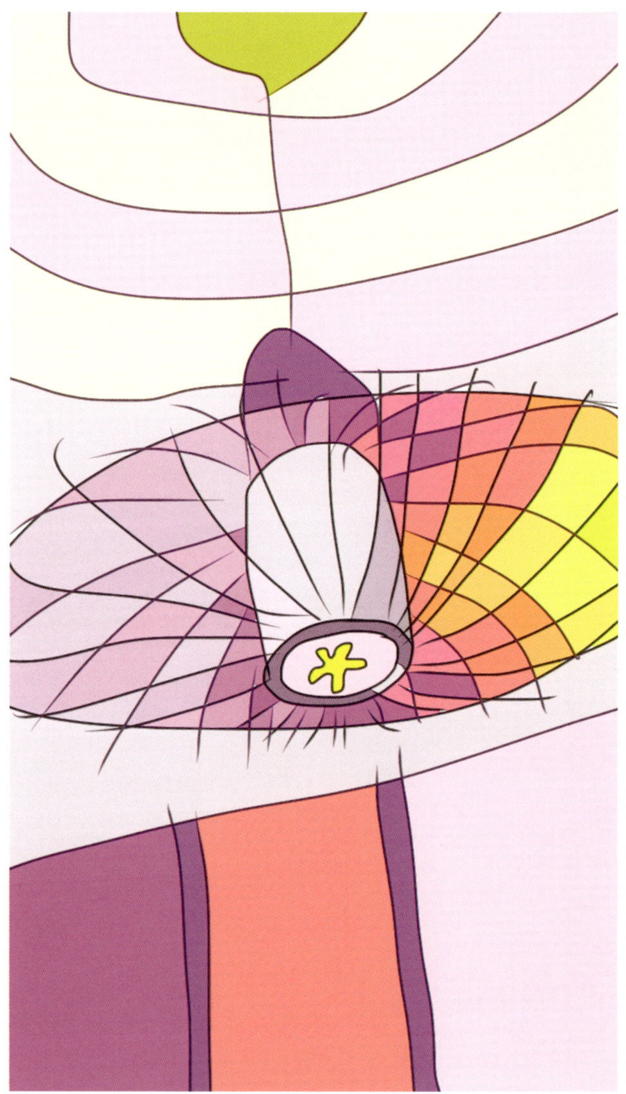

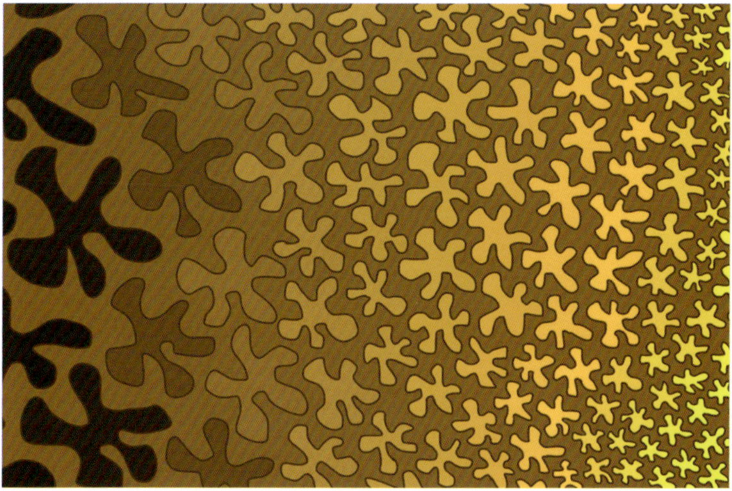

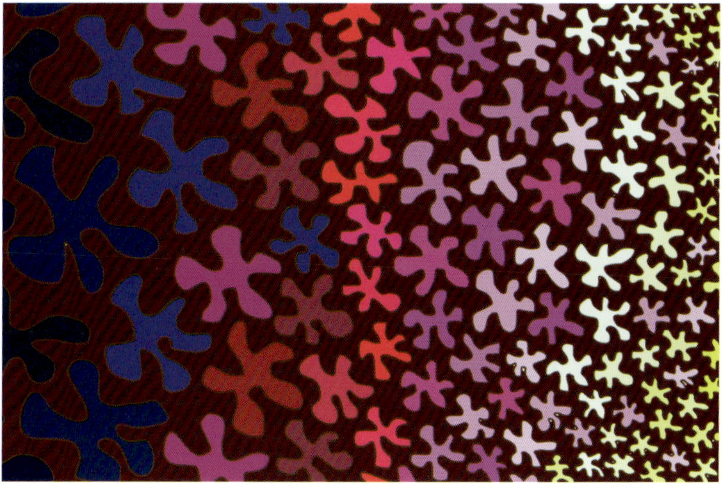

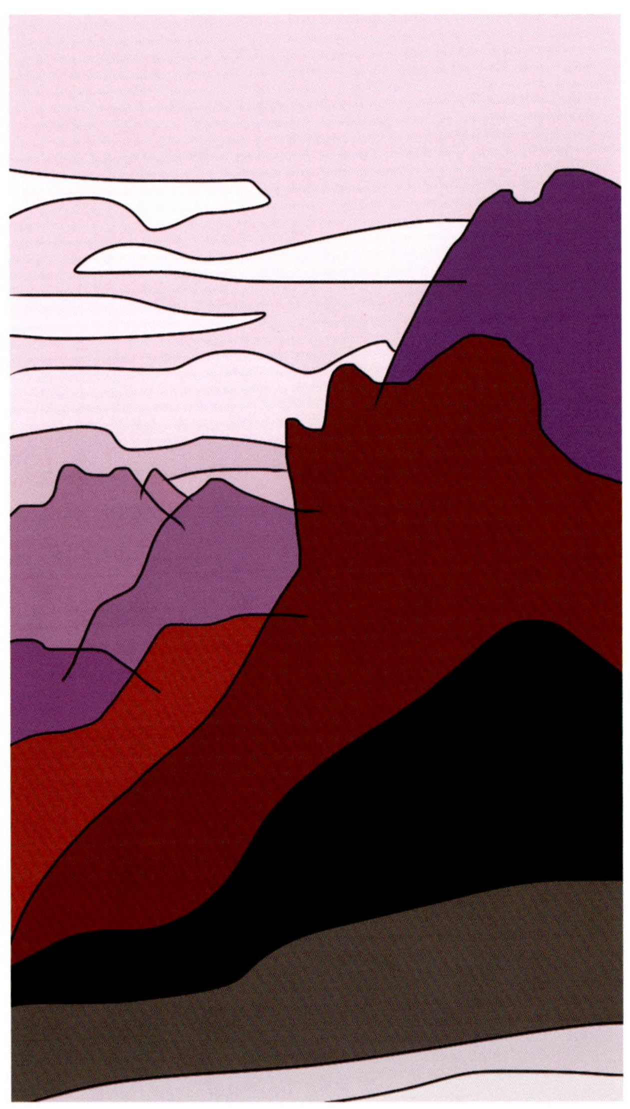

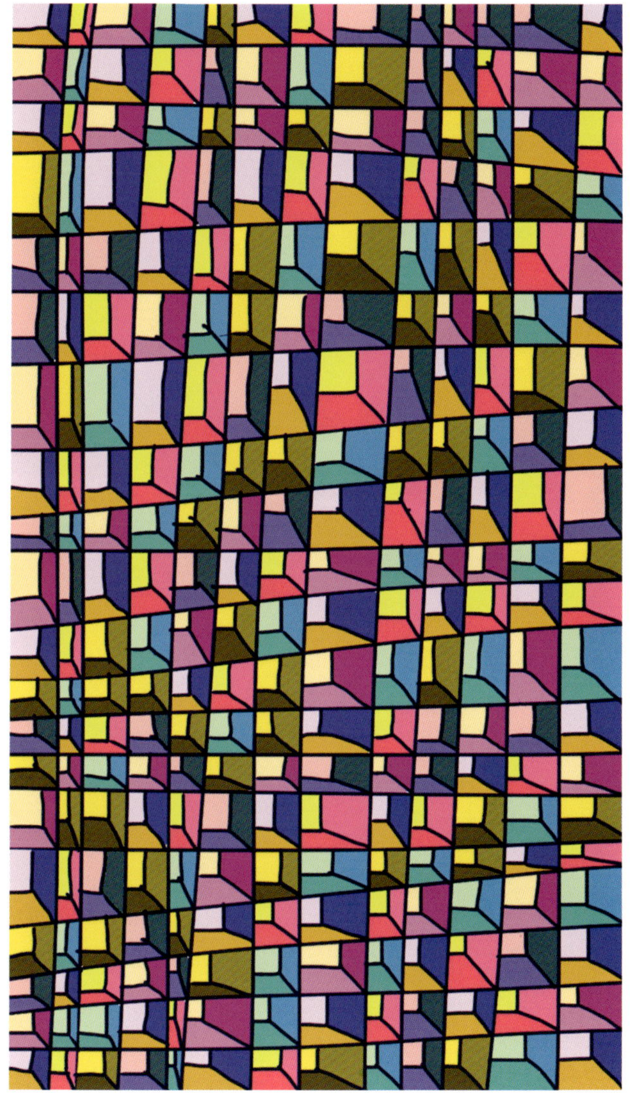

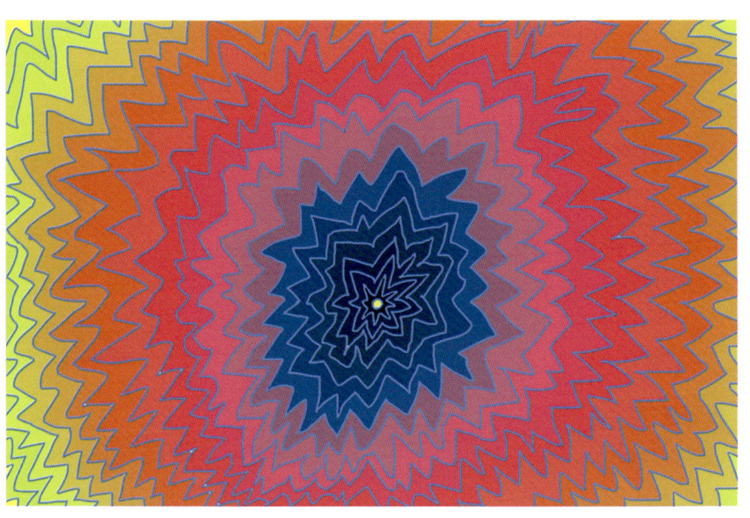

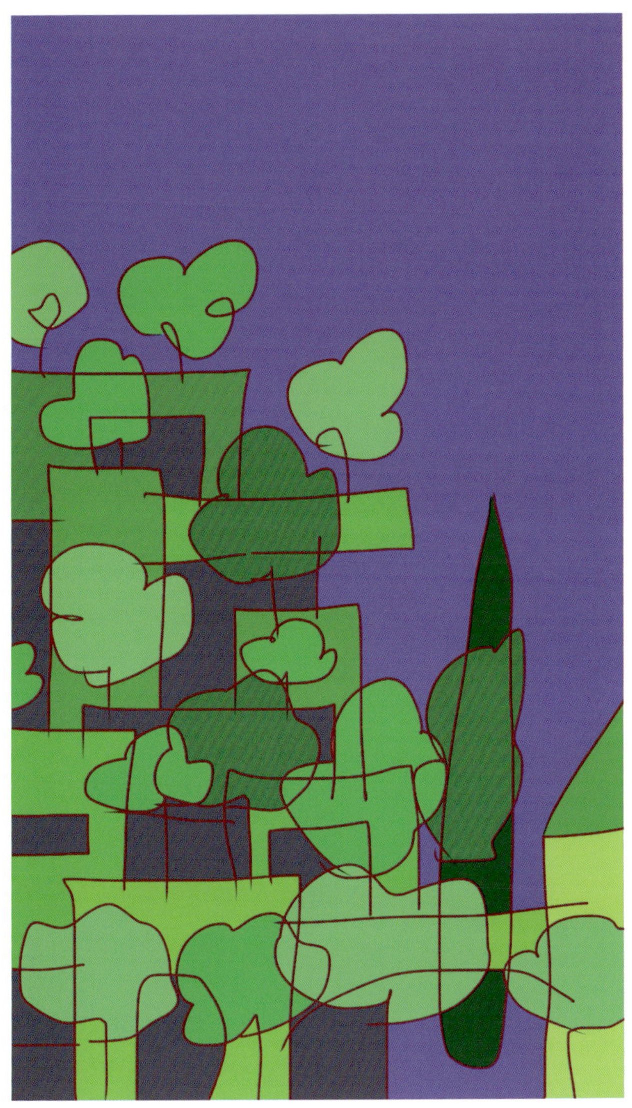

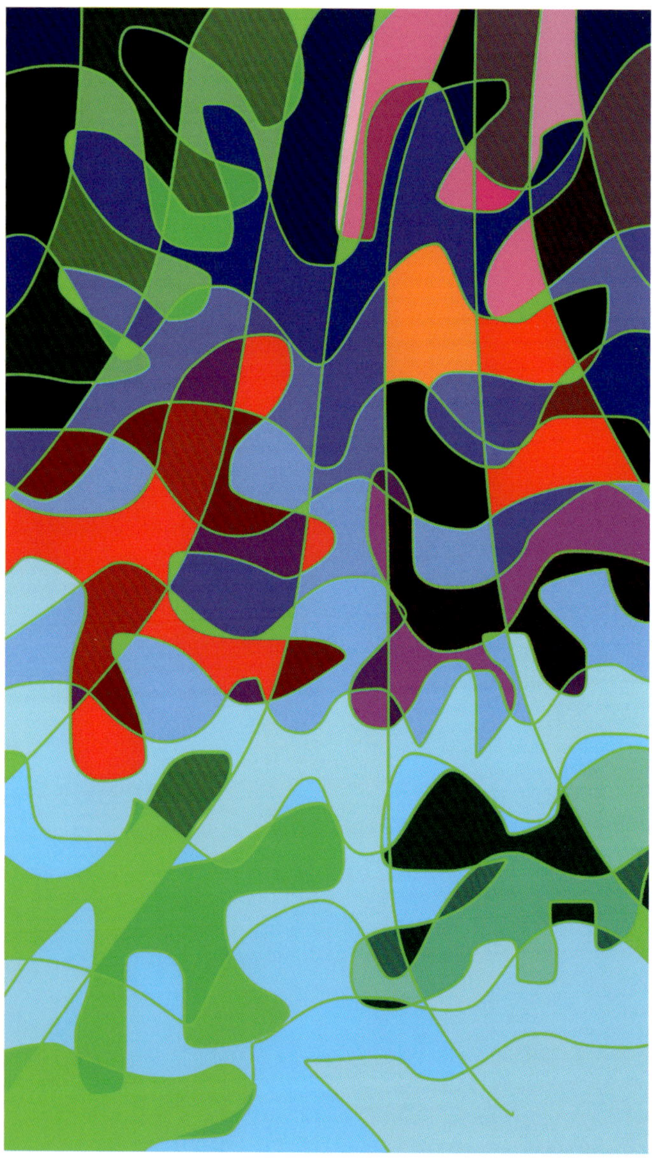

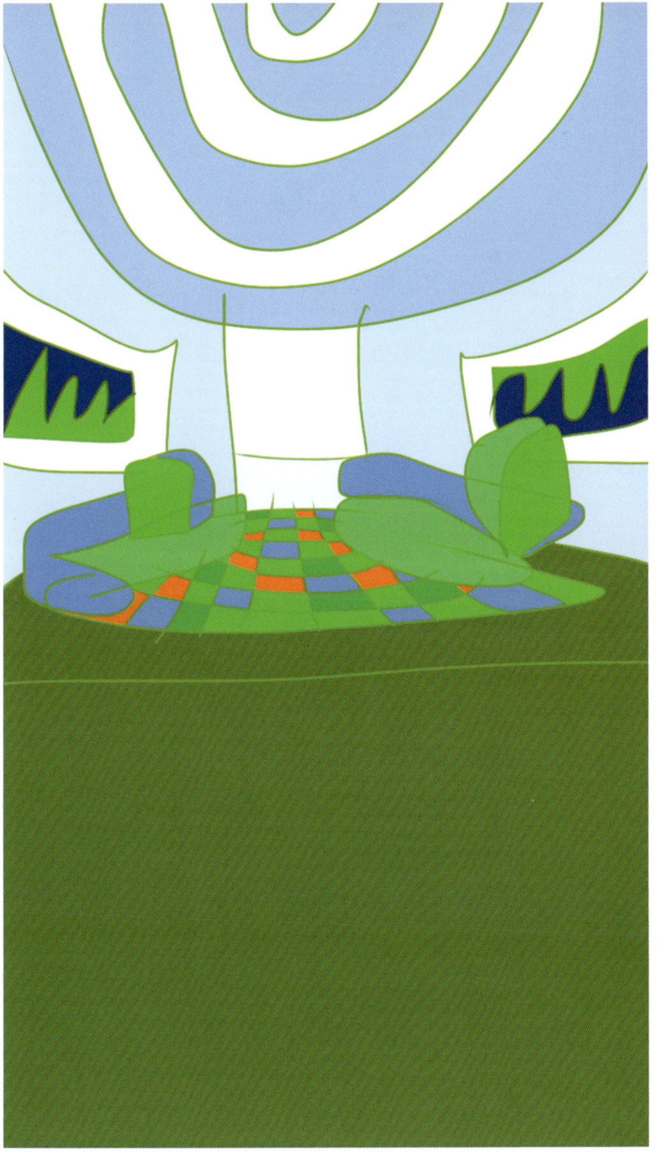

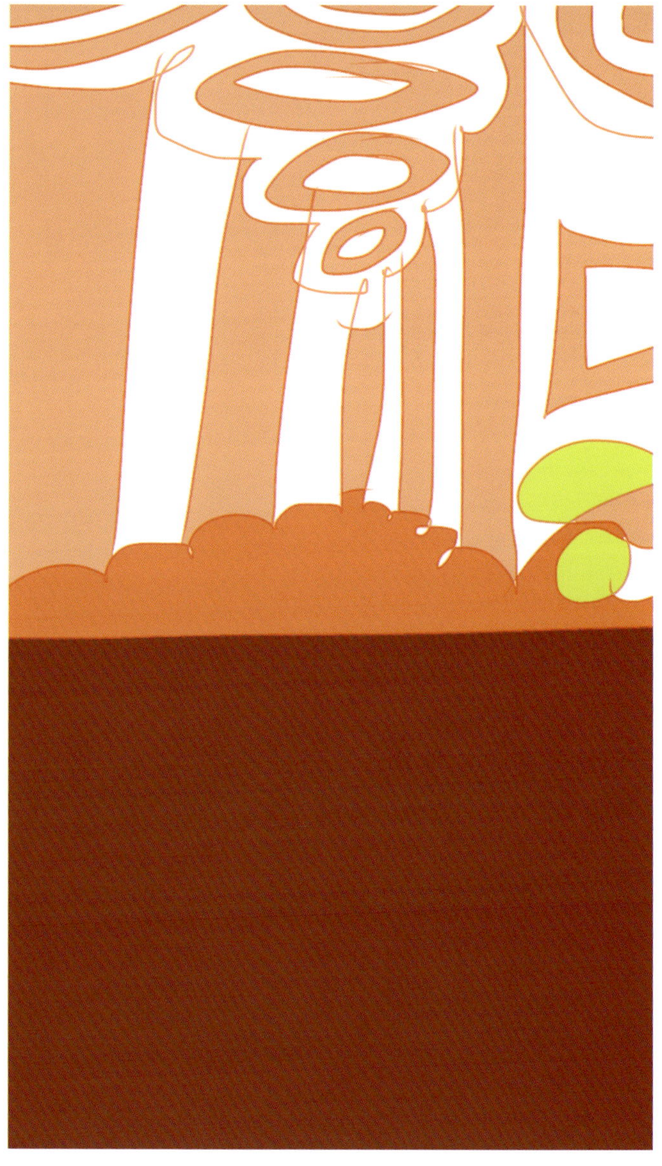

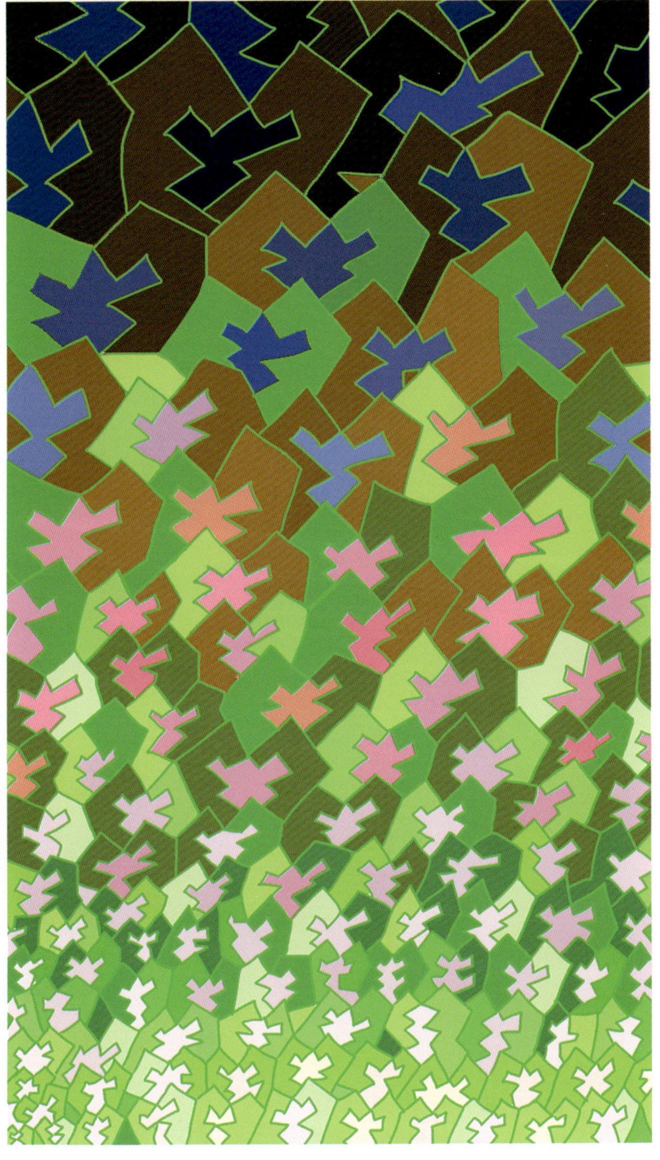

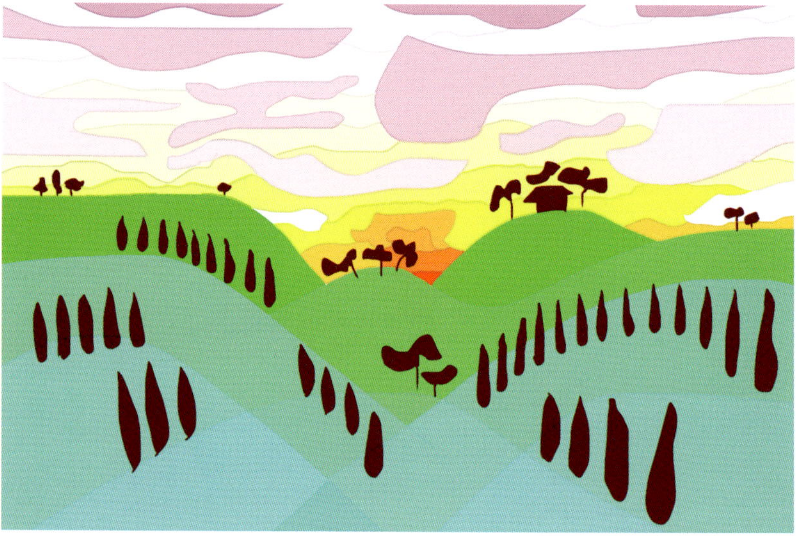

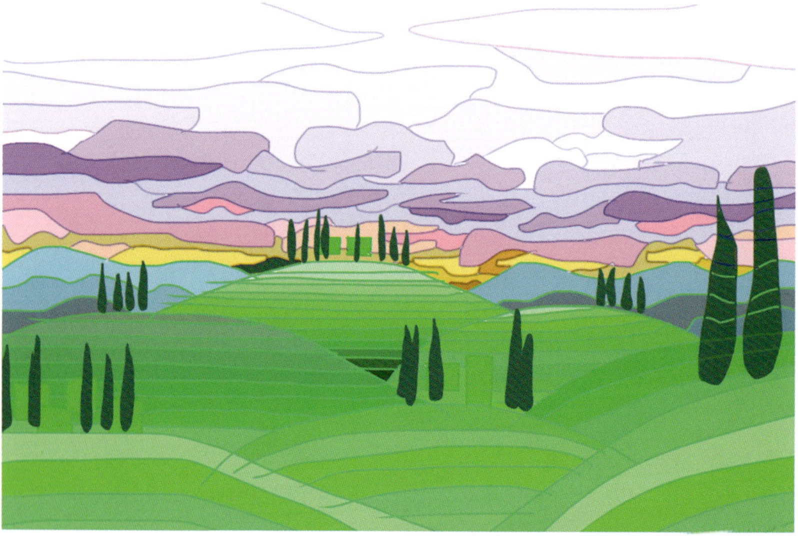

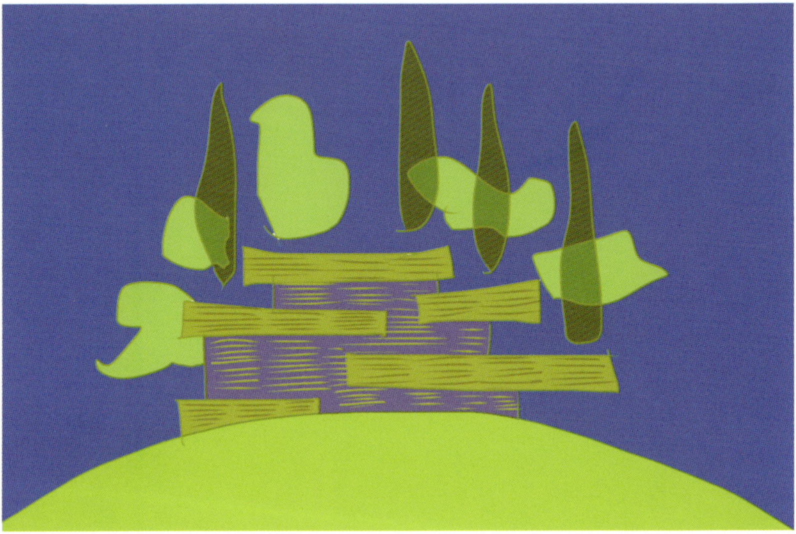

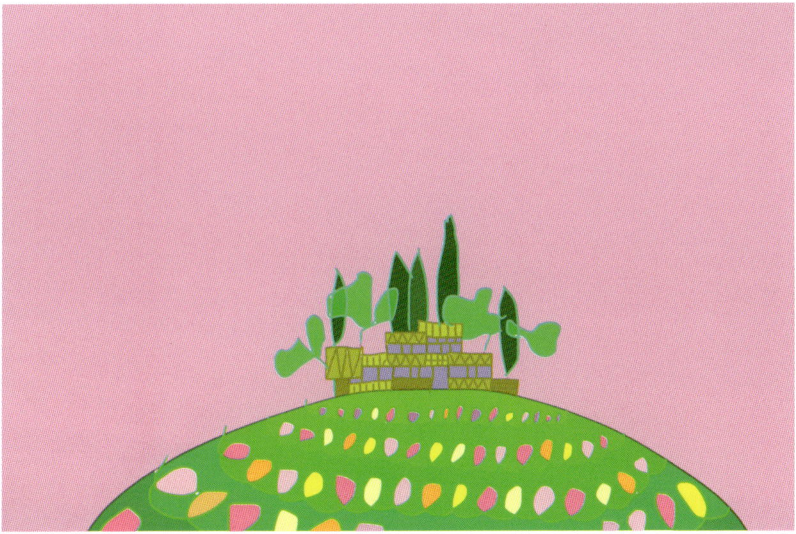

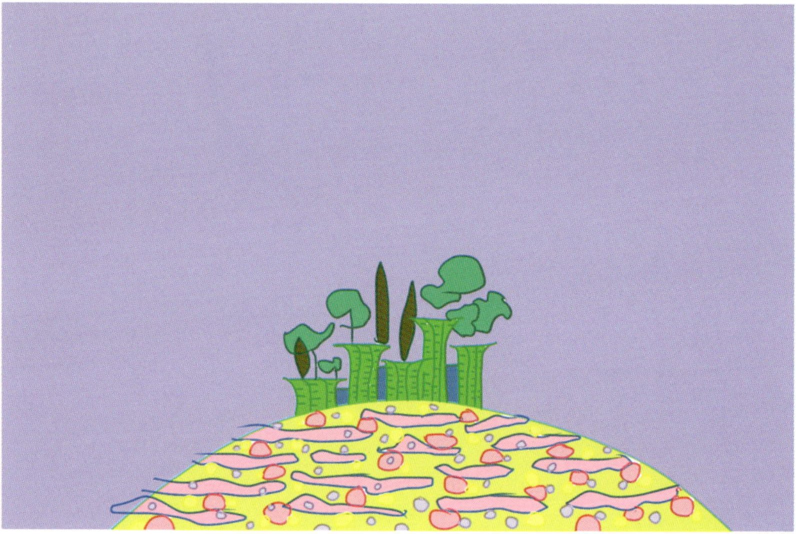

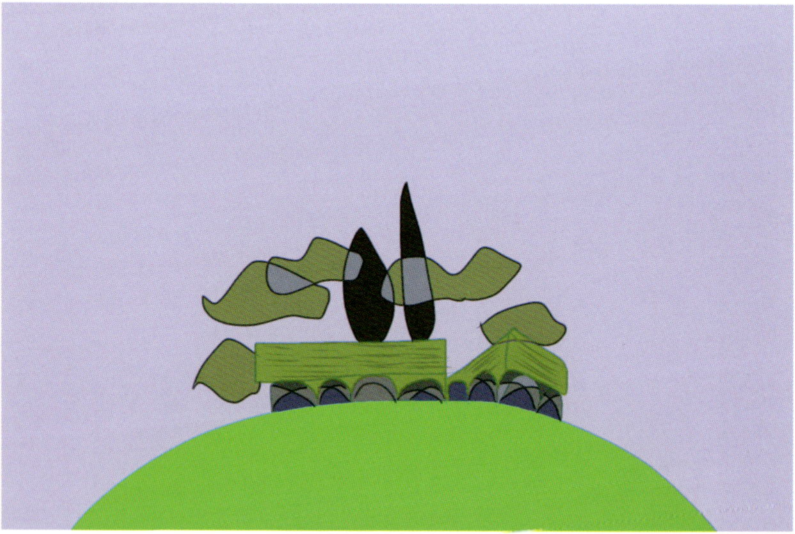

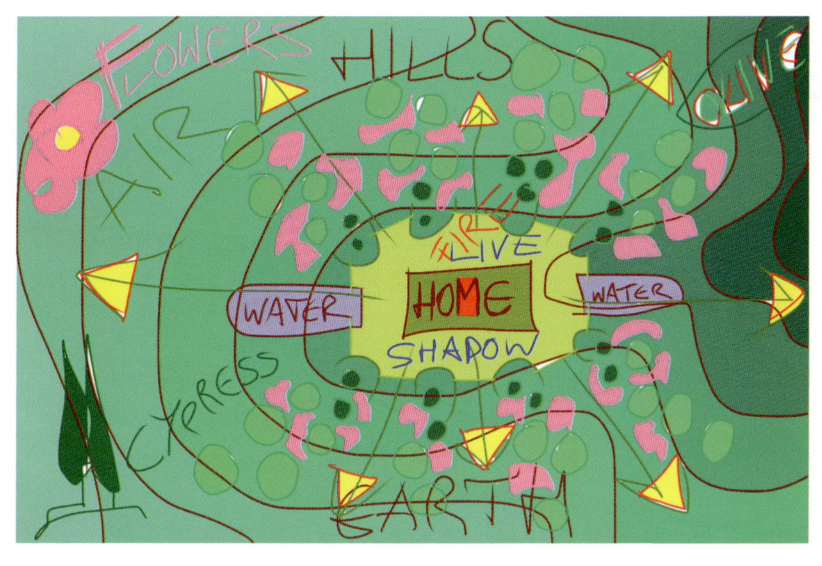

FLOWERS
HILLS
OLIVE
AIR
WATER
FIRE
LIVE
HOME
WATER
SHADOW
CYPRESS
EARTH

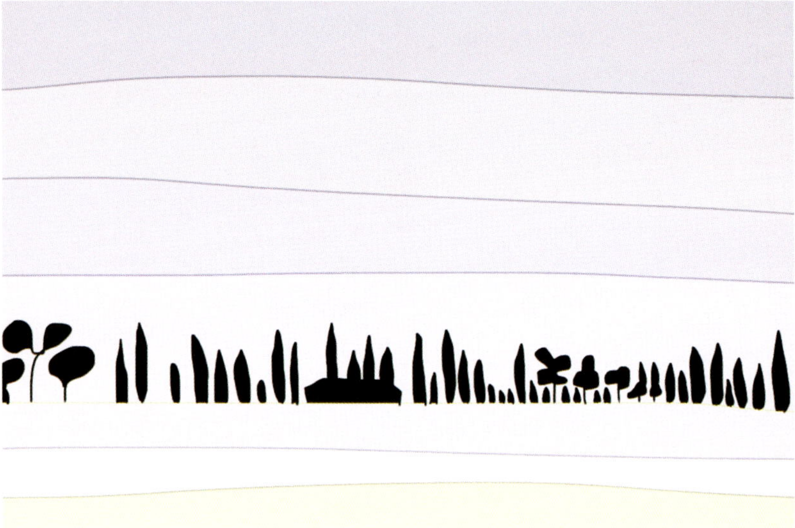

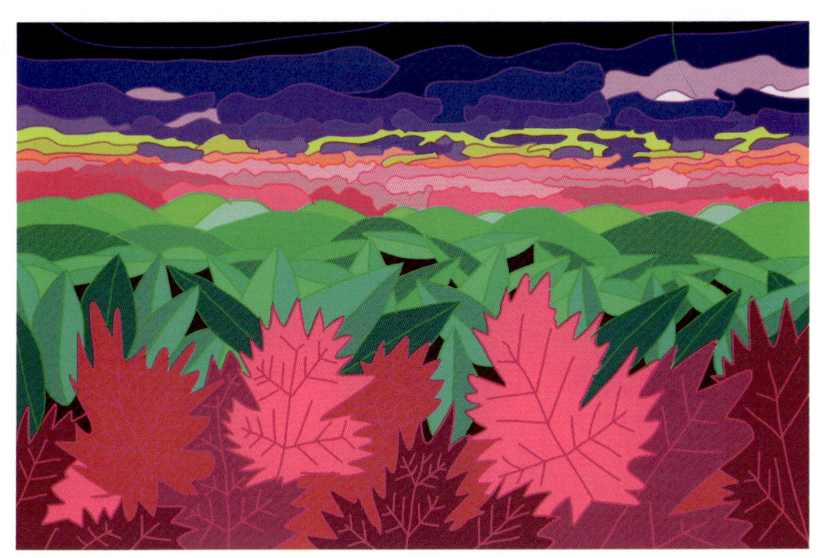

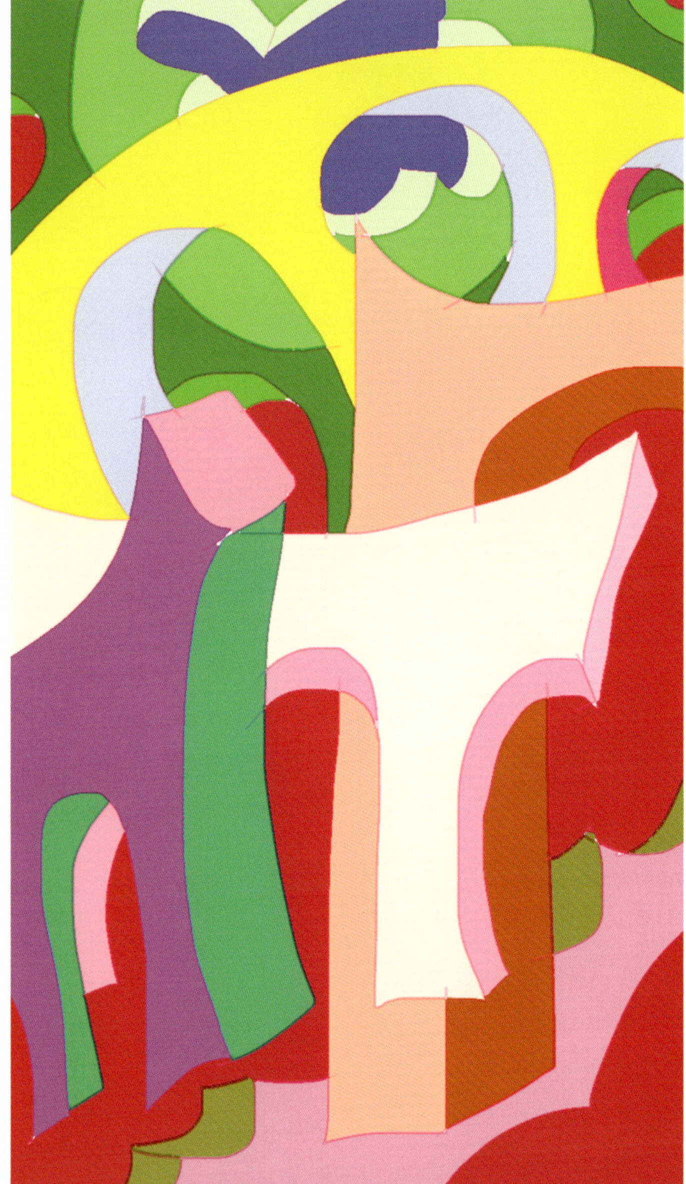

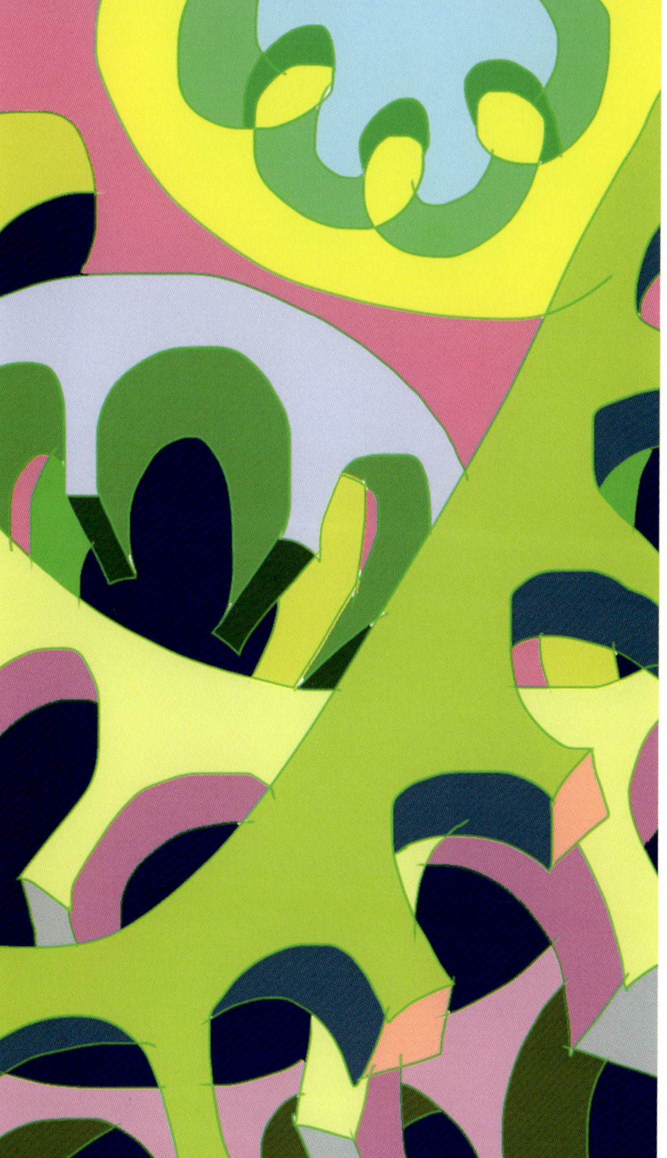

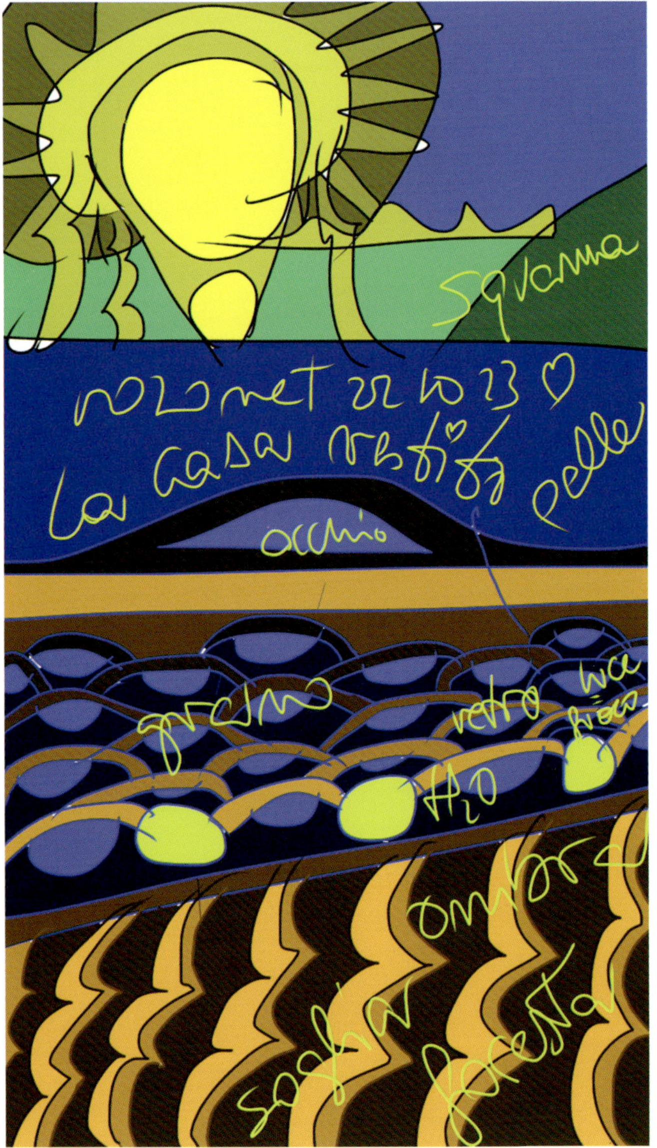

squama
la casa
occhio
pelle
retro
H2O
ombra
sasha

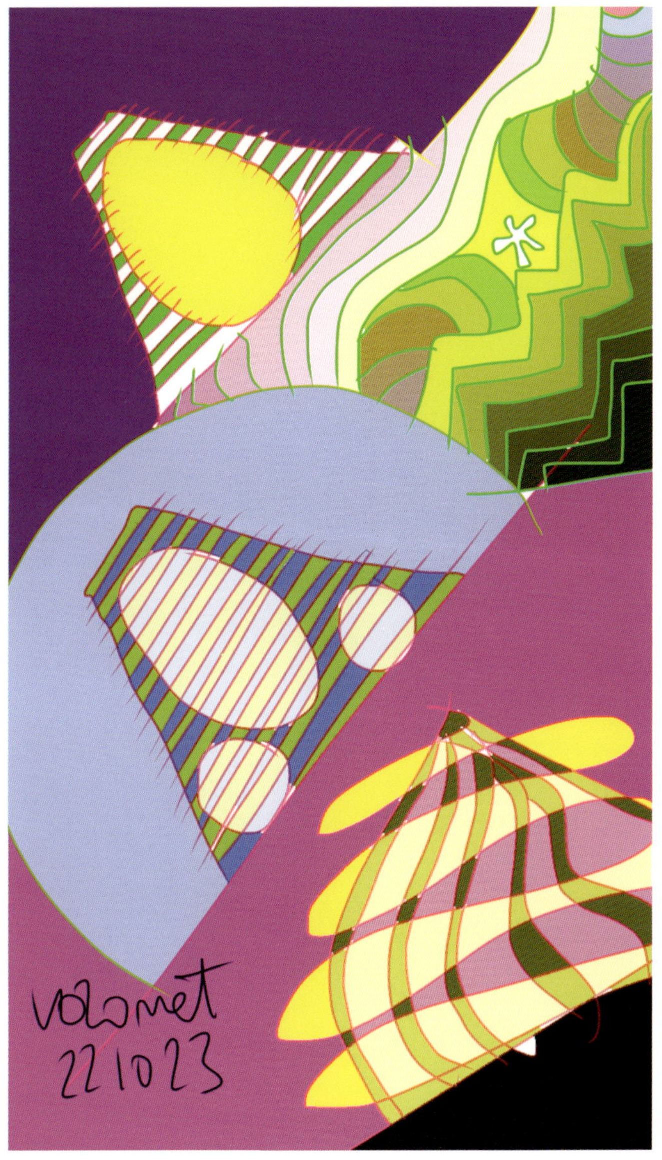
volomet
221023

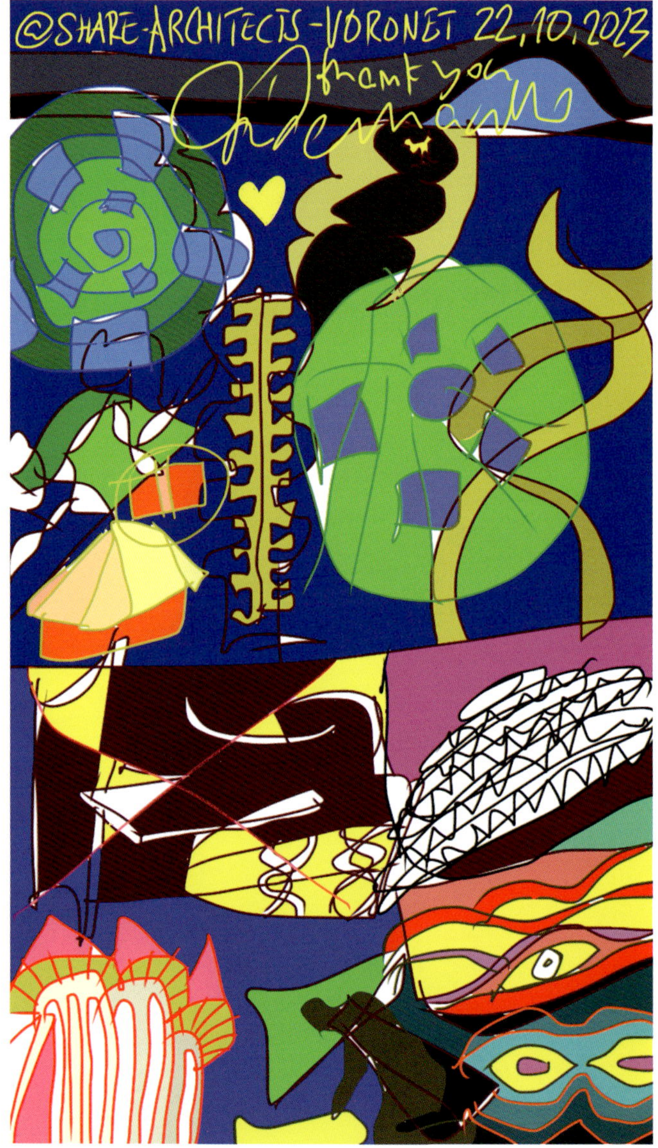

@SHARE-ARCHITECTS-VORONET 22,10,2023
thank you

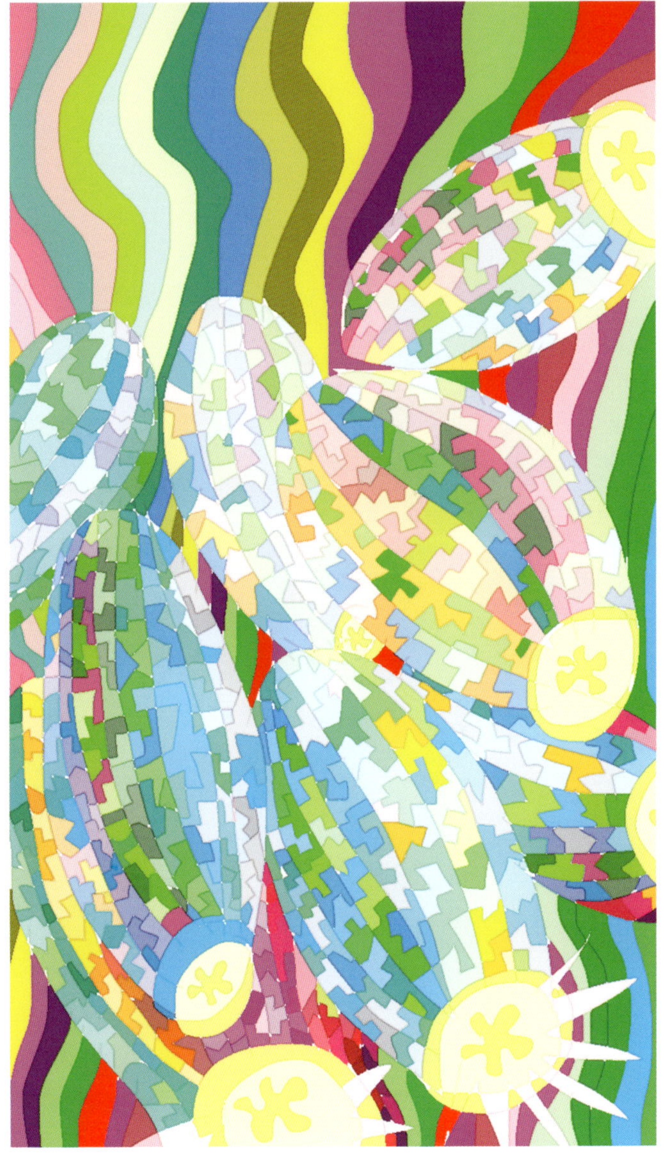

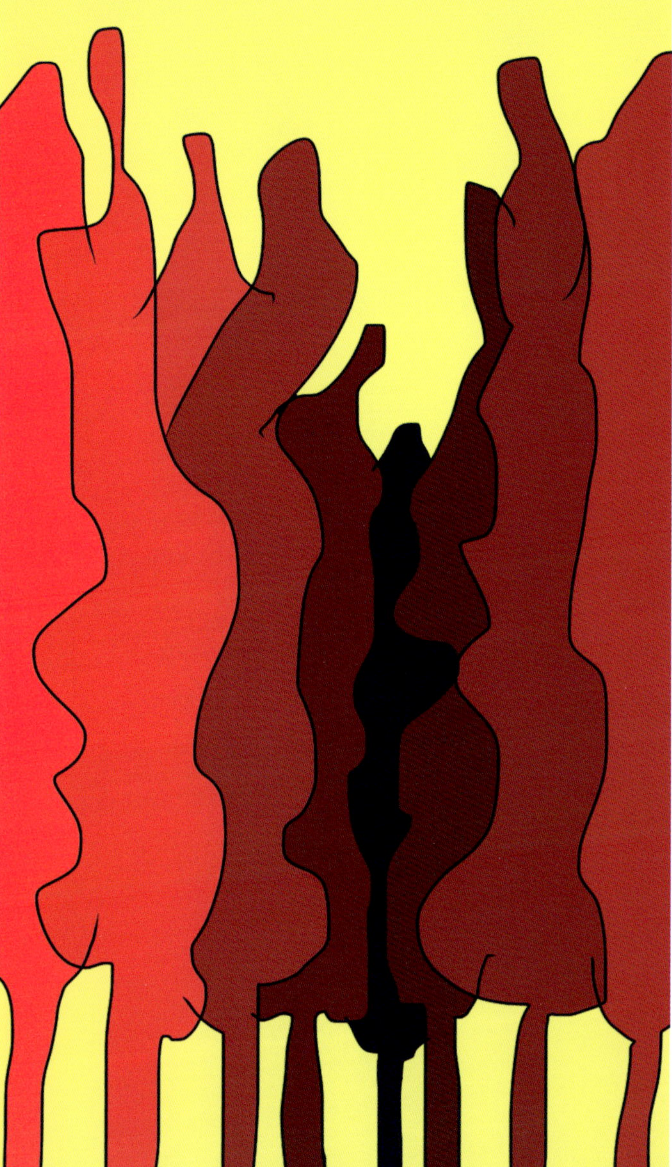

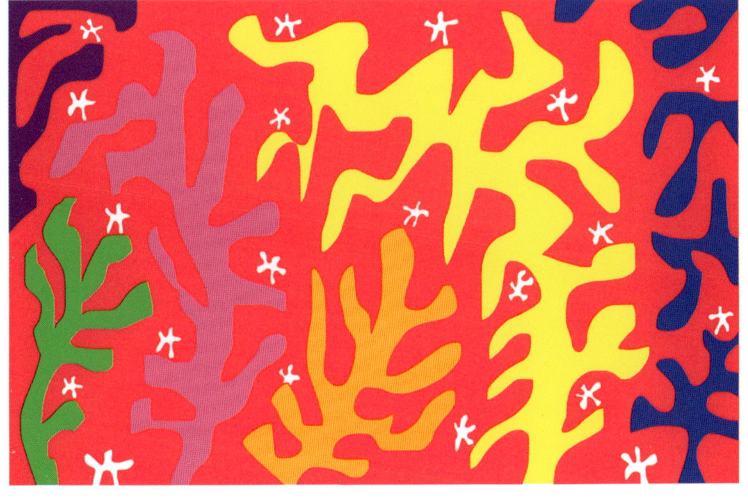

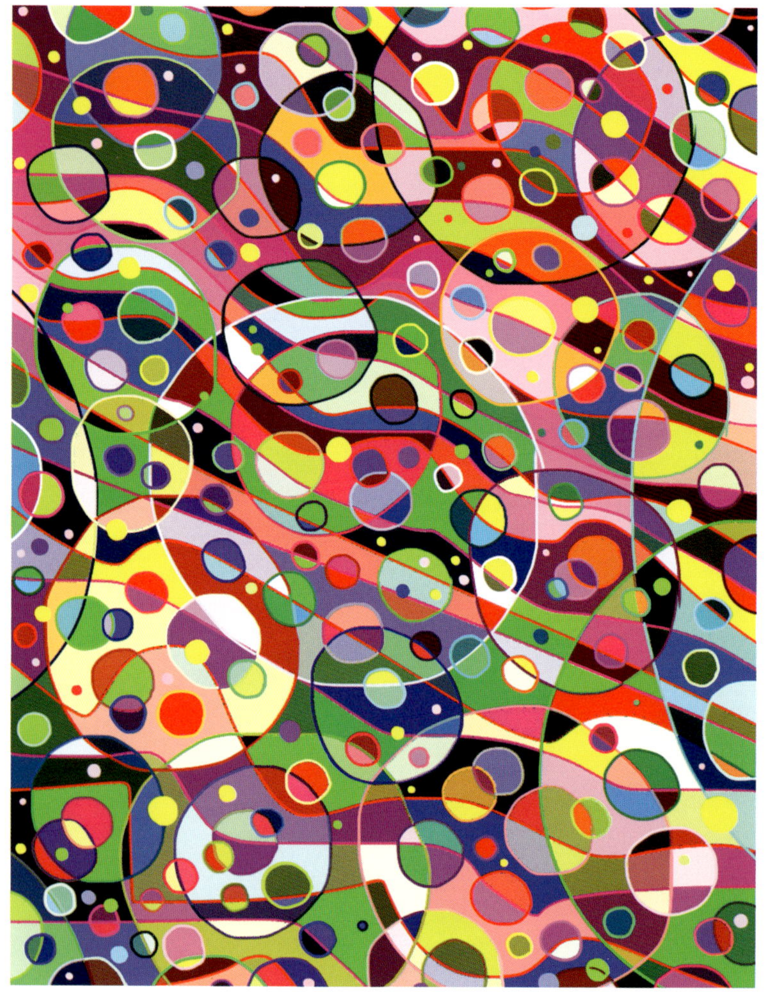

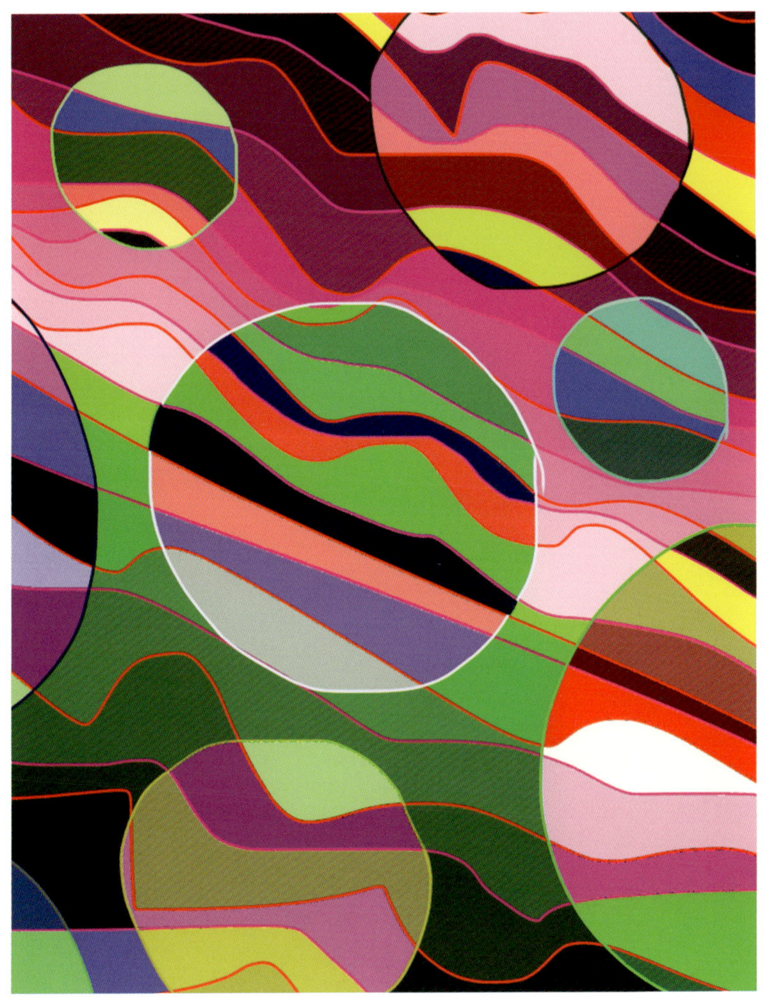

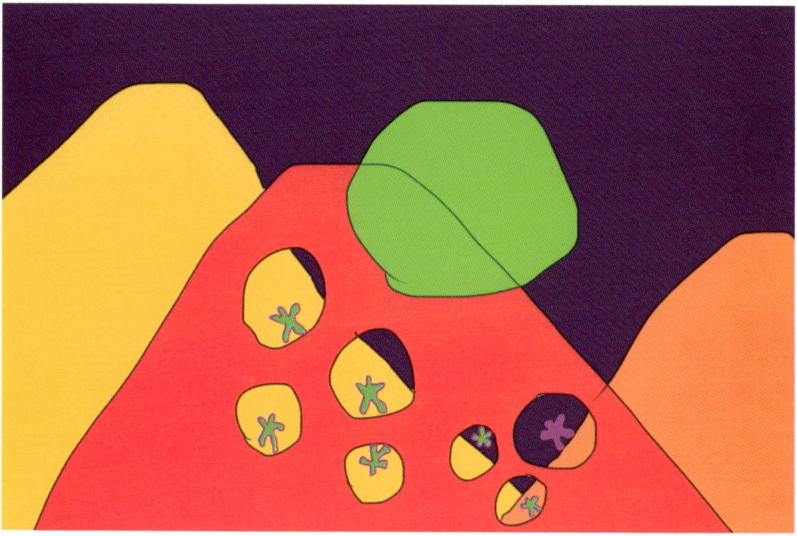

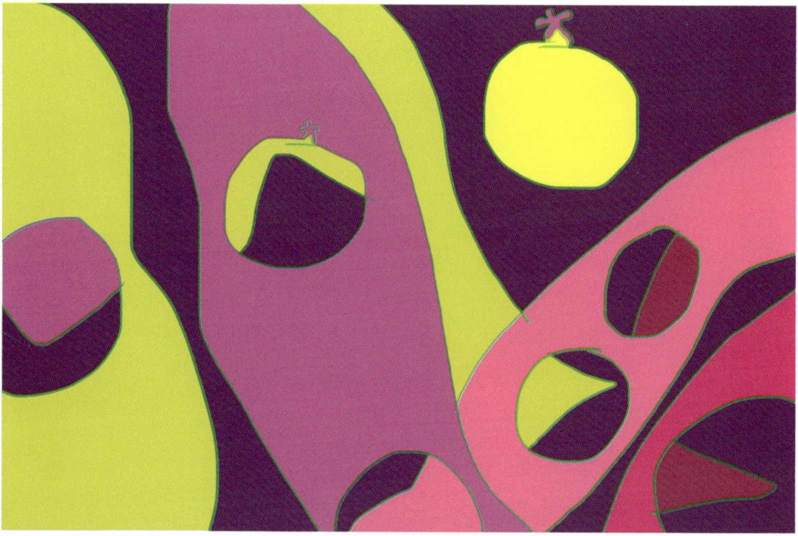

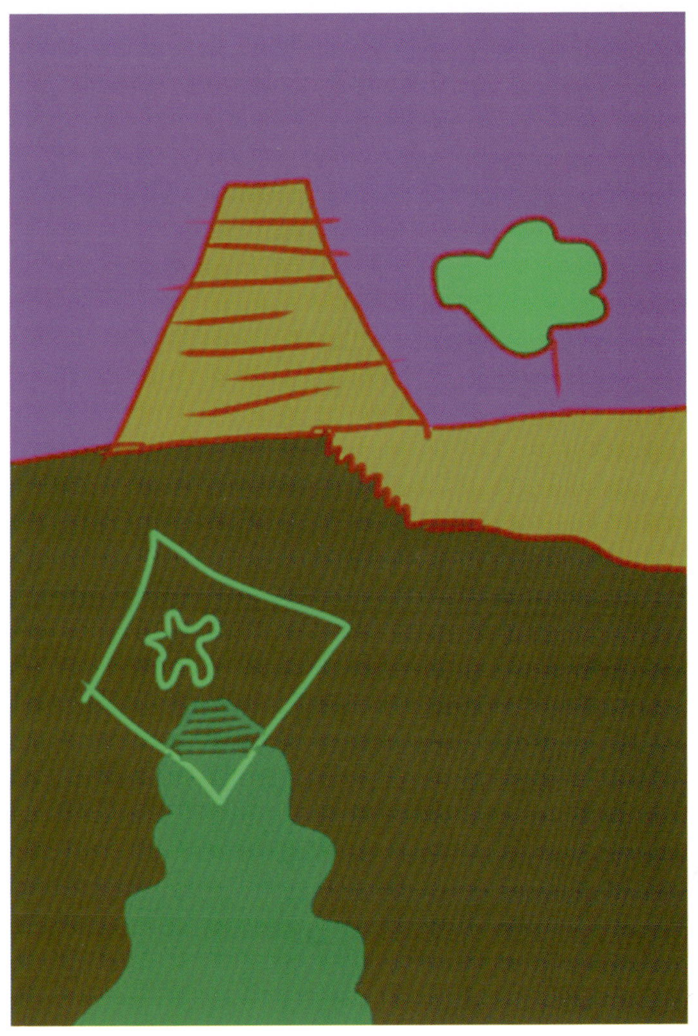

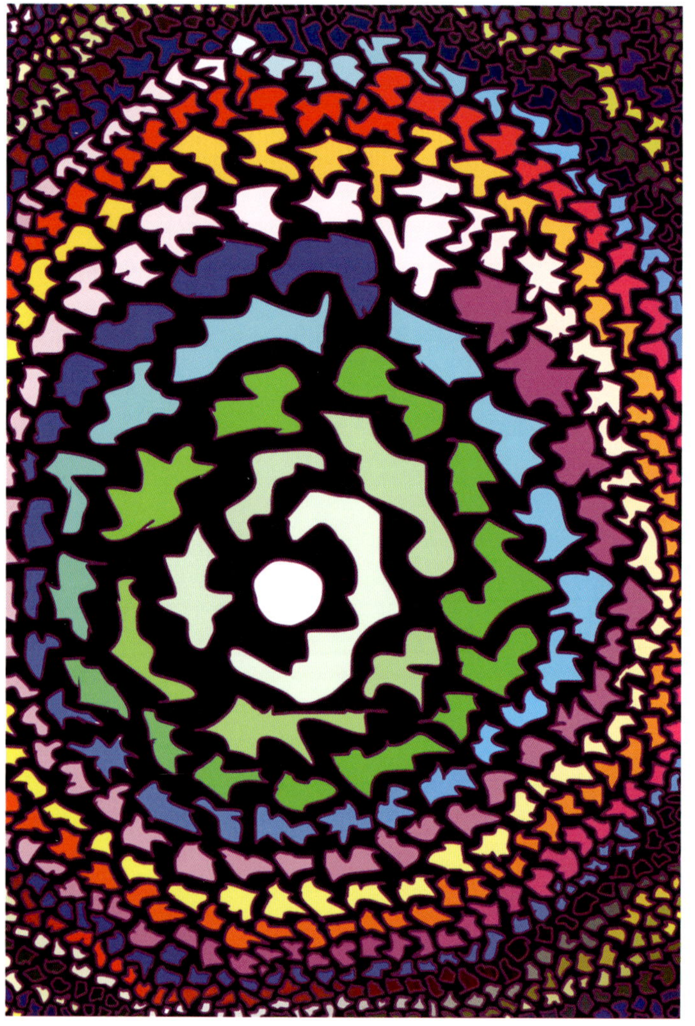

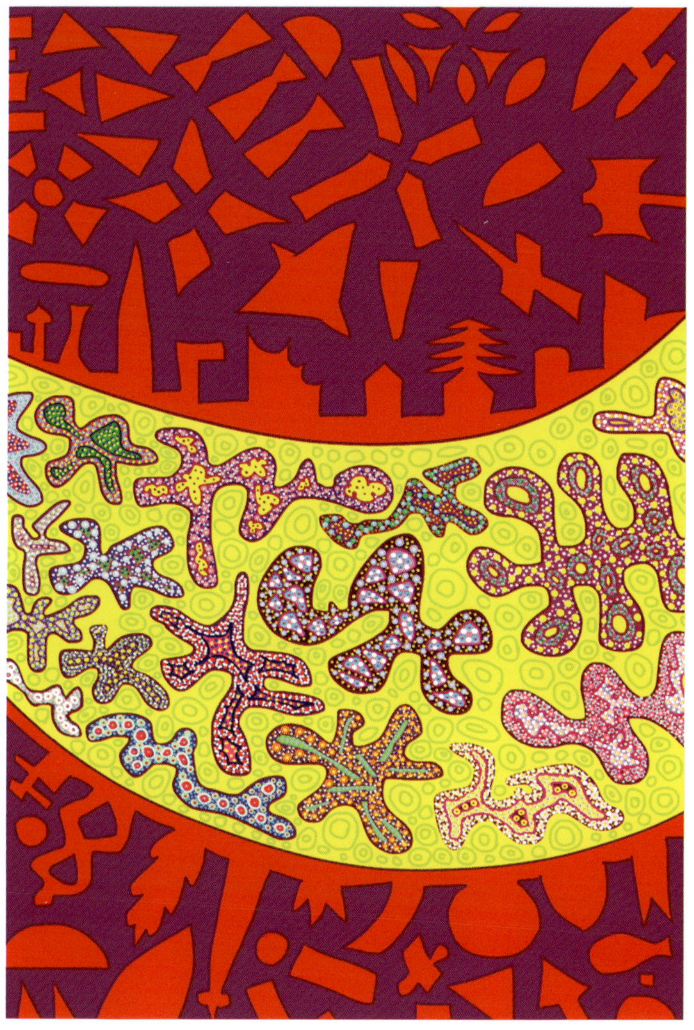

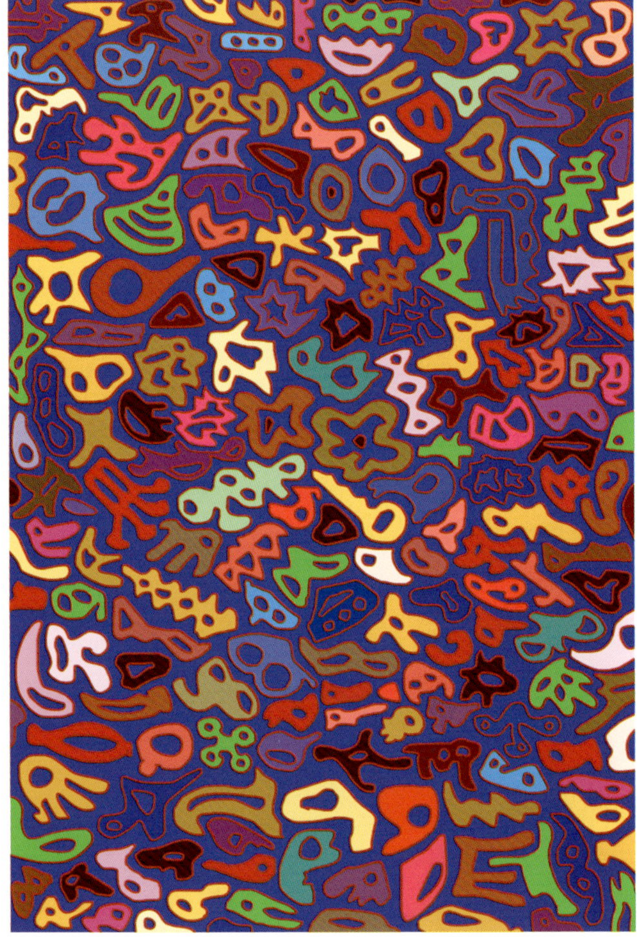

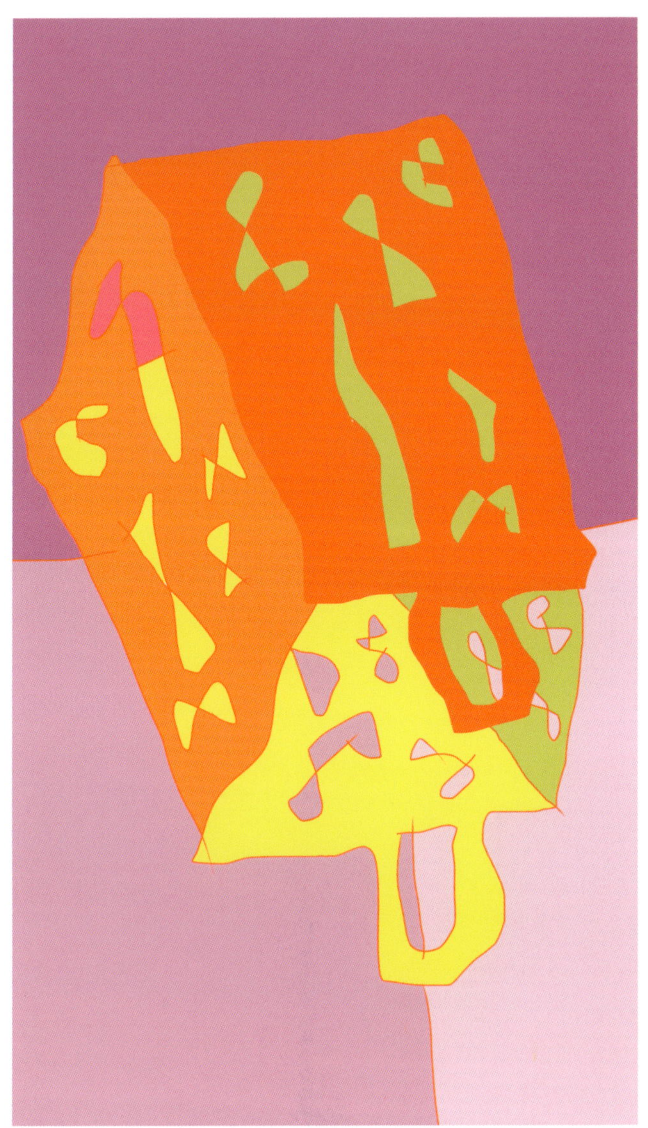

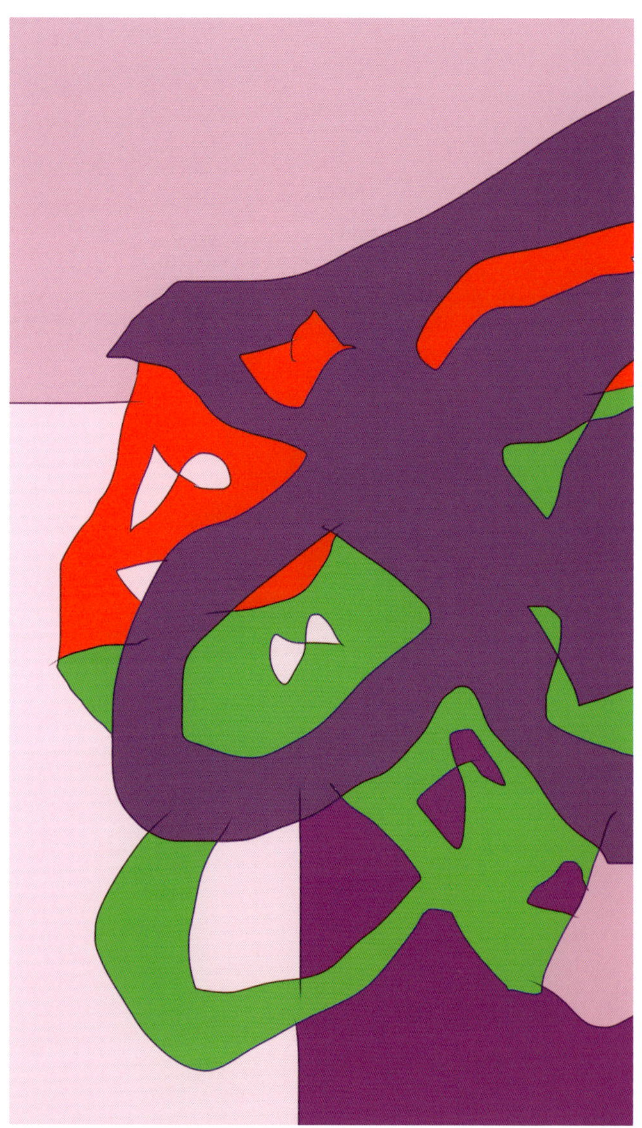

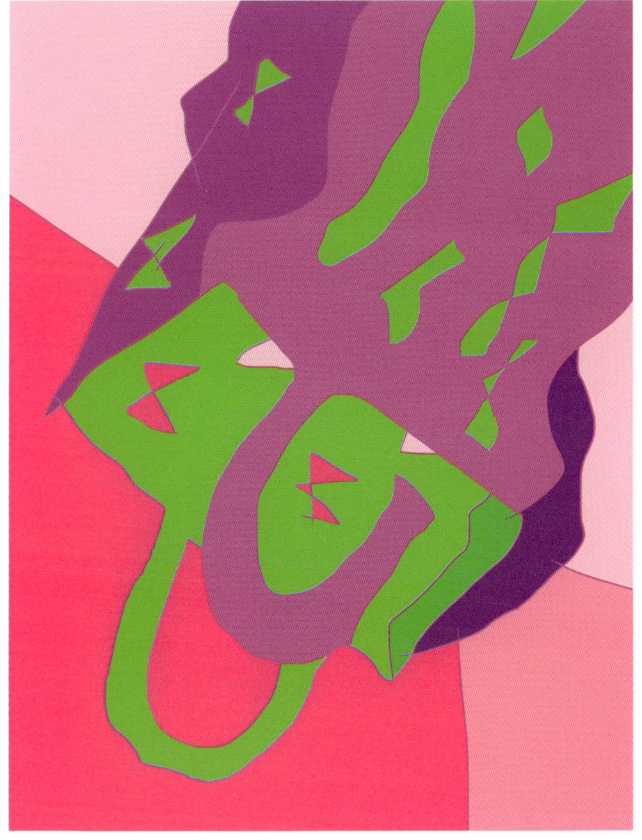

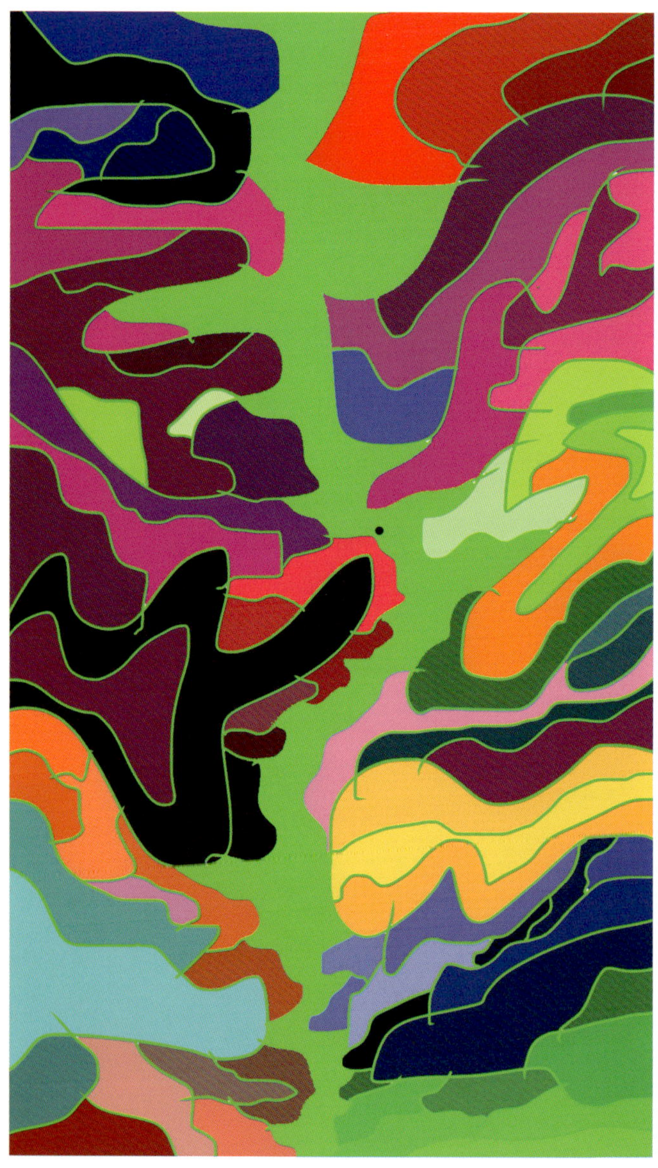

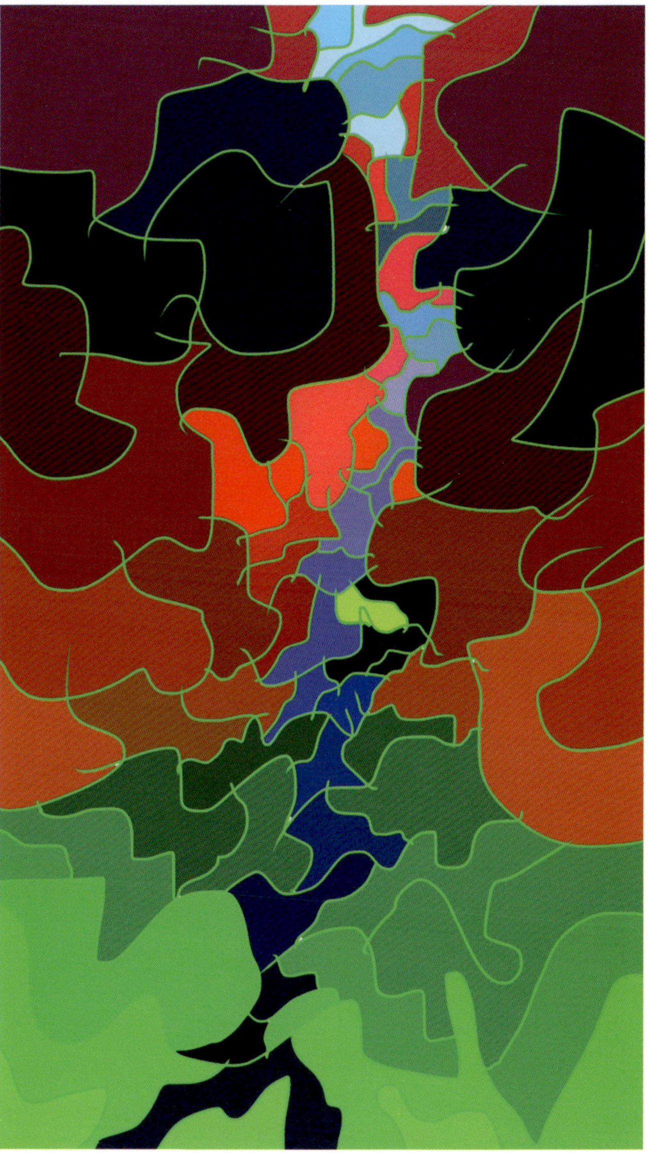

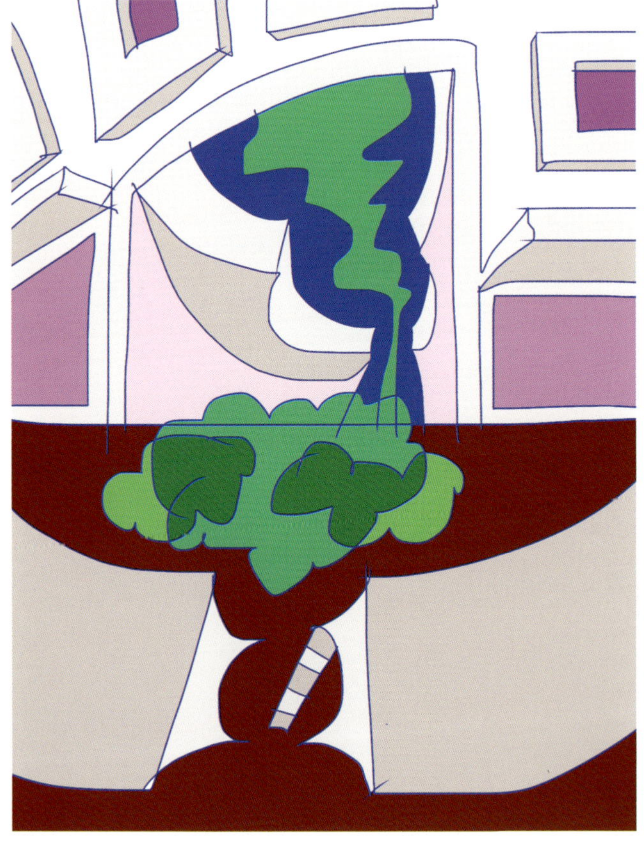

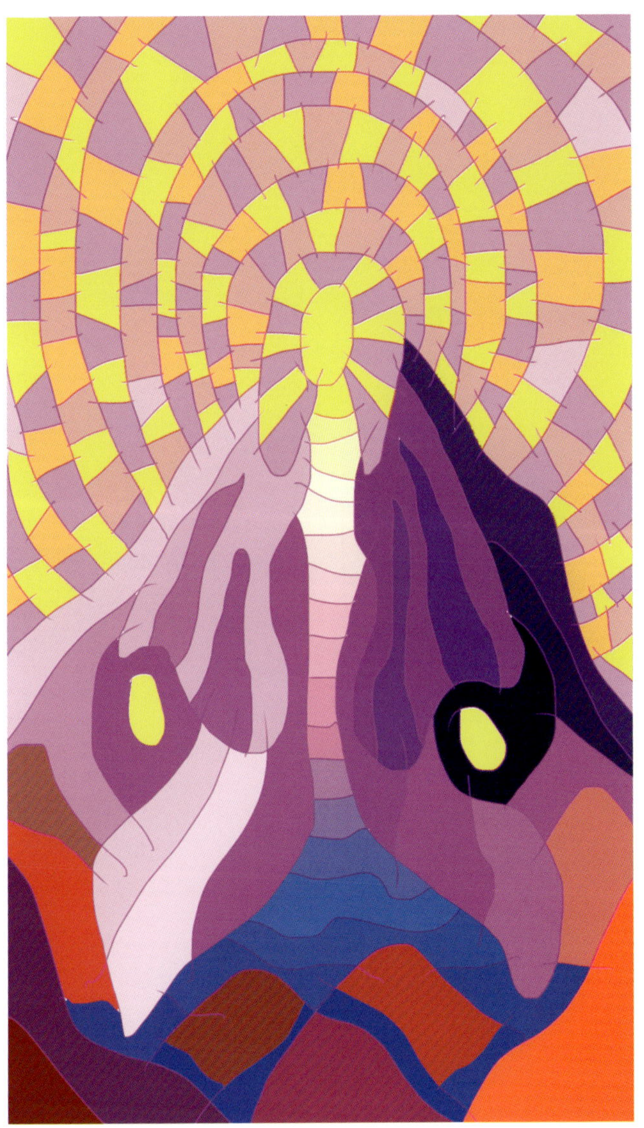

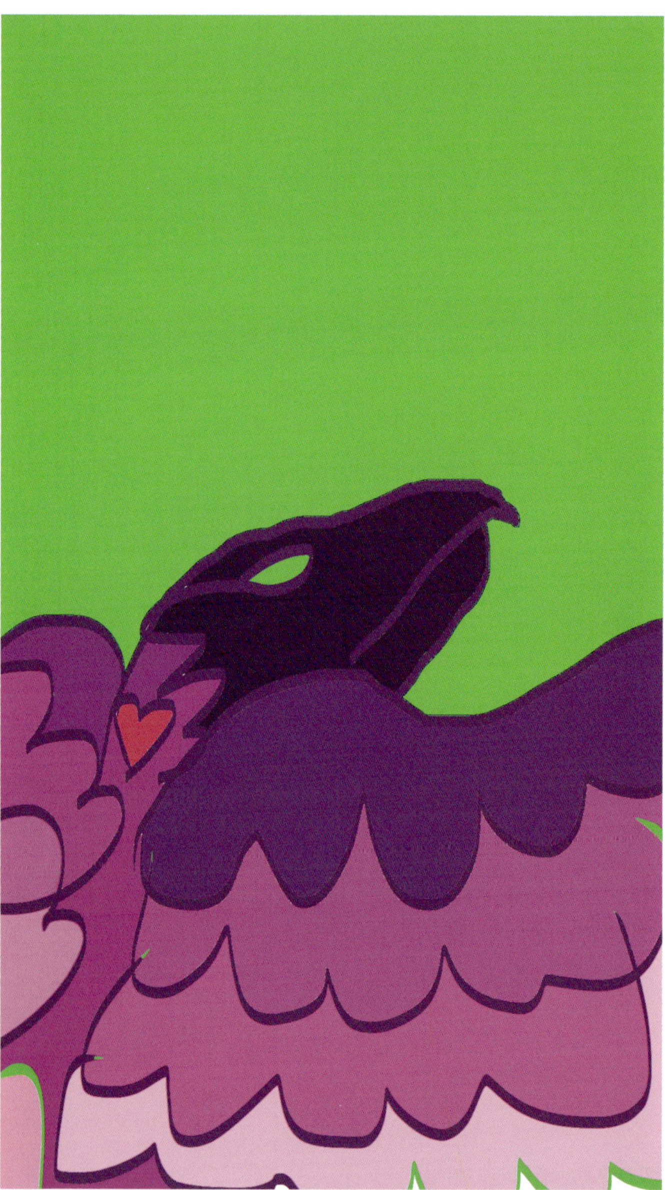

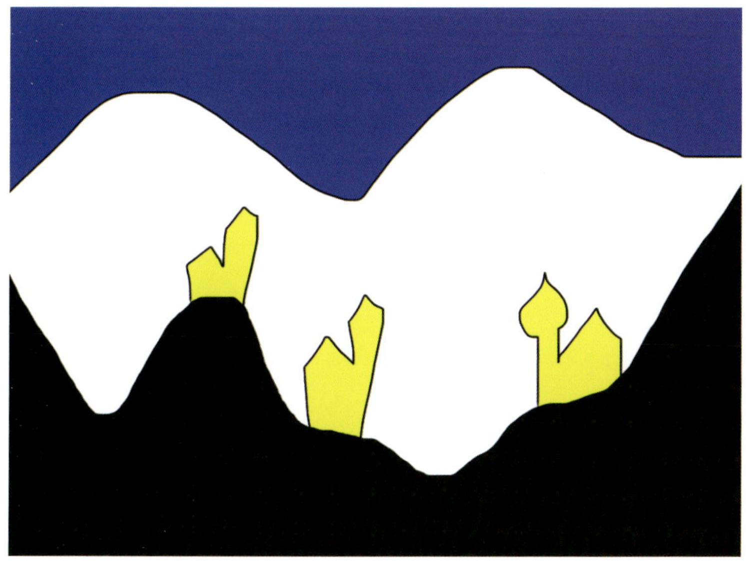

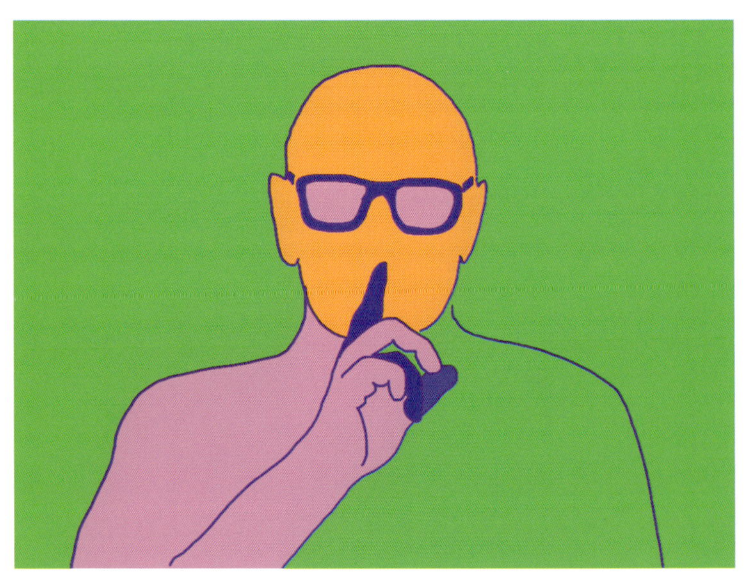

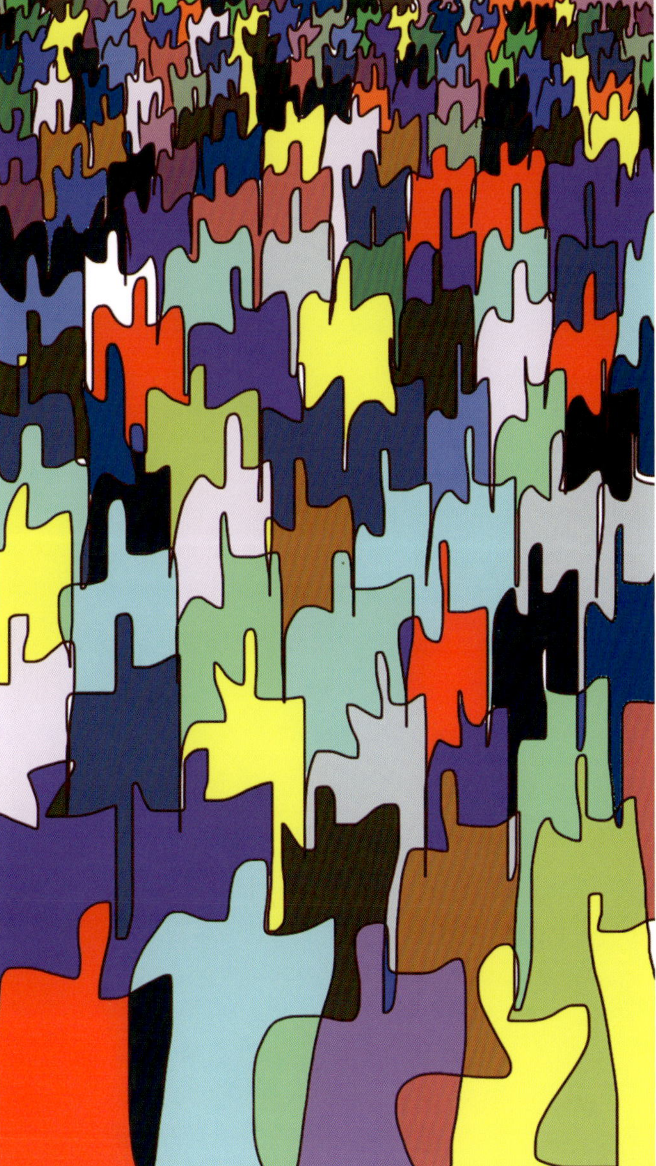

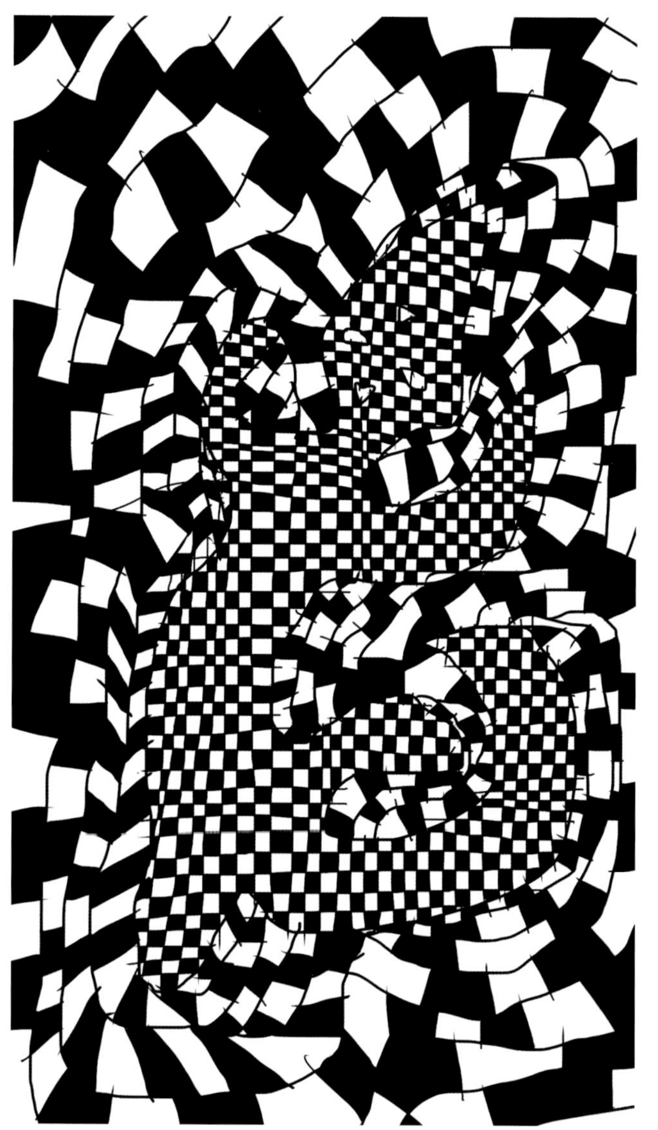

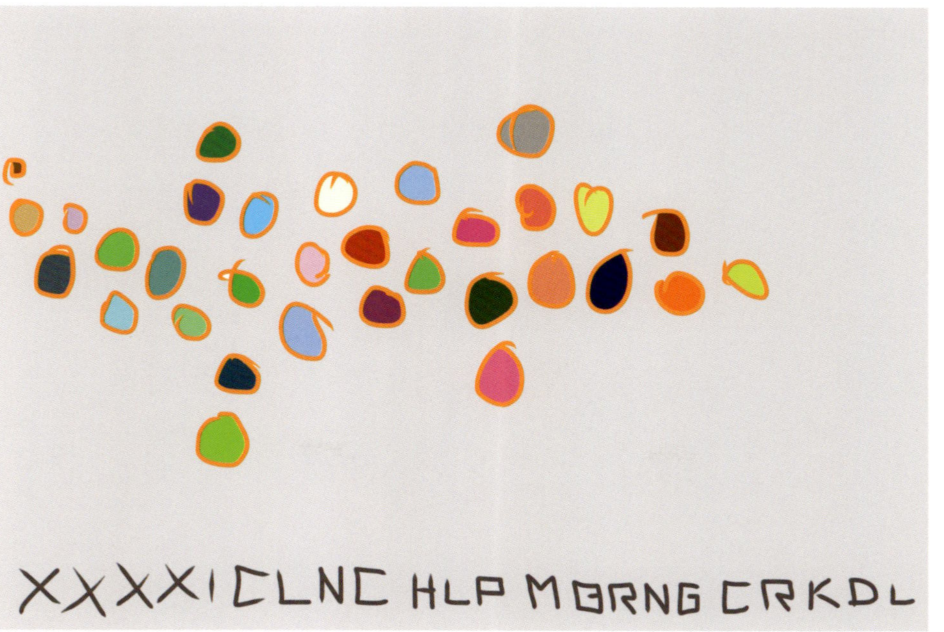

XXXXI CLNC HLP MORNG CRKDL

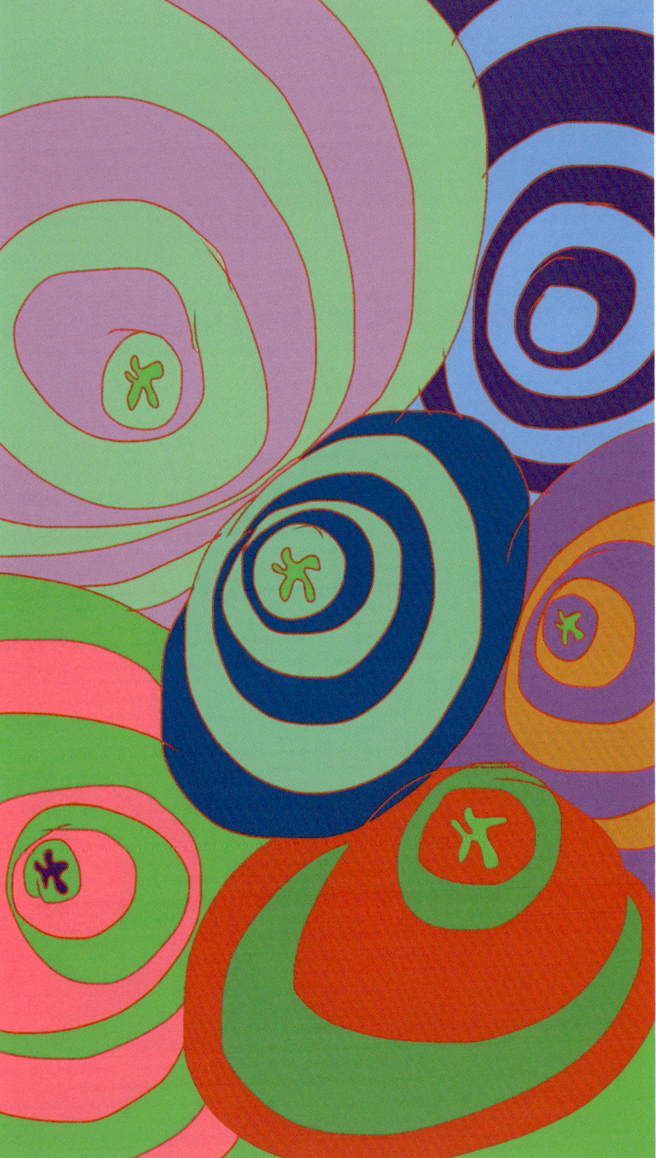

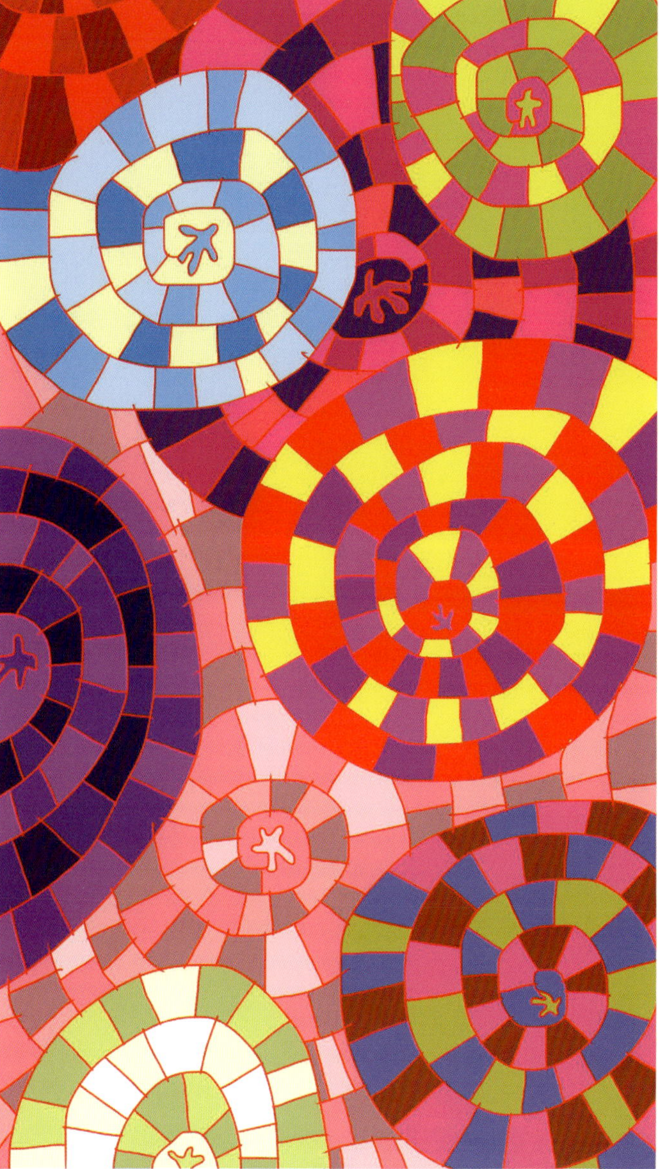

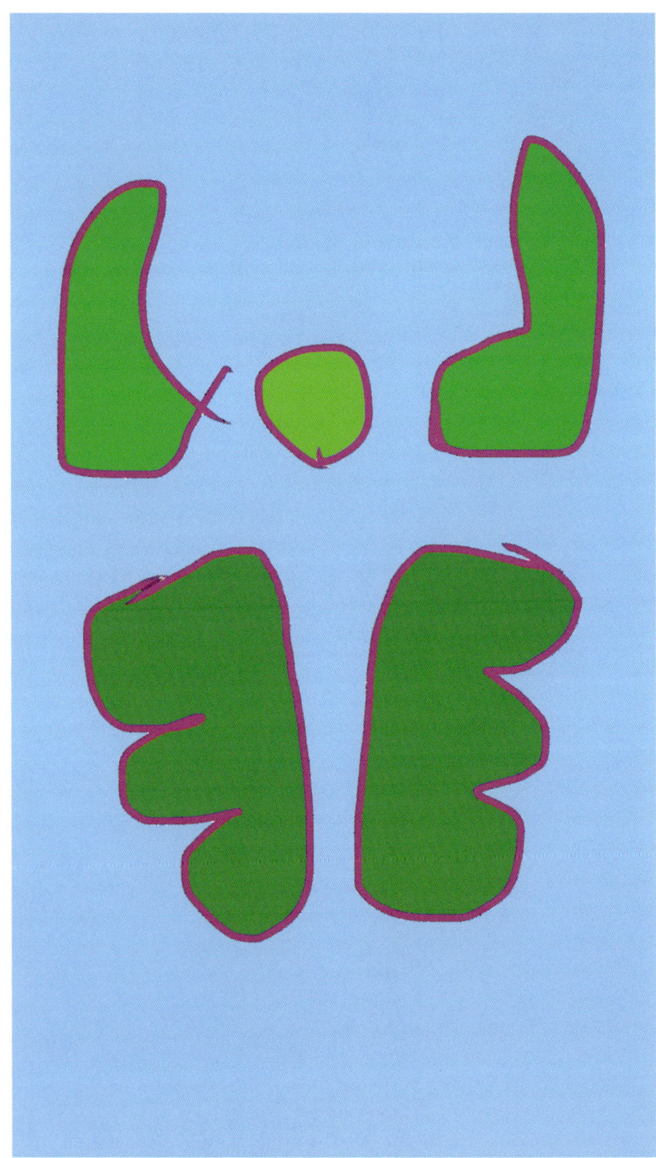

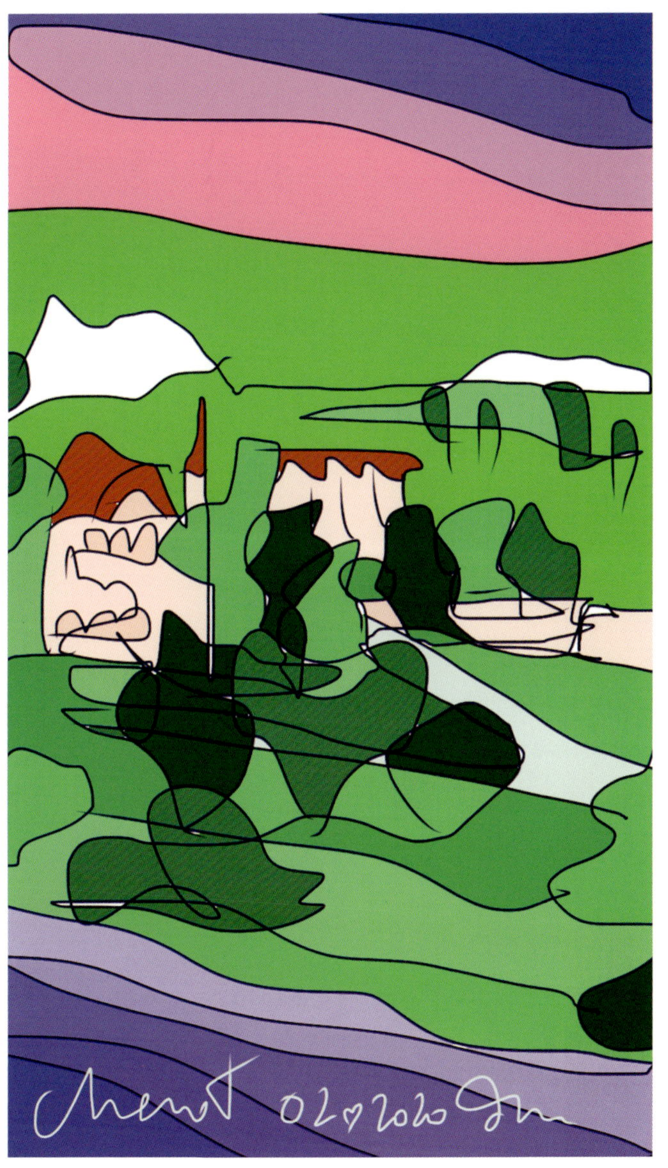

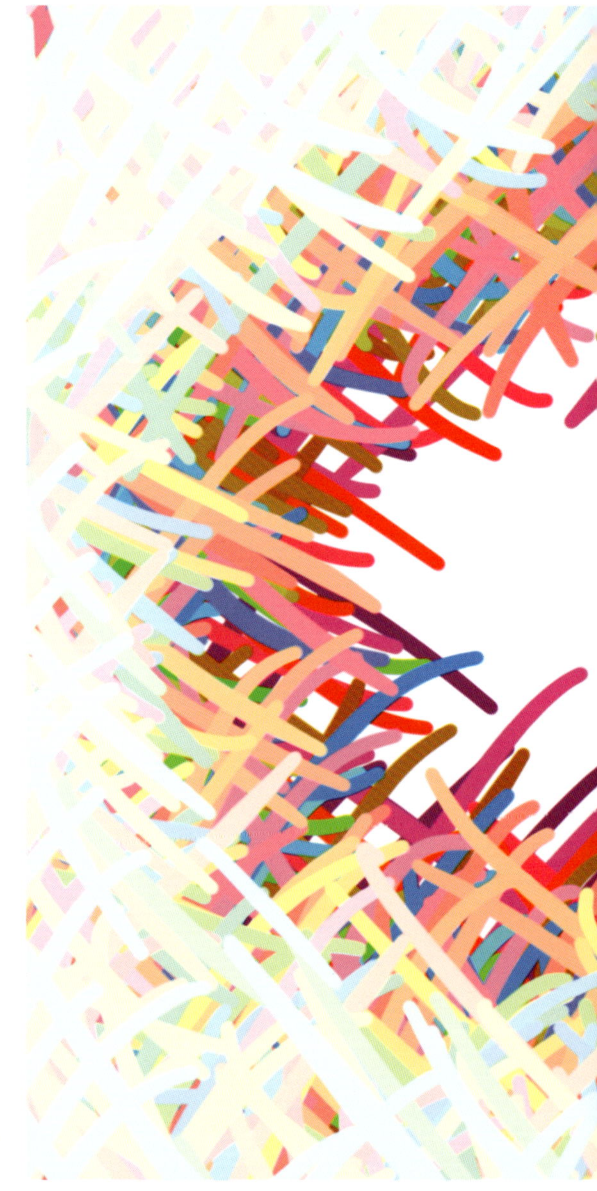

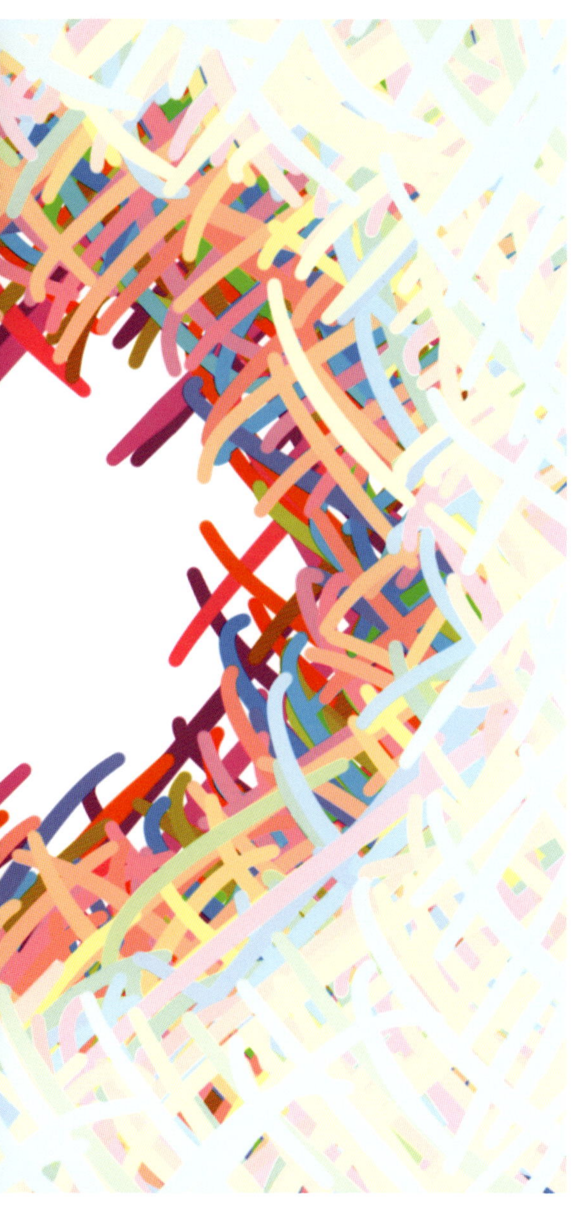

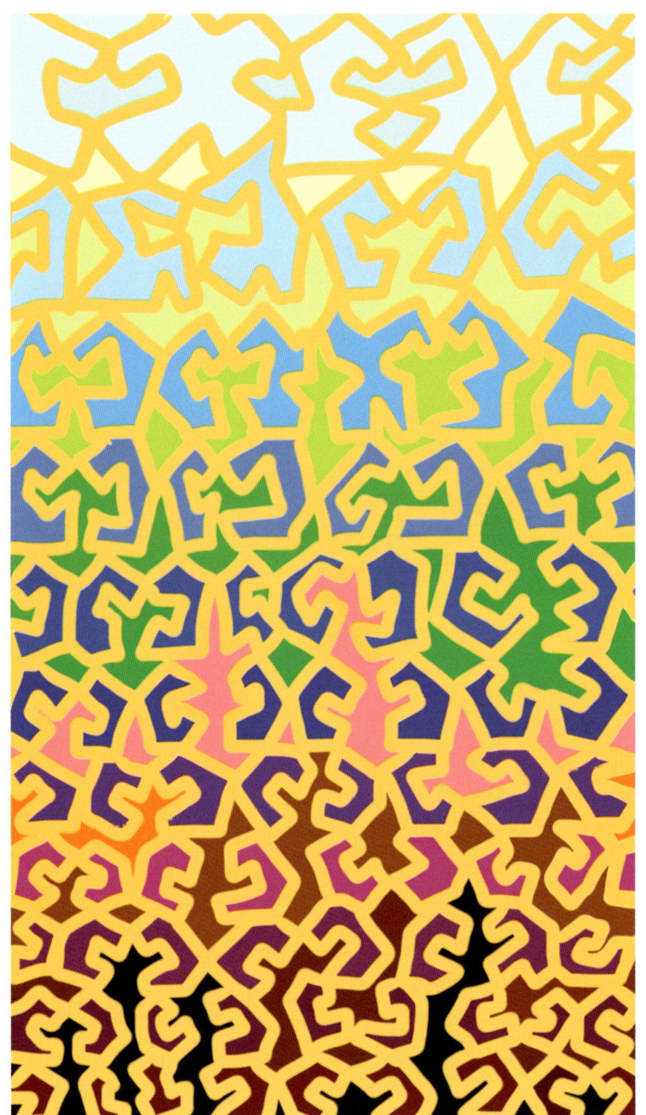

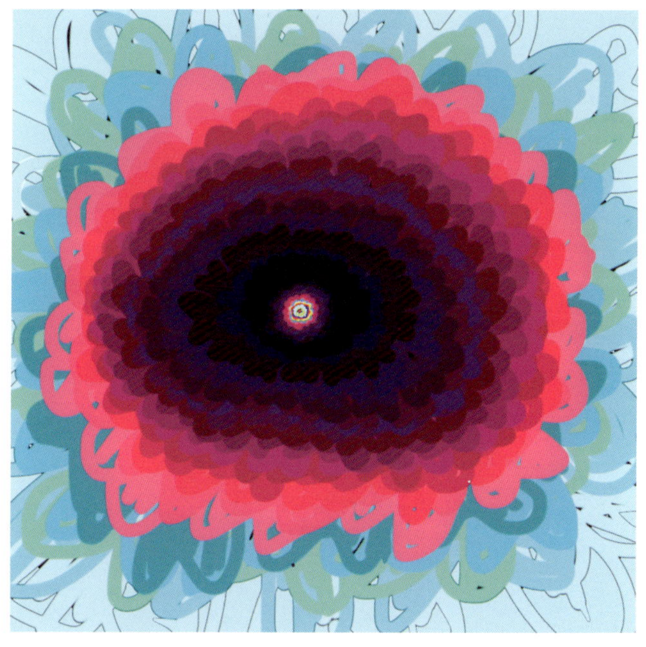

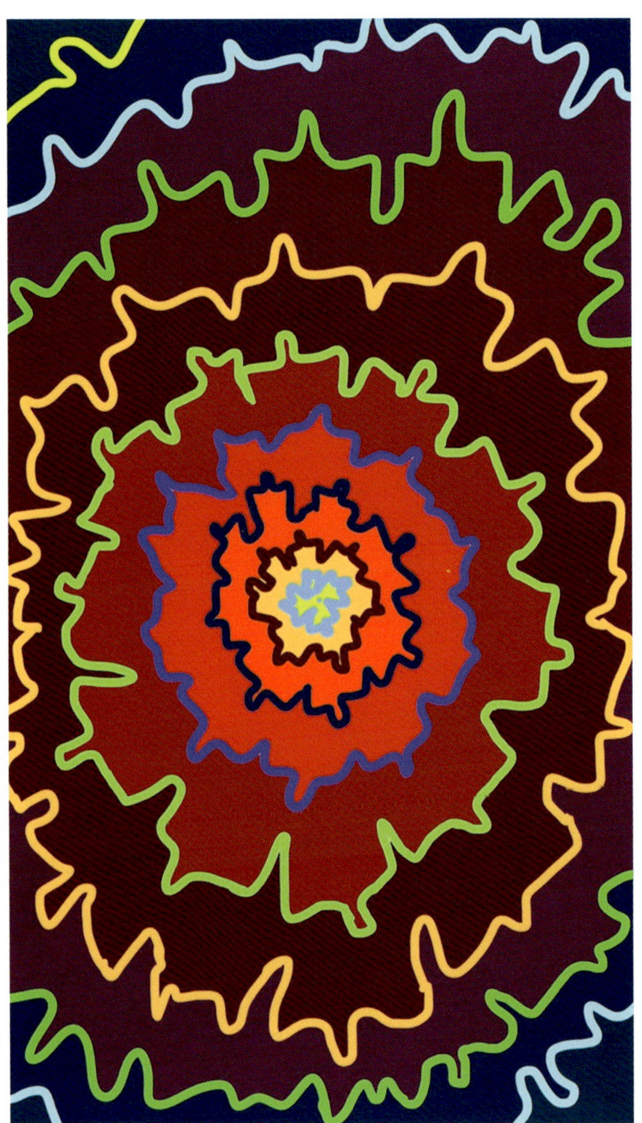

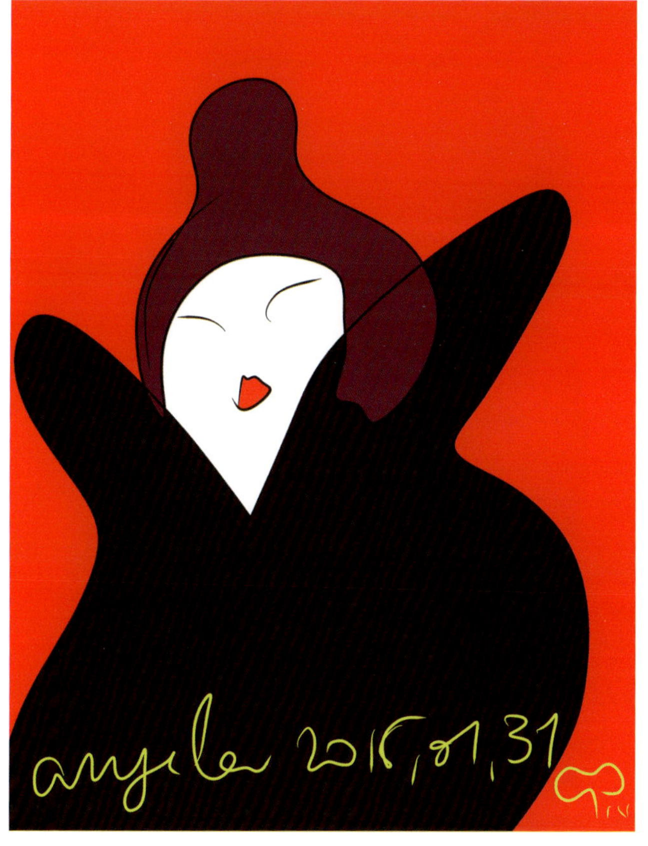

angela 2015.01.31

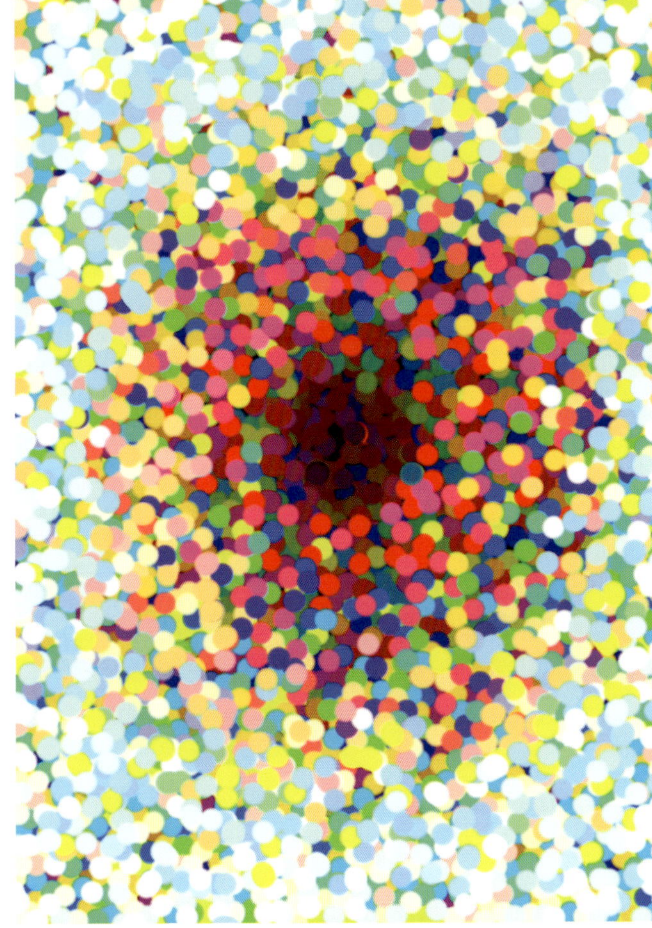

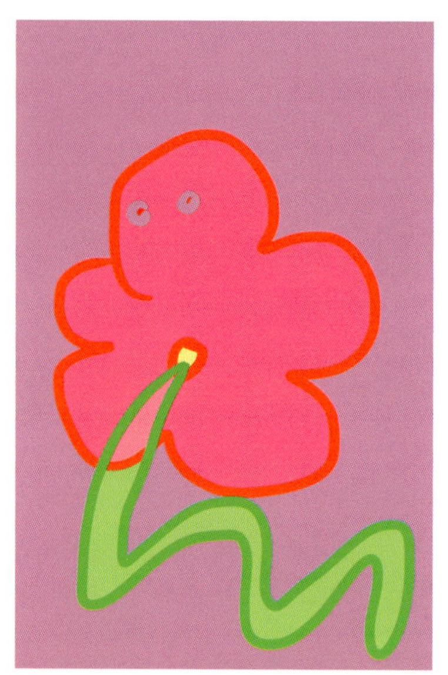

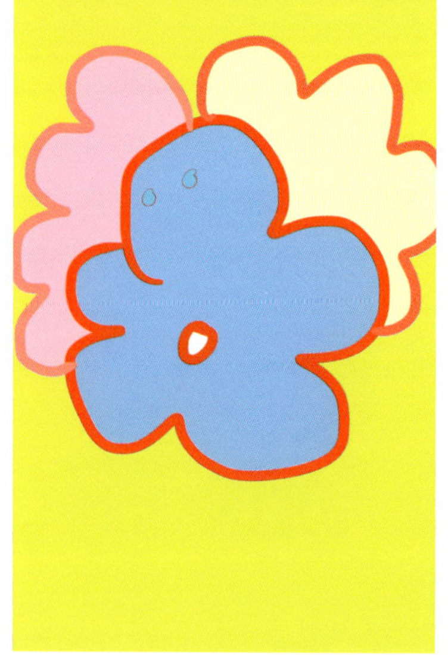
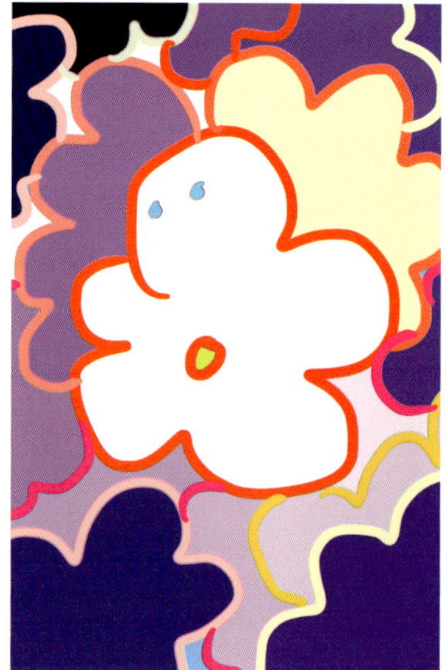

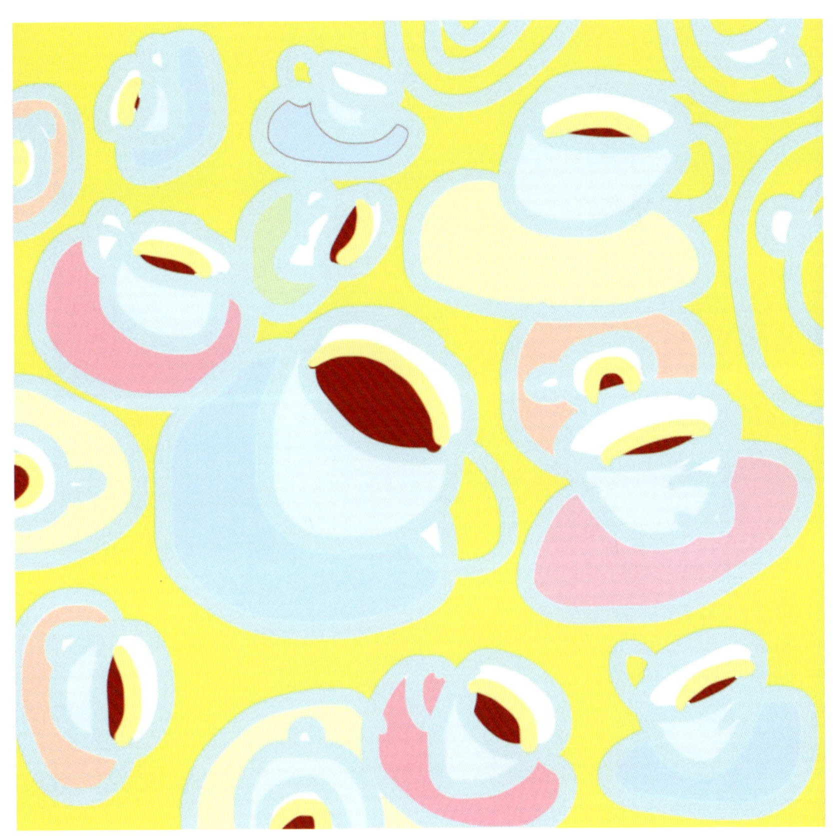

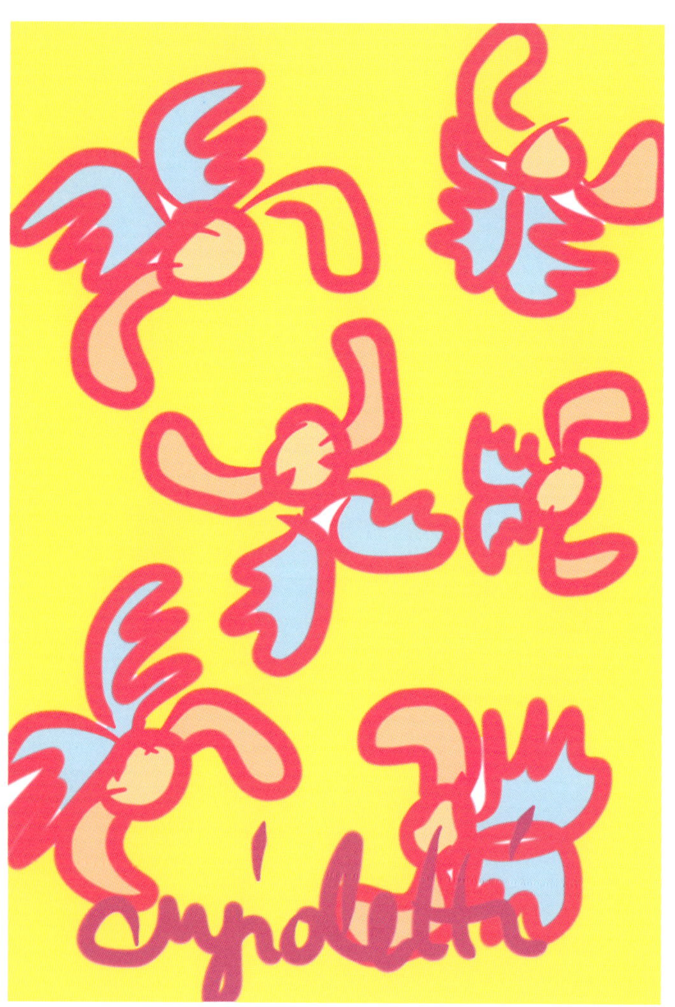
cupoletta

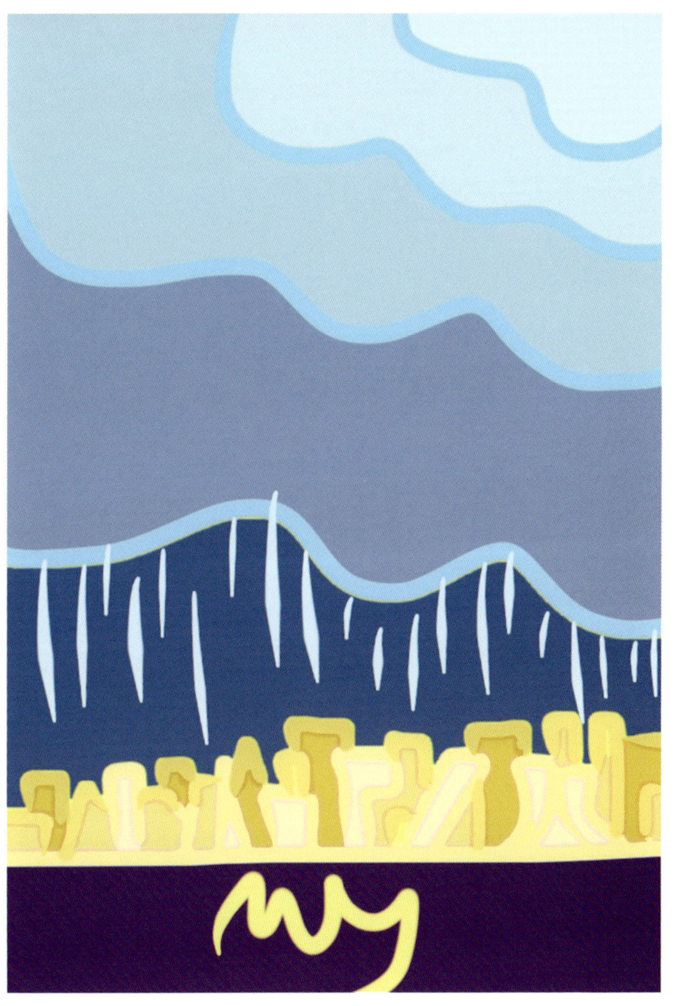

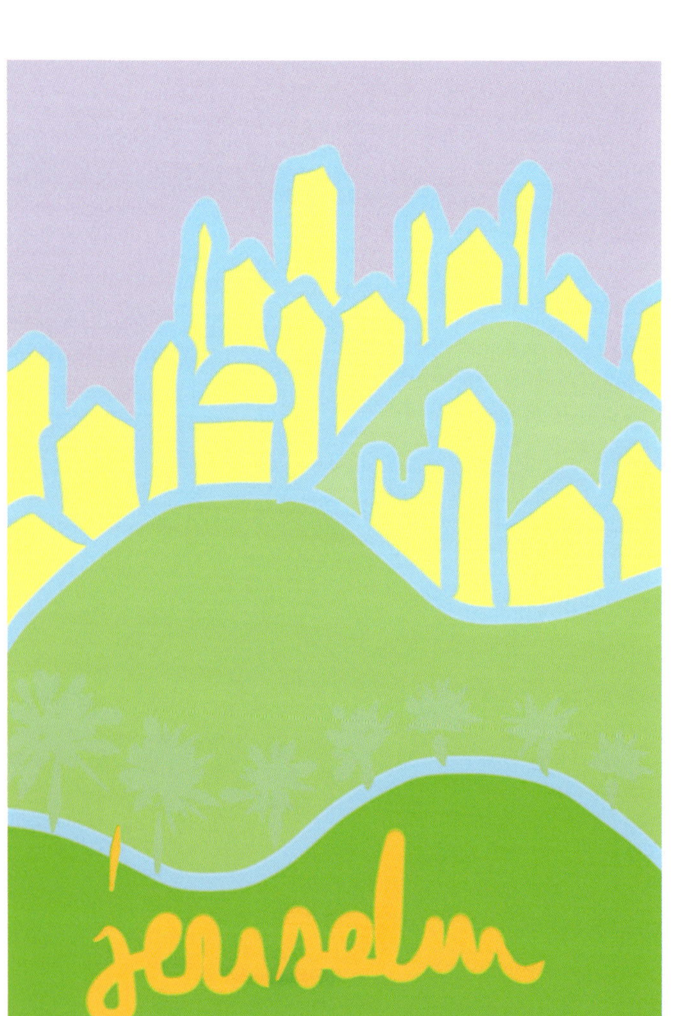

jerusalem

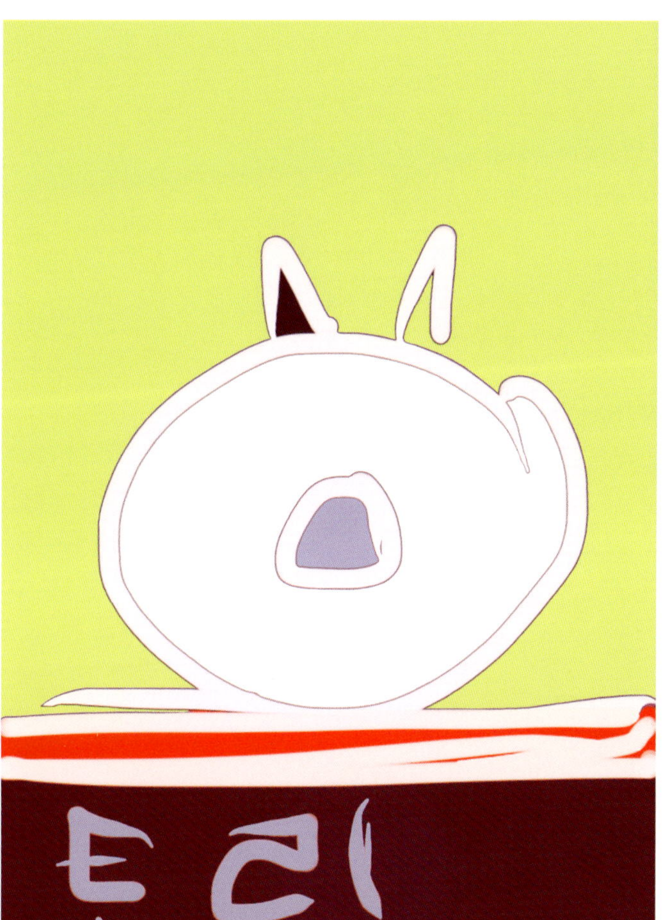

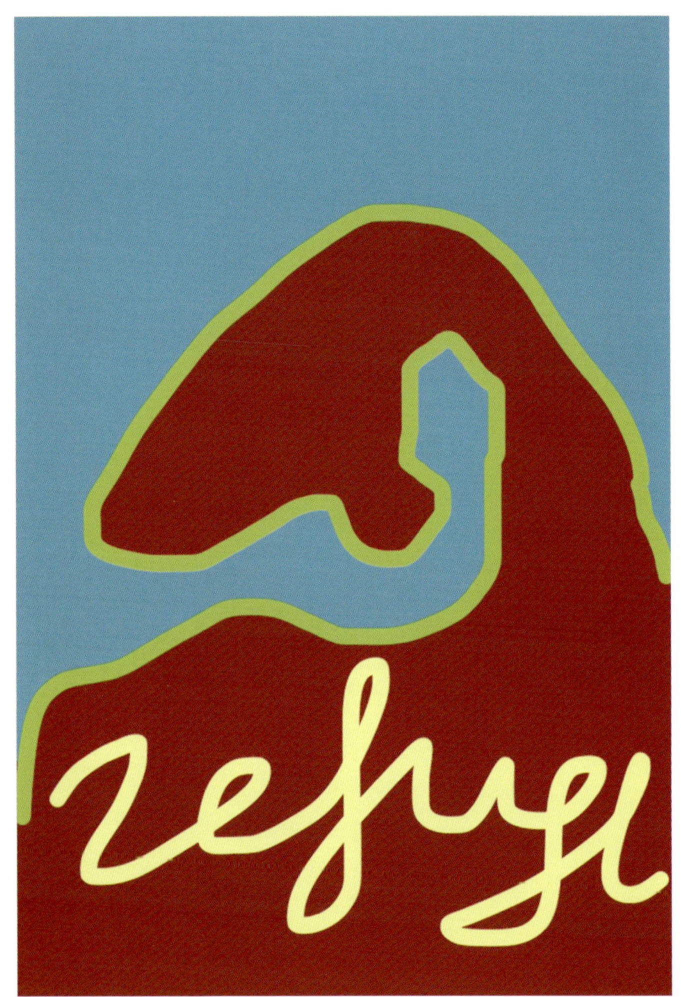

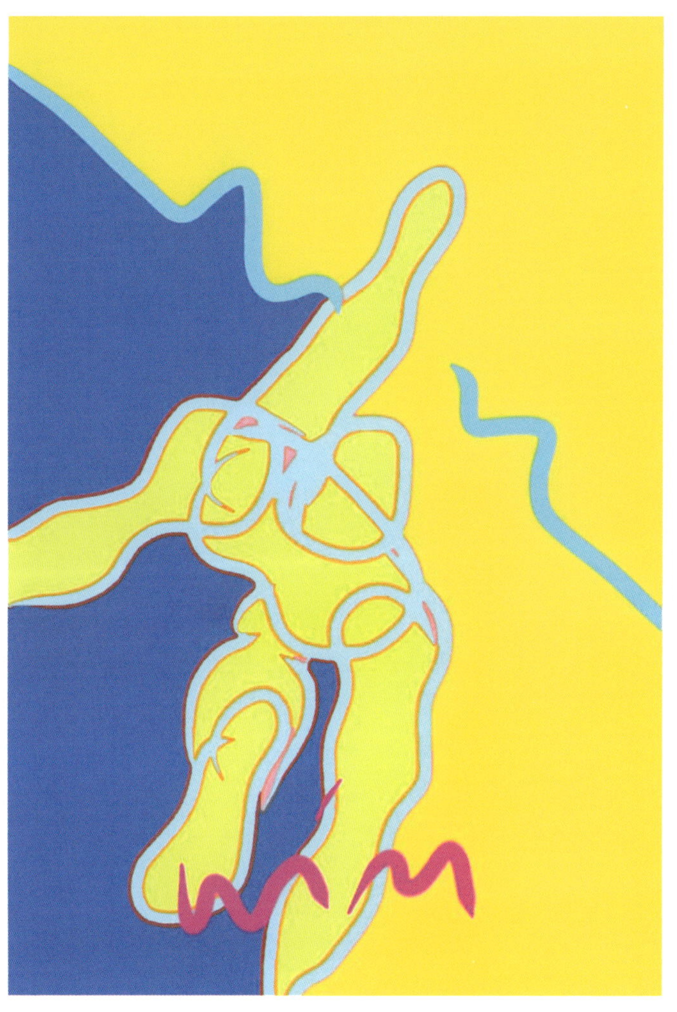

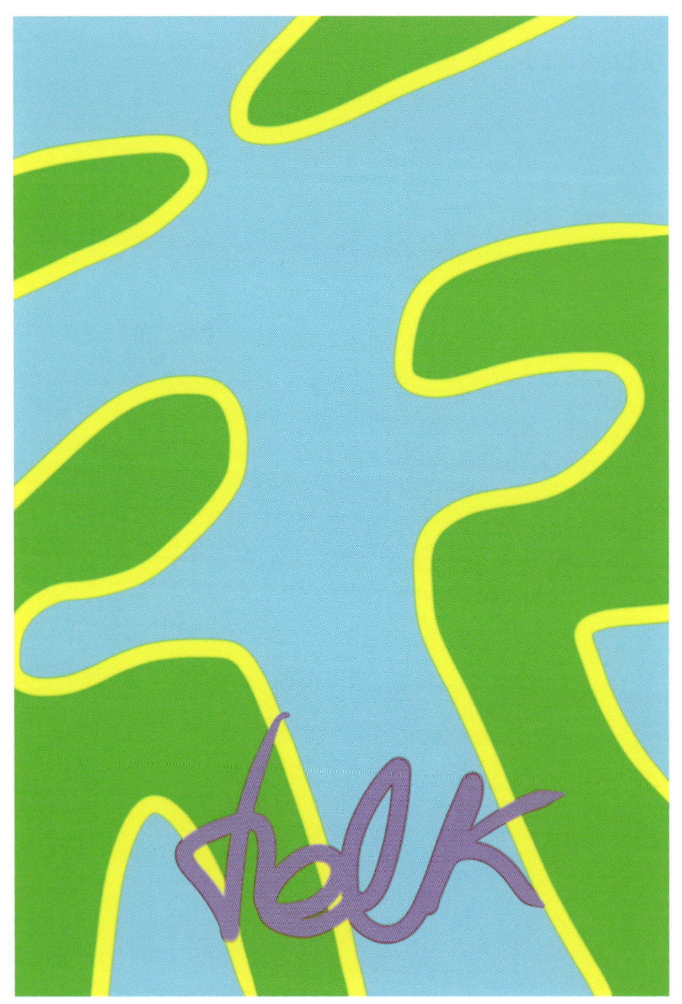

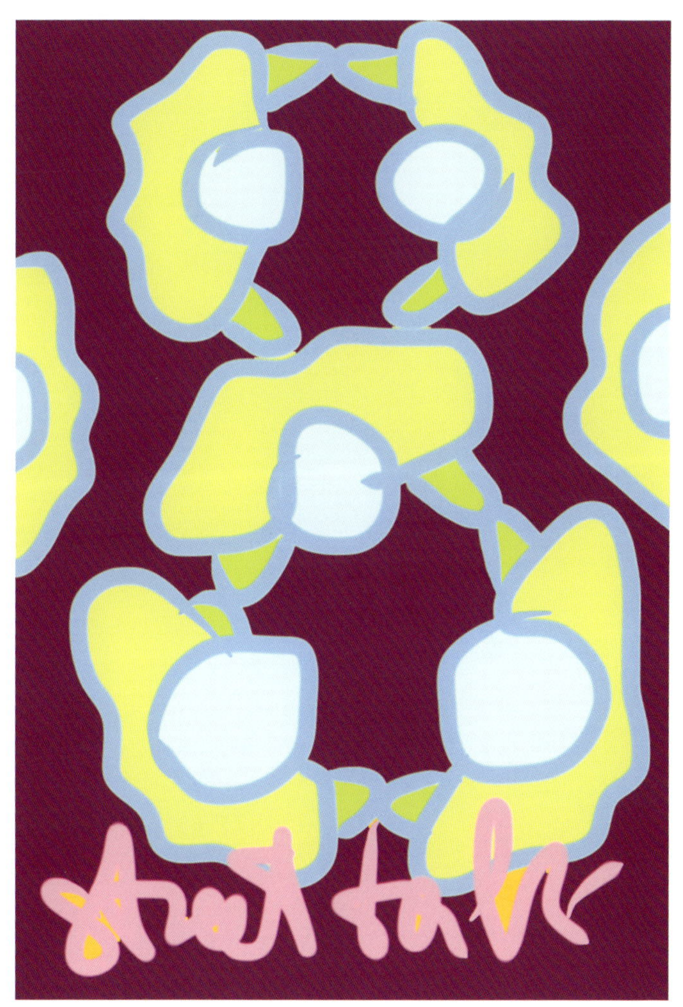
strut talk

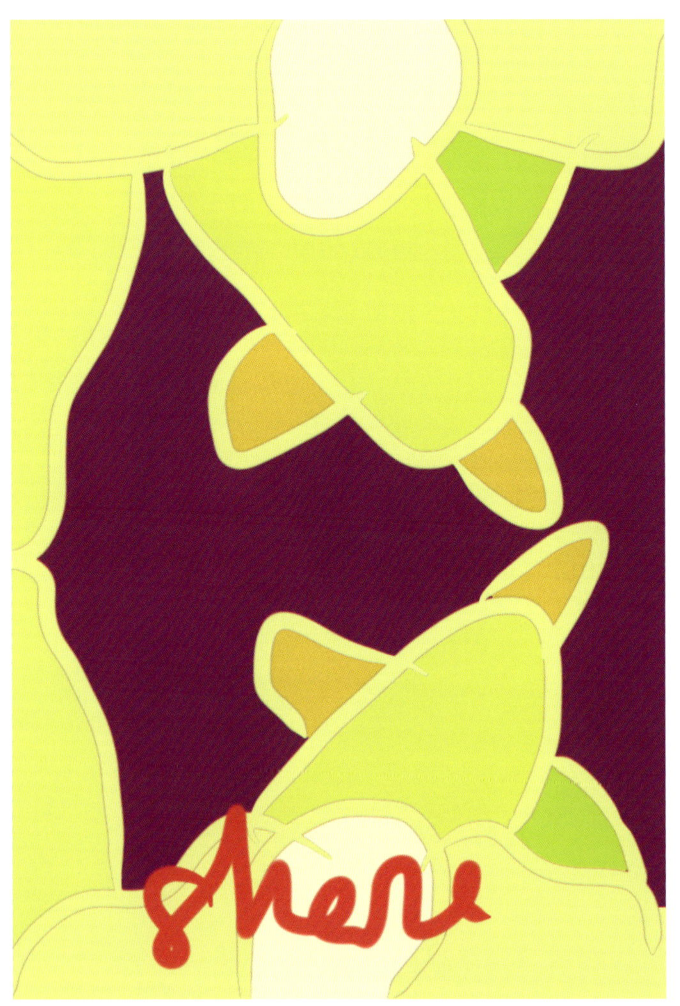
Merci

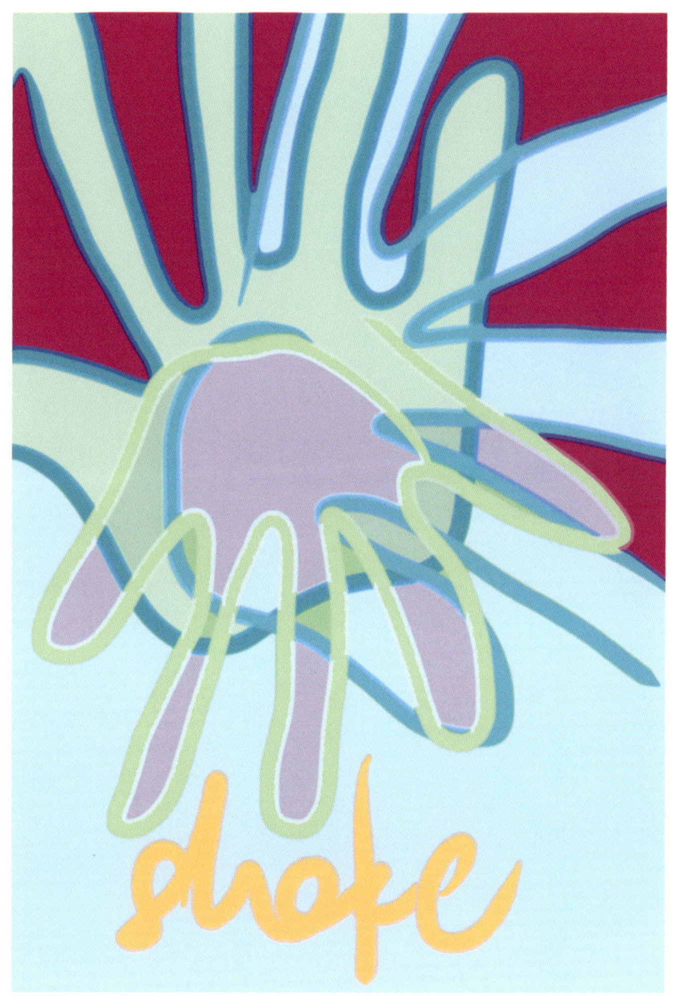

shake

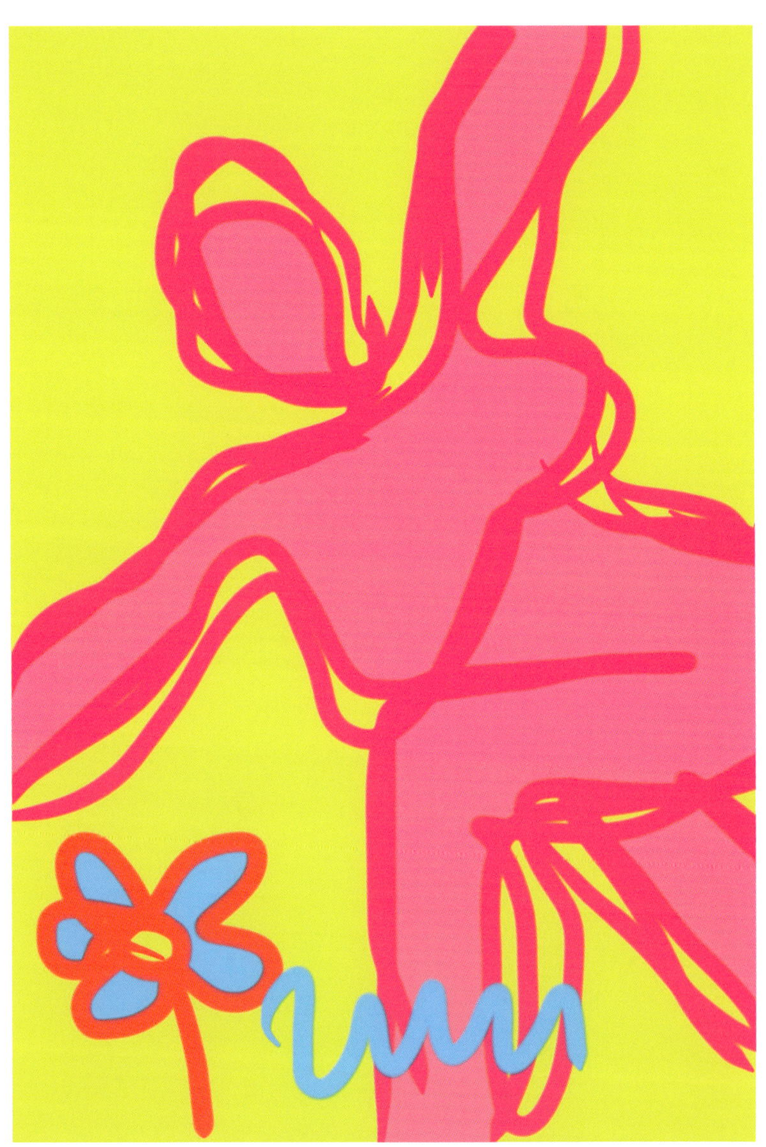

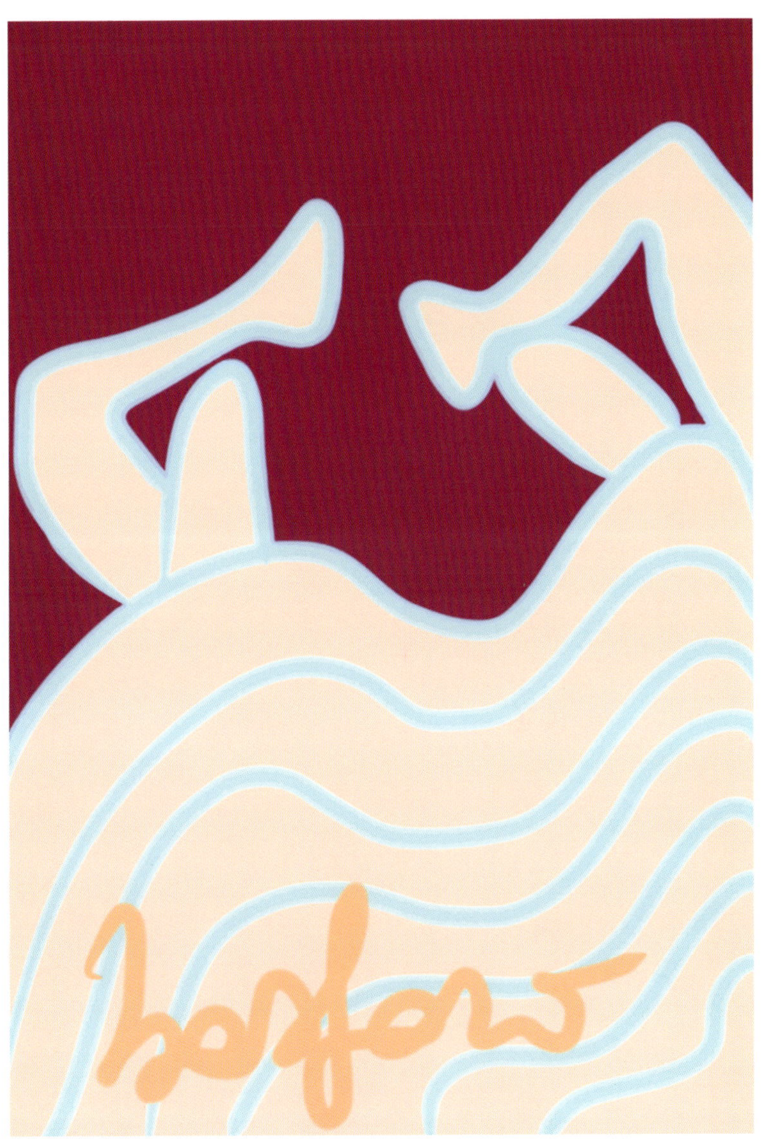

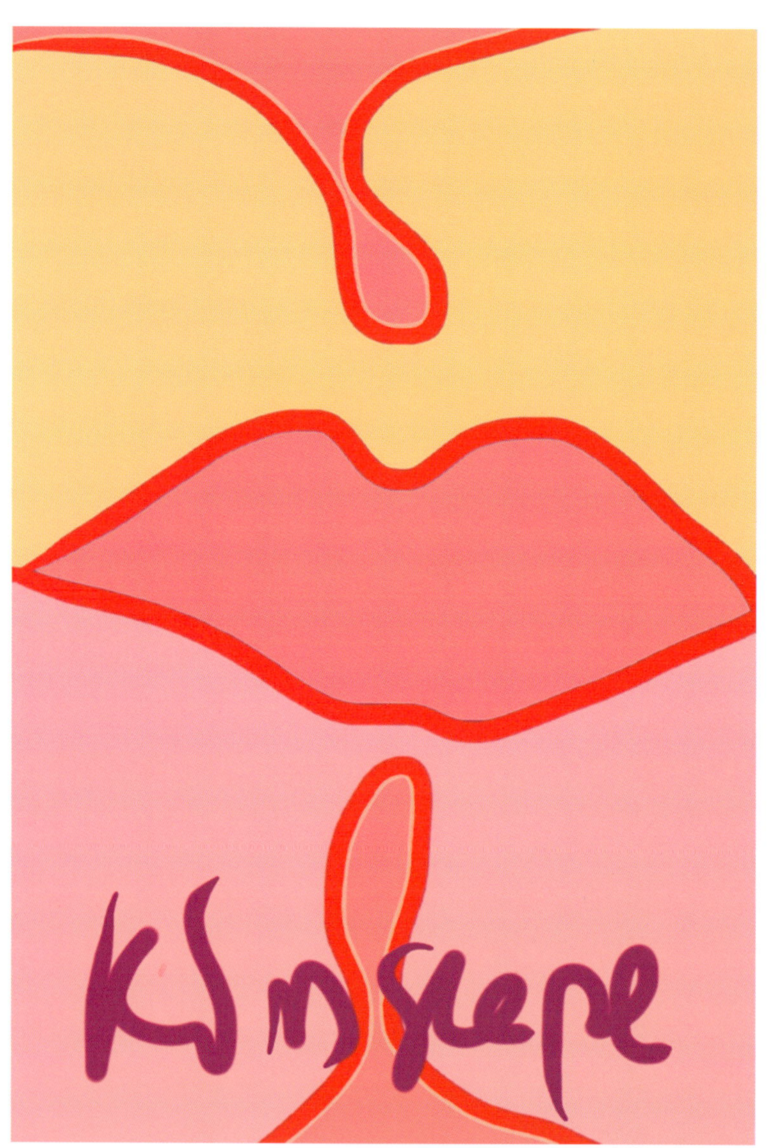

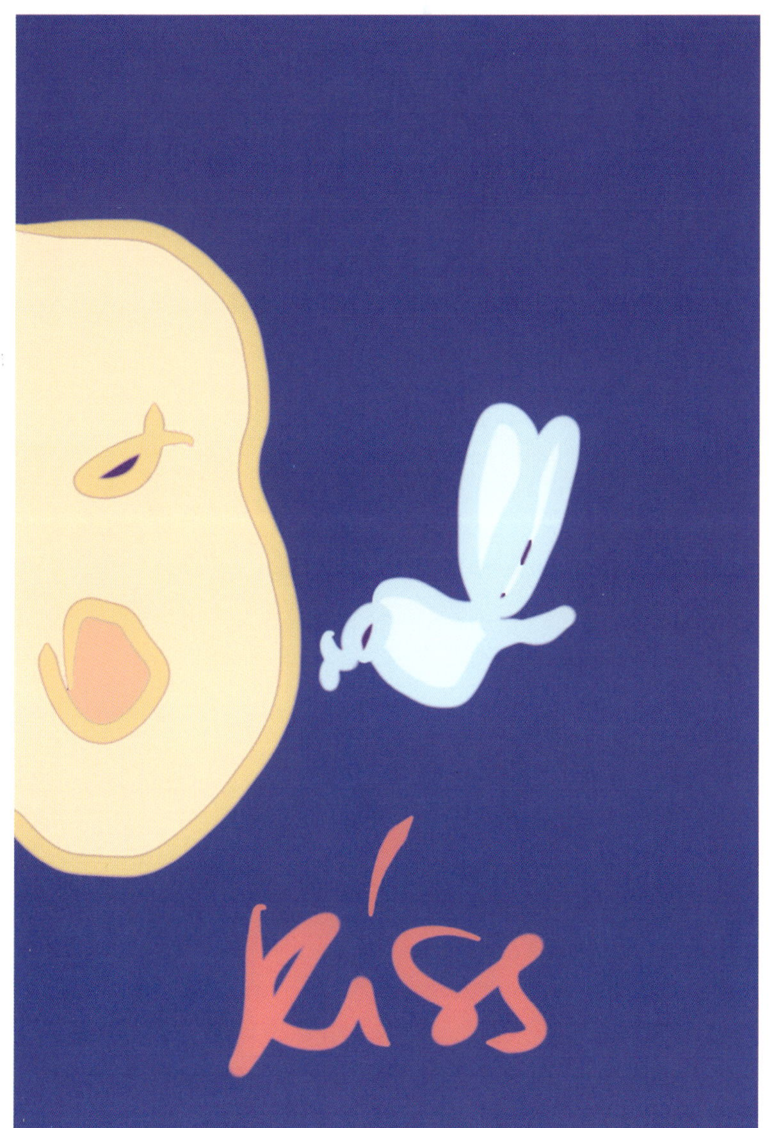

Kiss

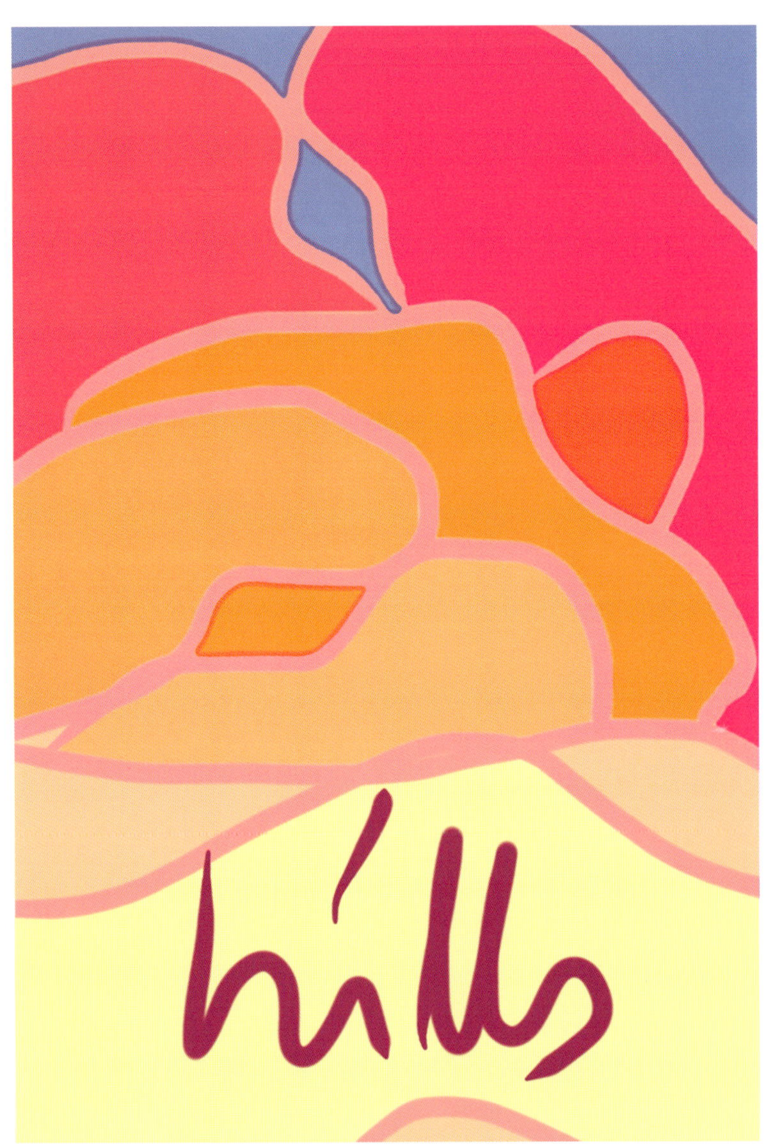
hills

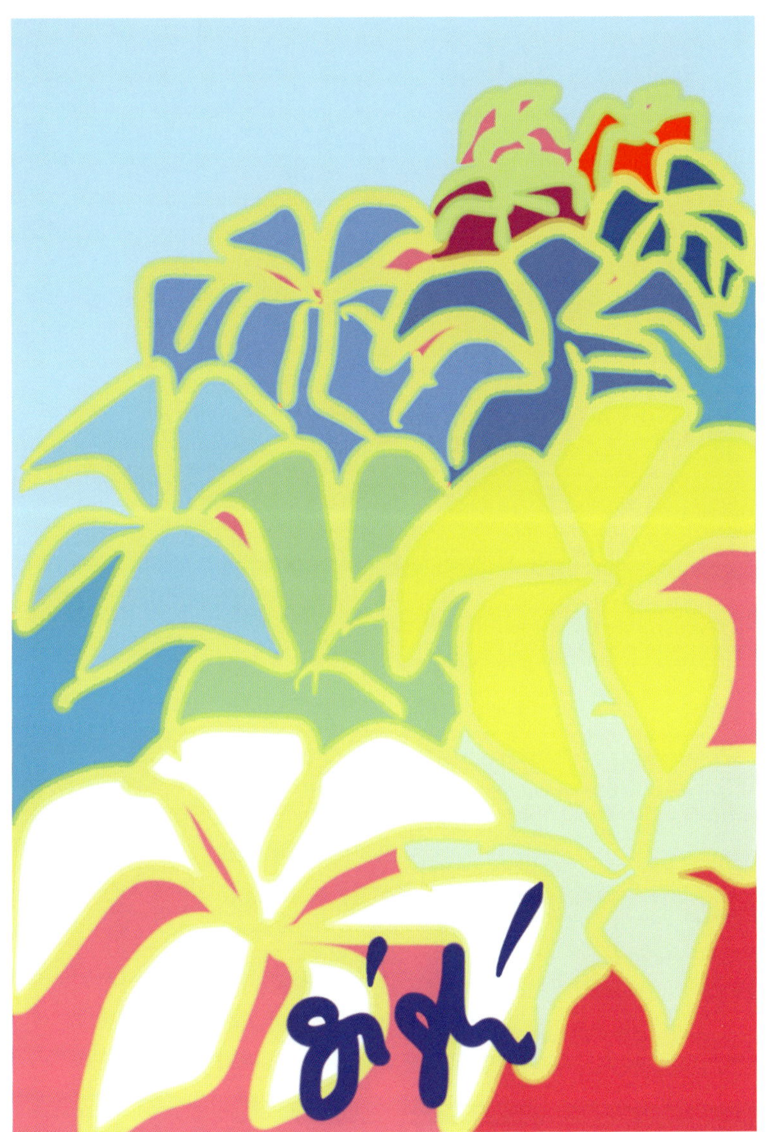

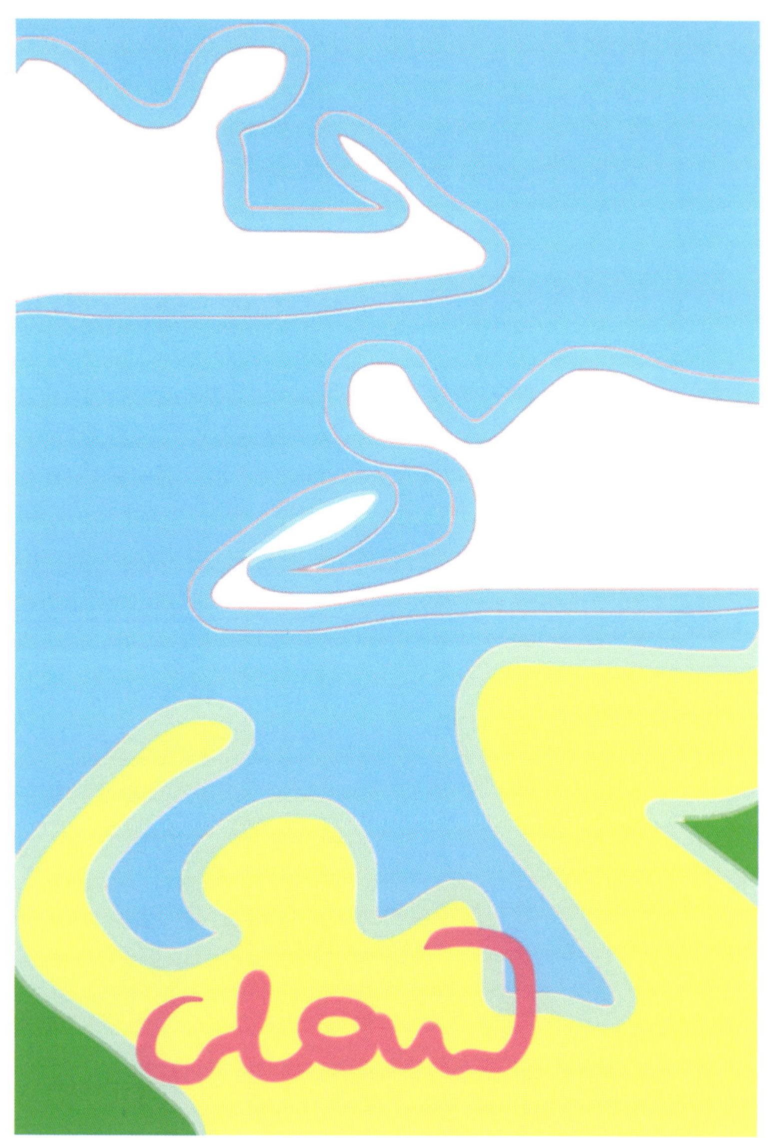

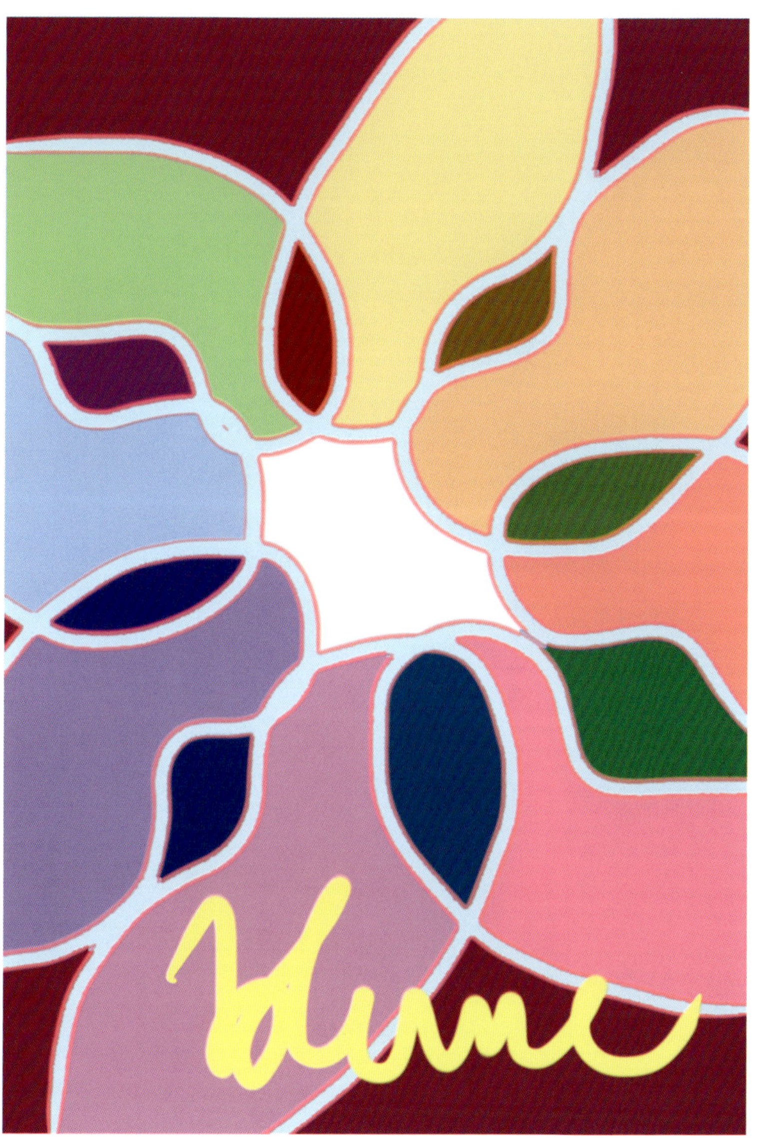

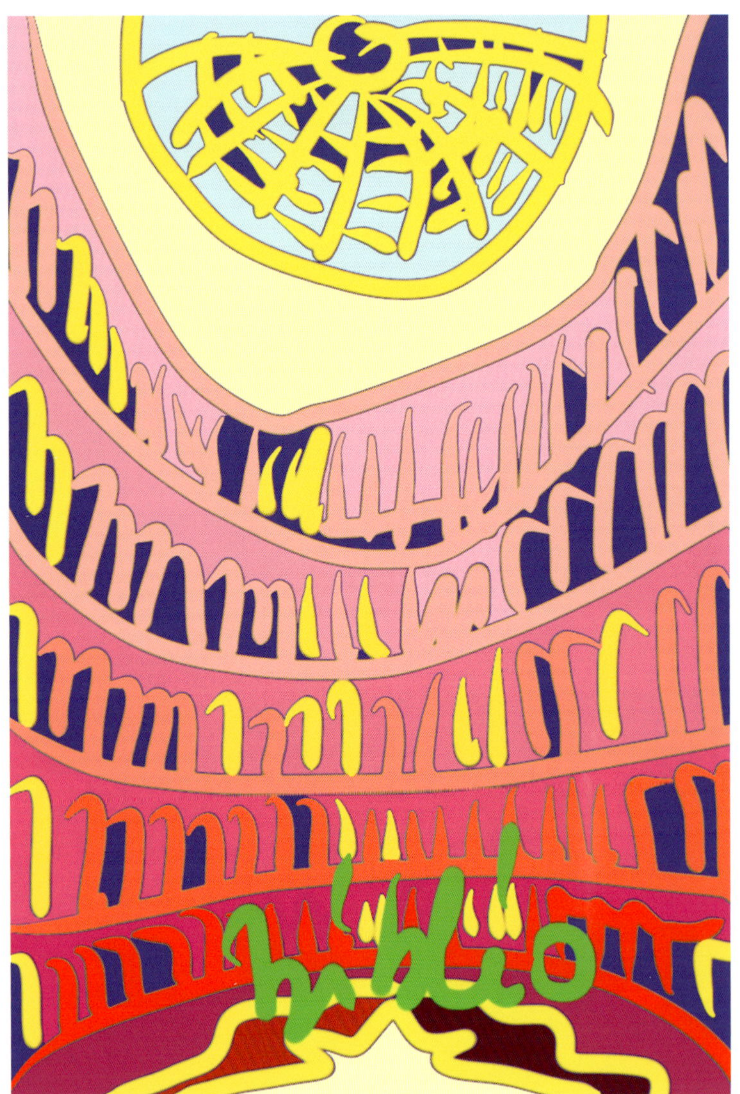

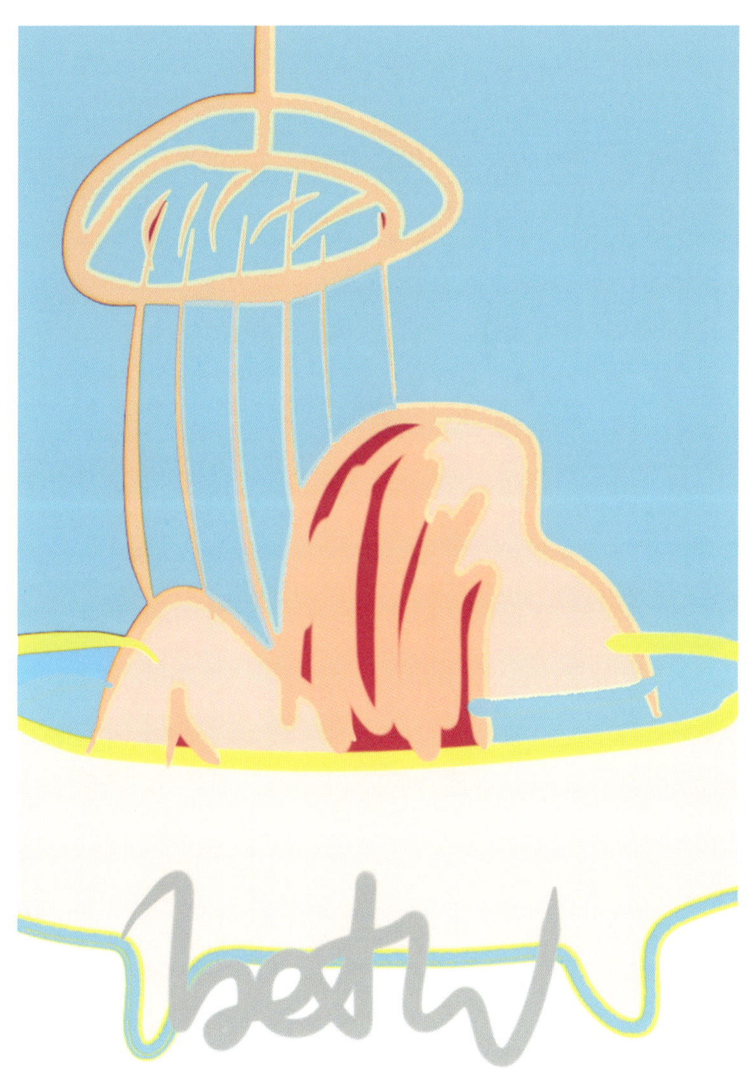

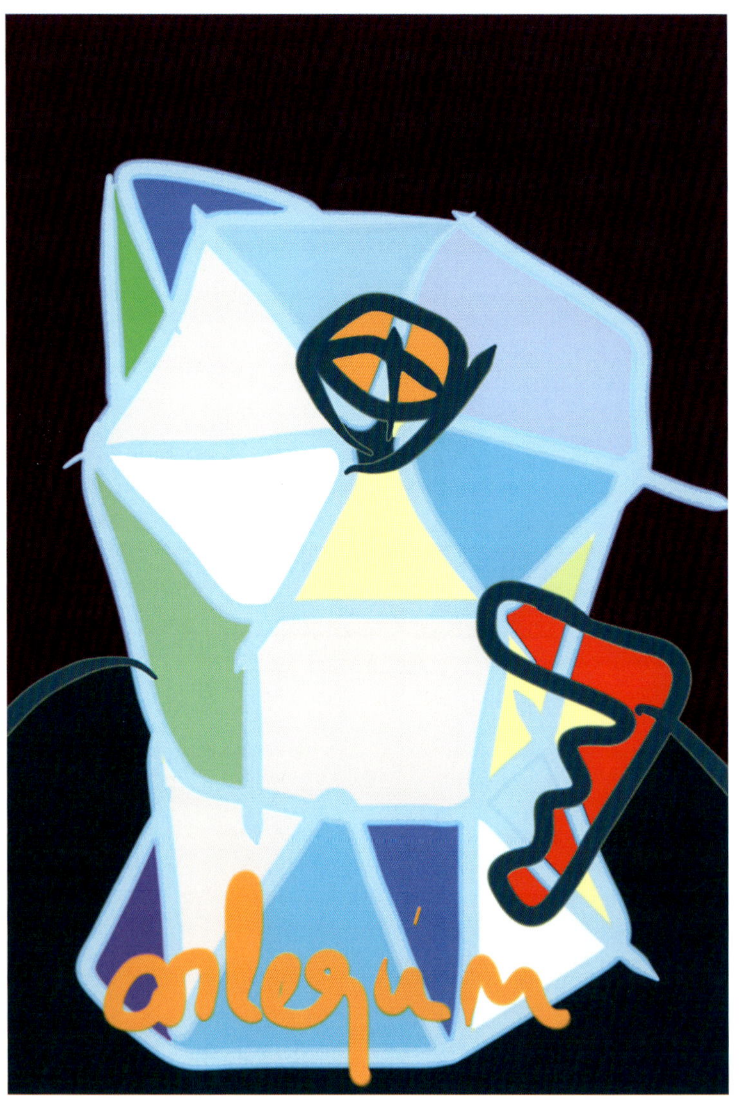
arlequim

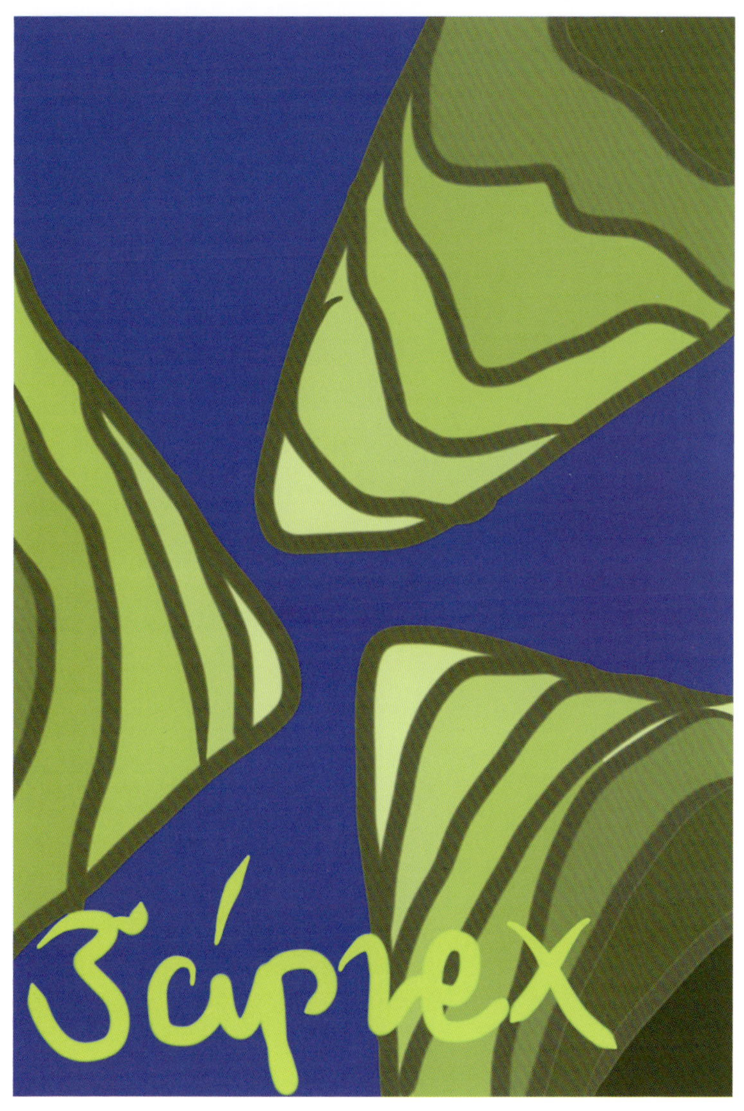

Зсірчех

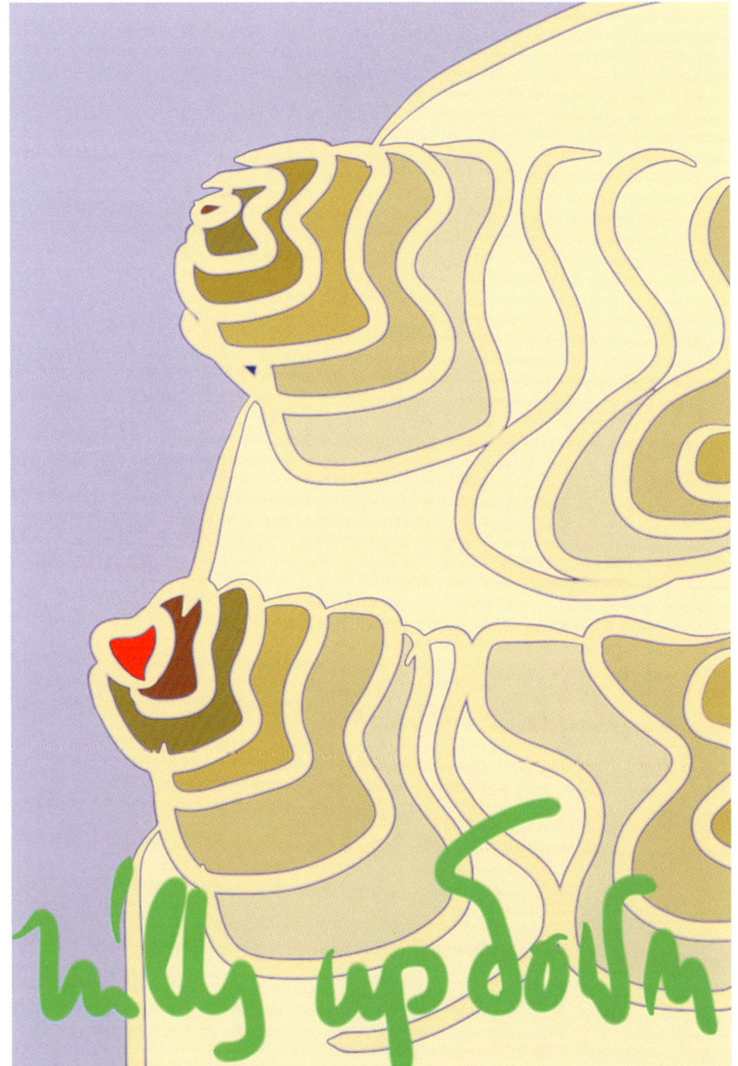
up down

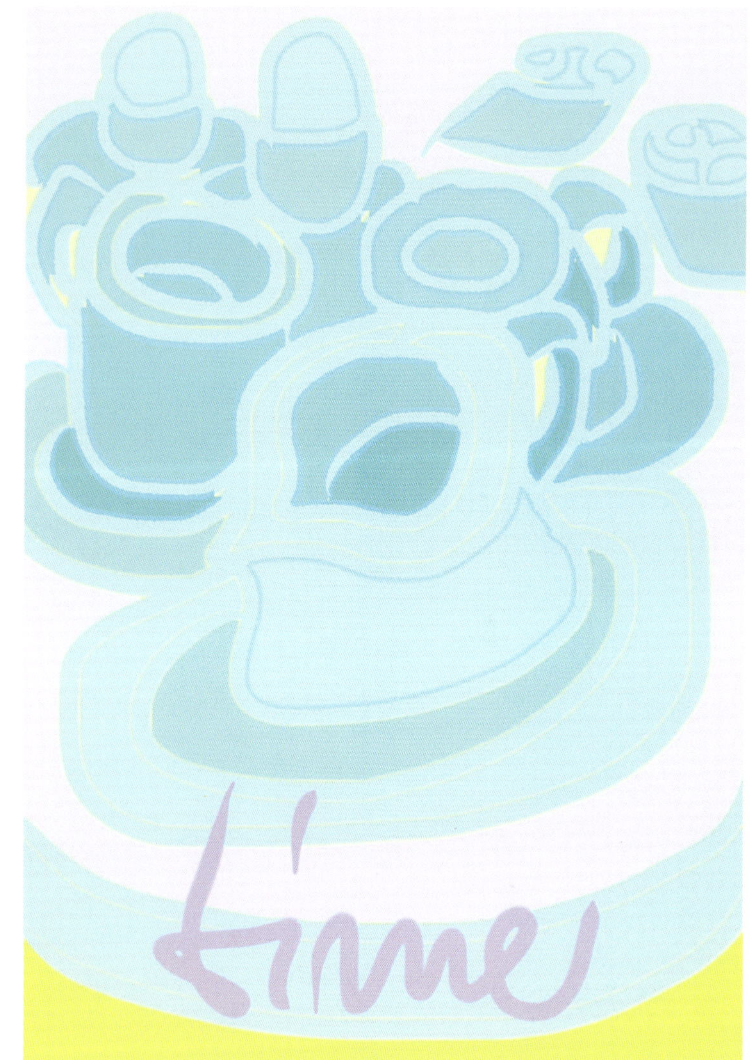
time

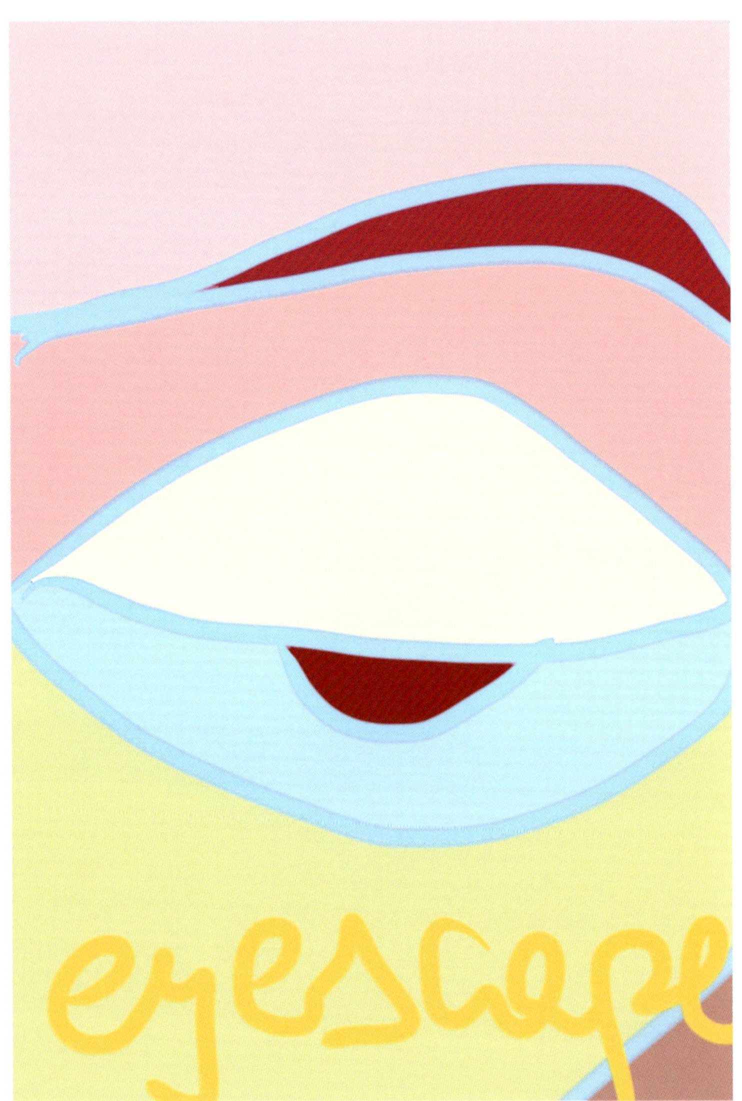

eyescape

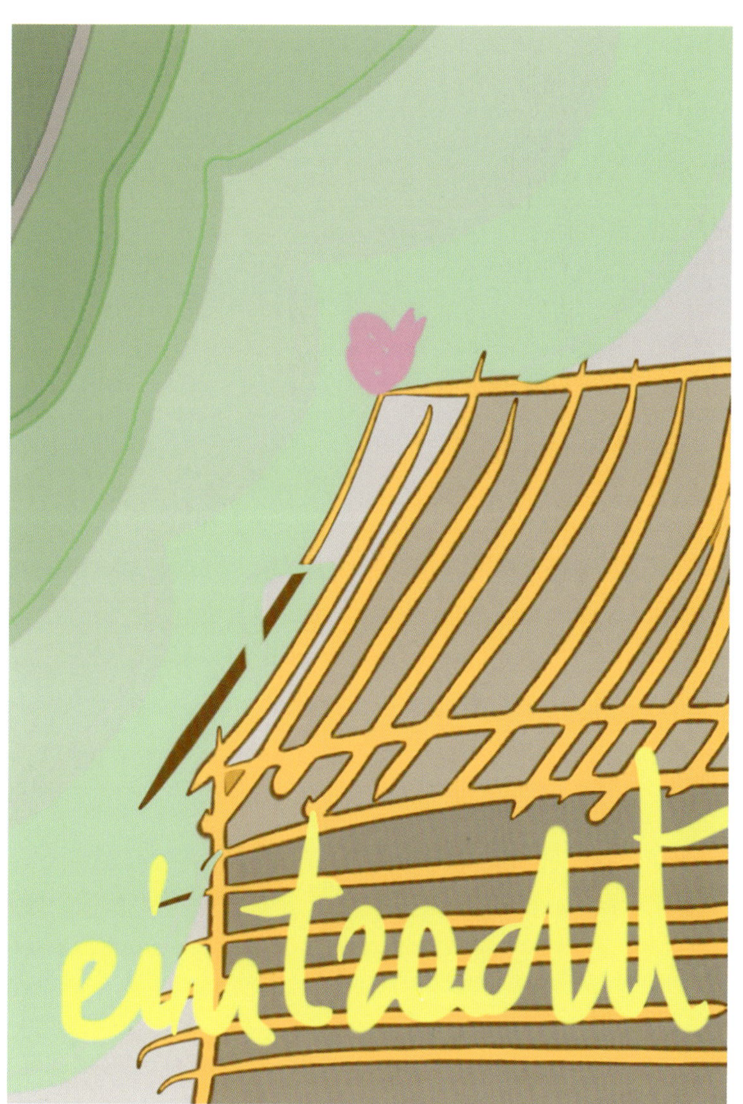

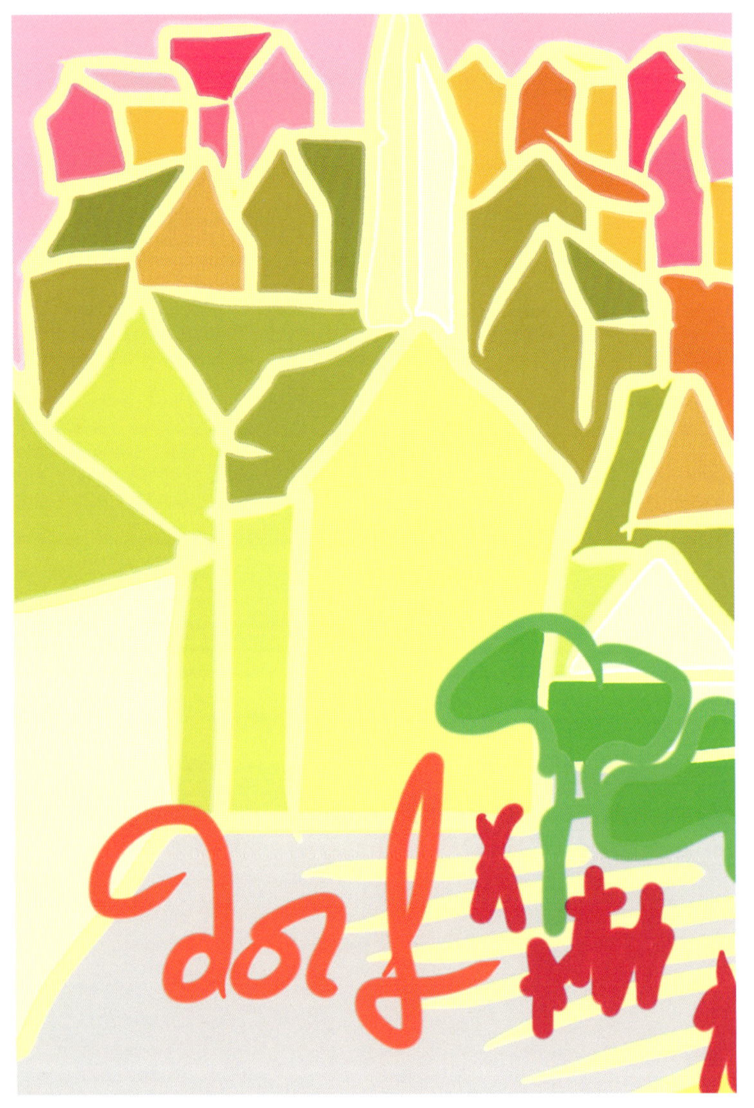

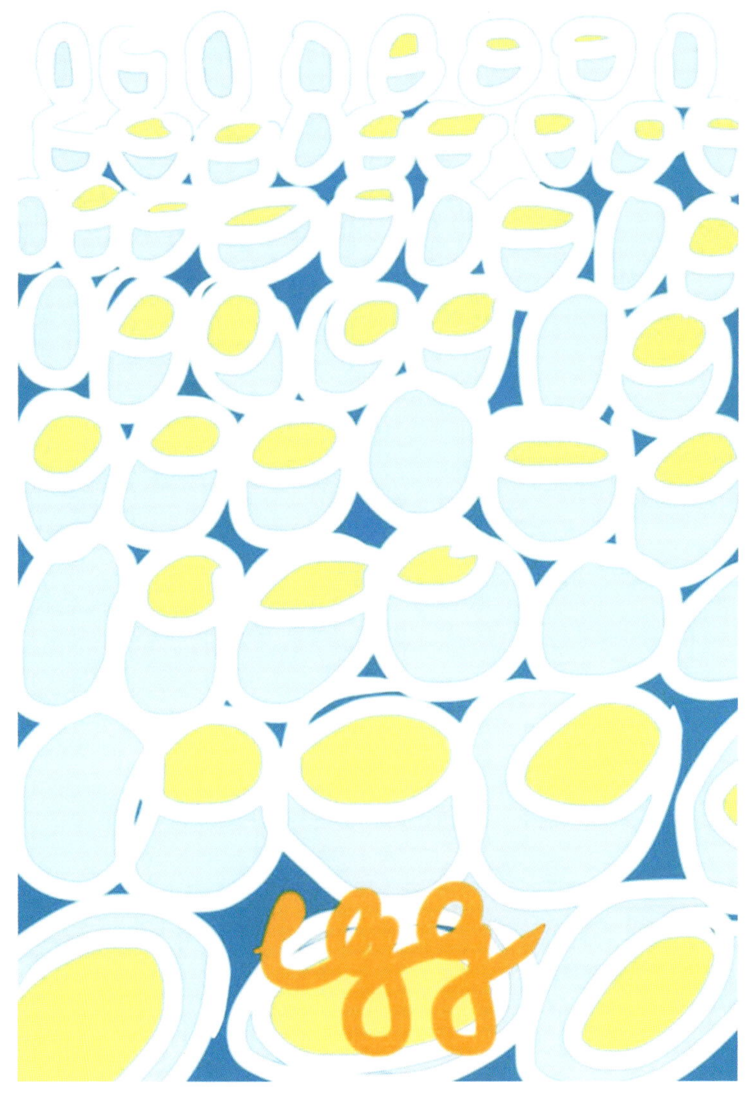
egg

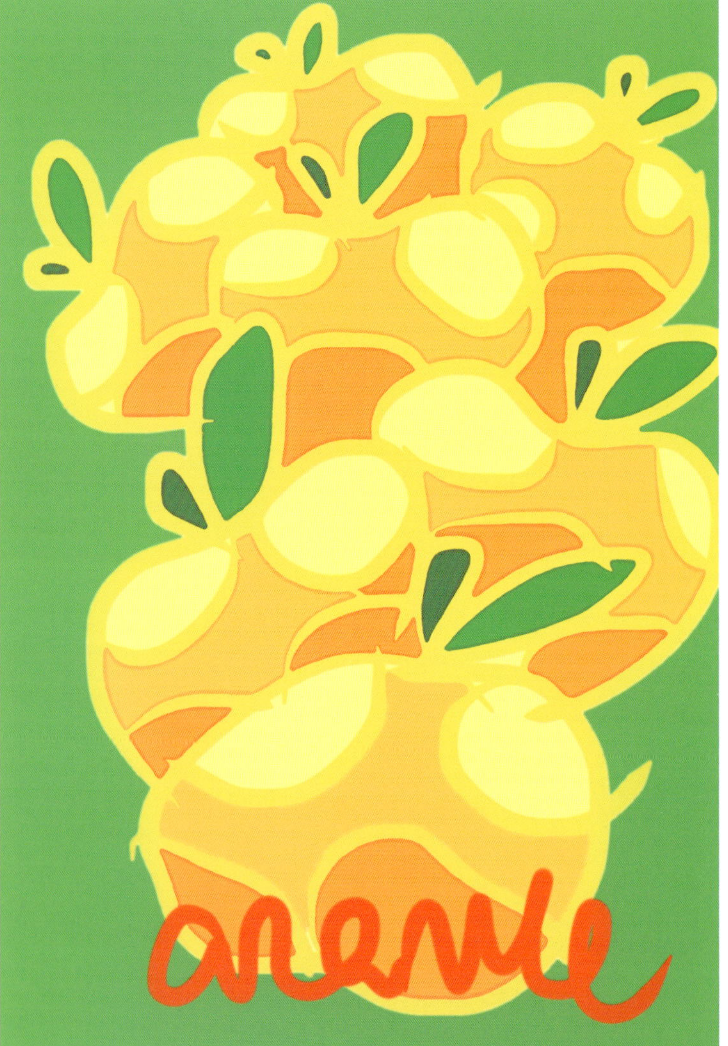
ananu

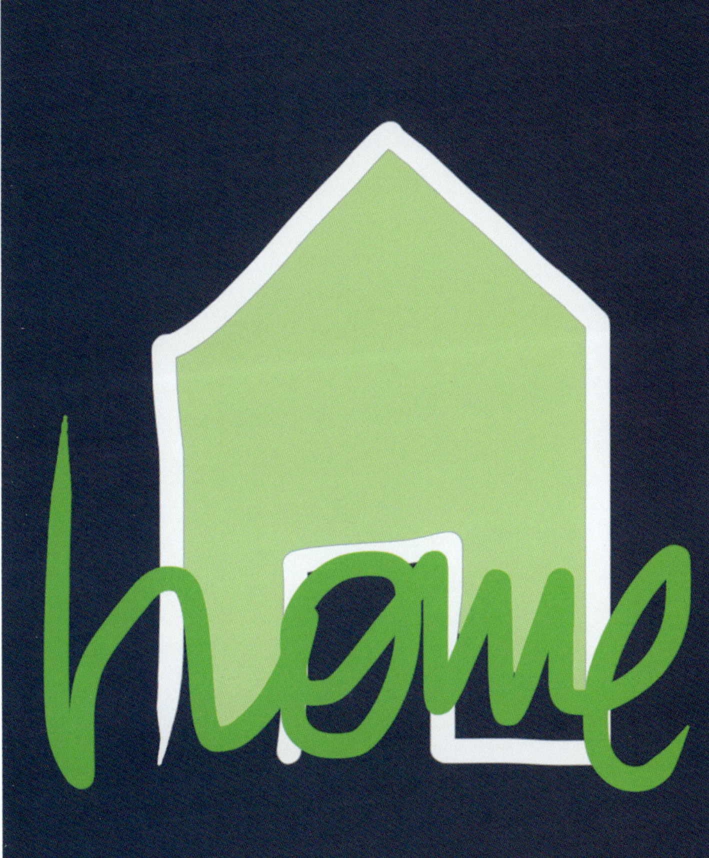
home

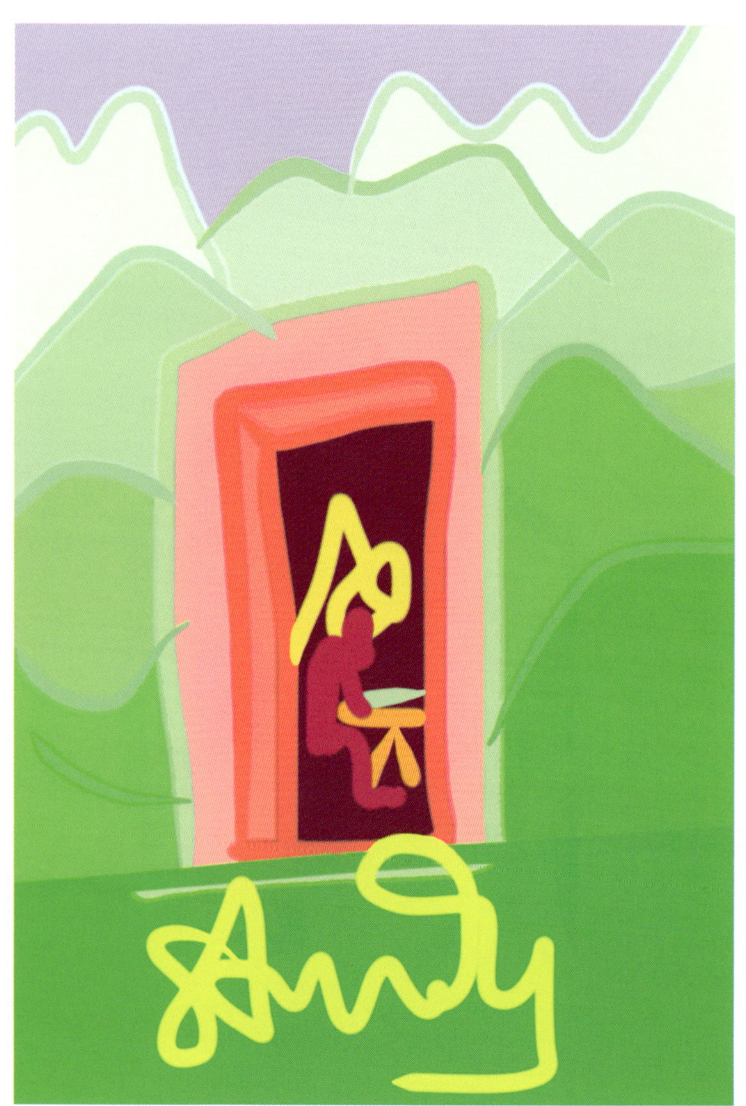

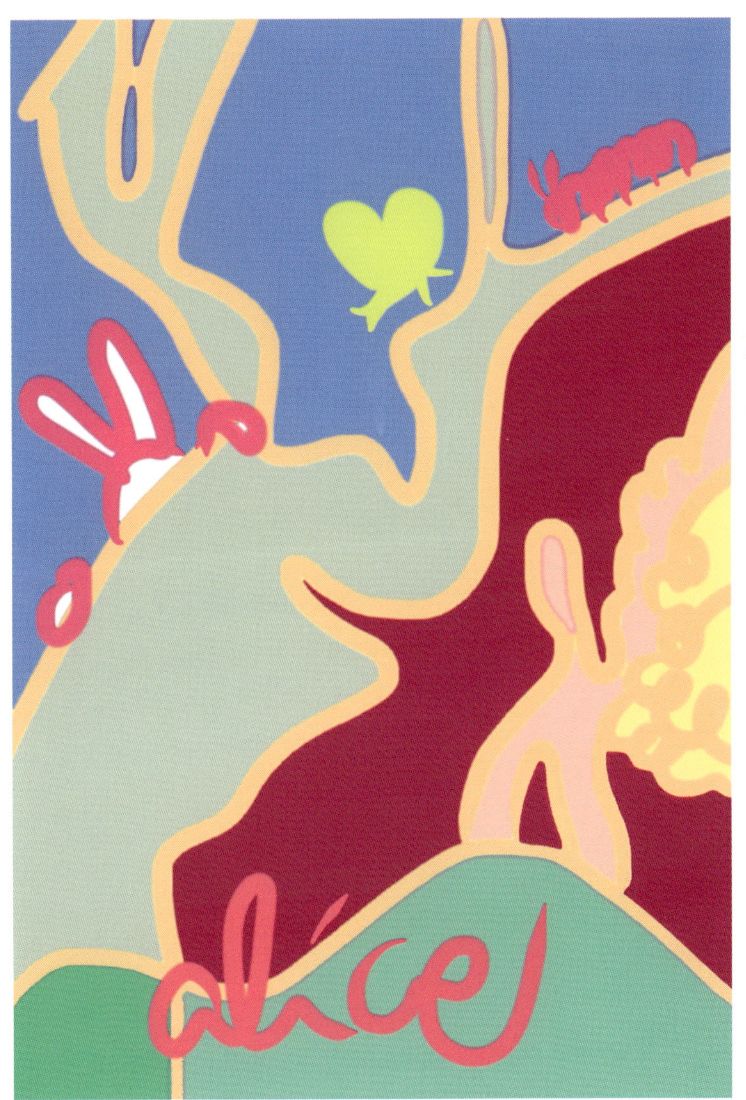
alice

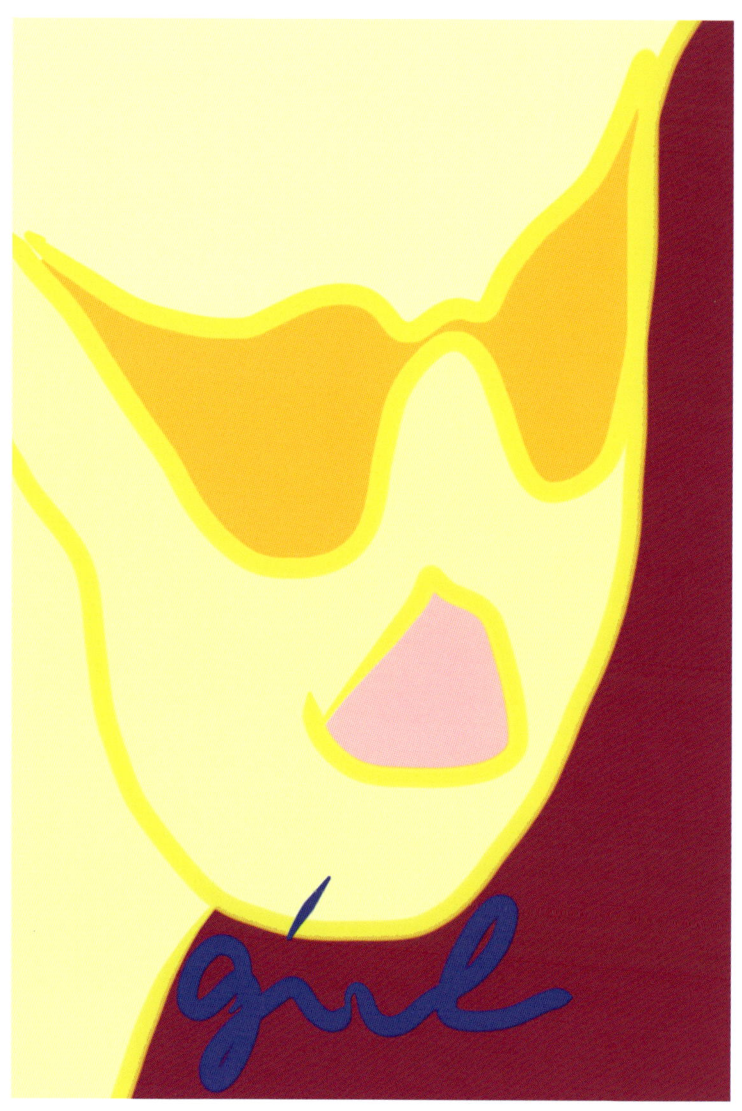

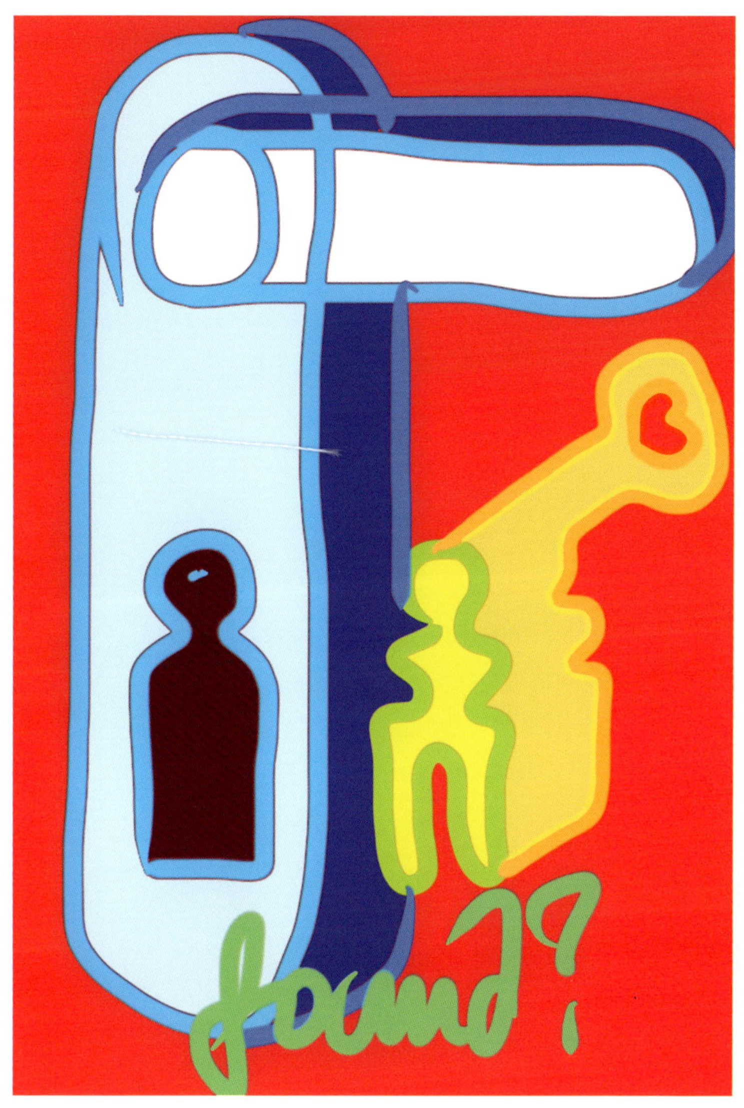

found?

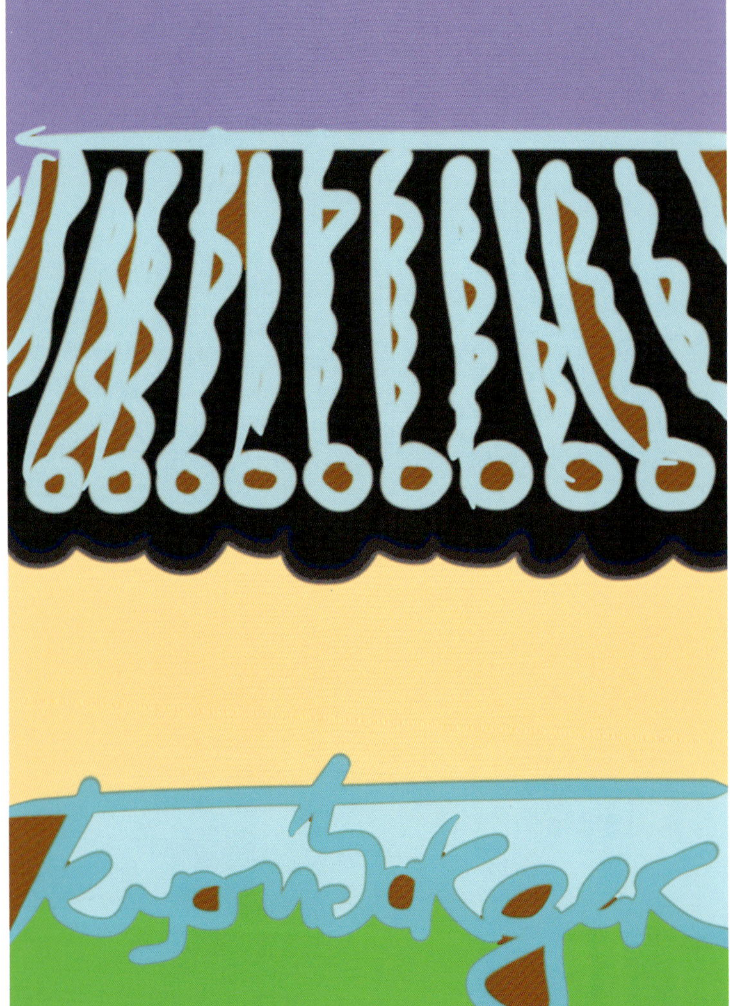

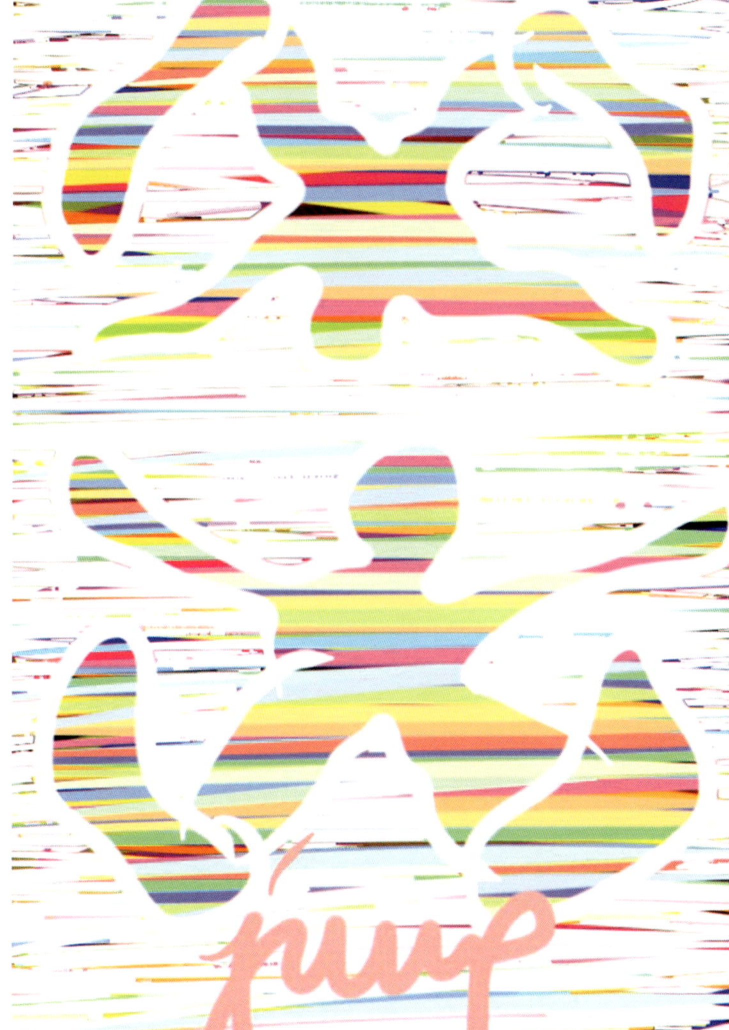

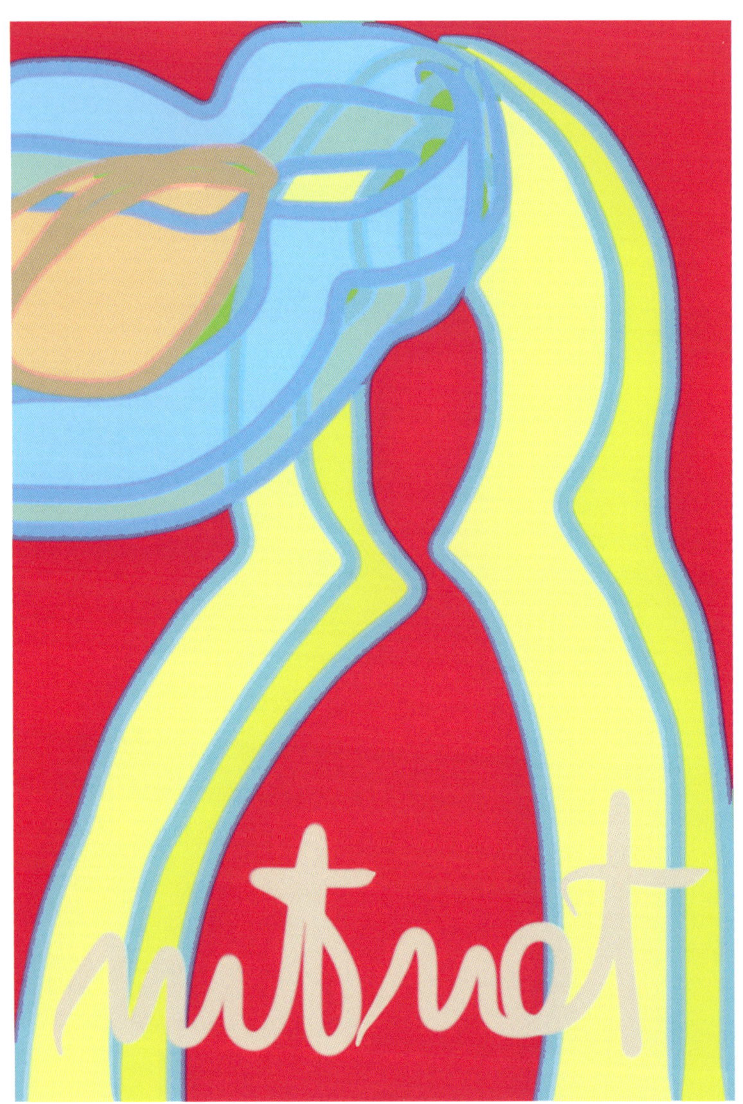
tonto

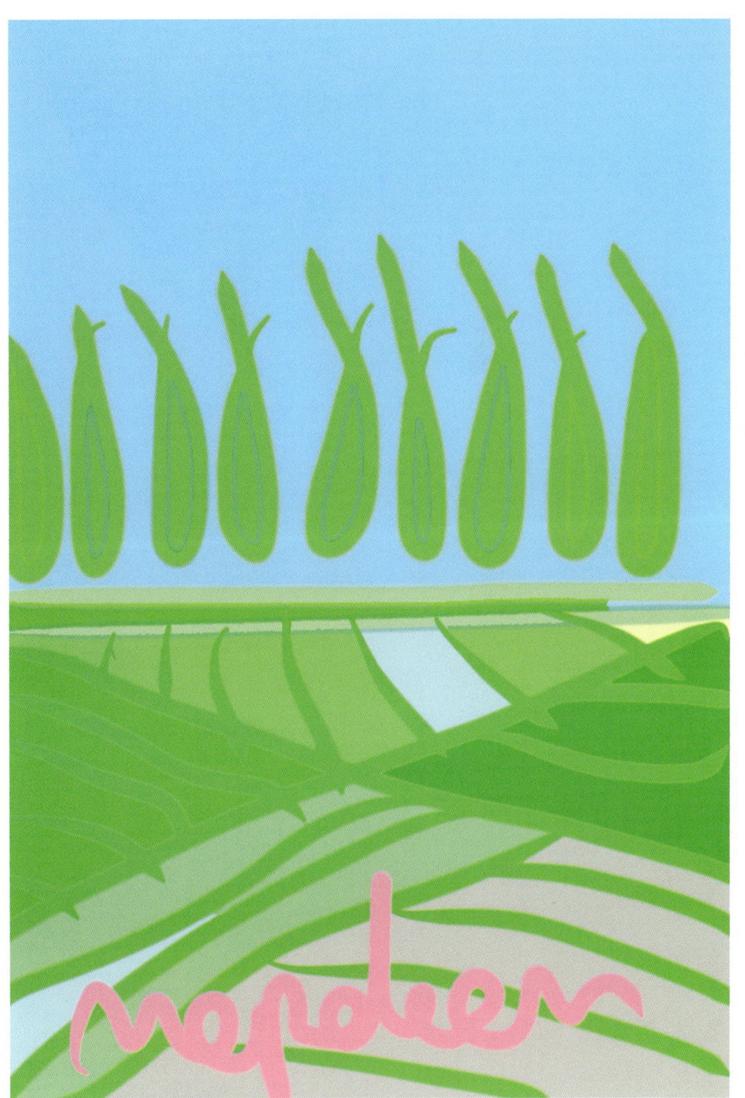

napoleon

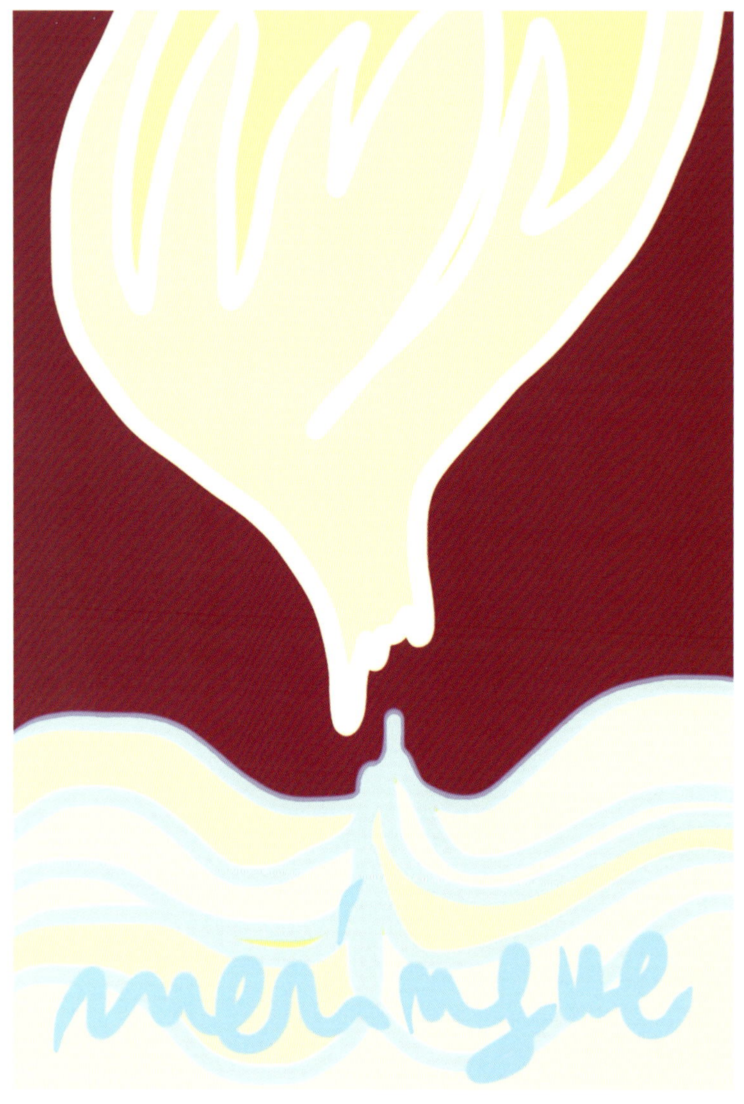
merinsue

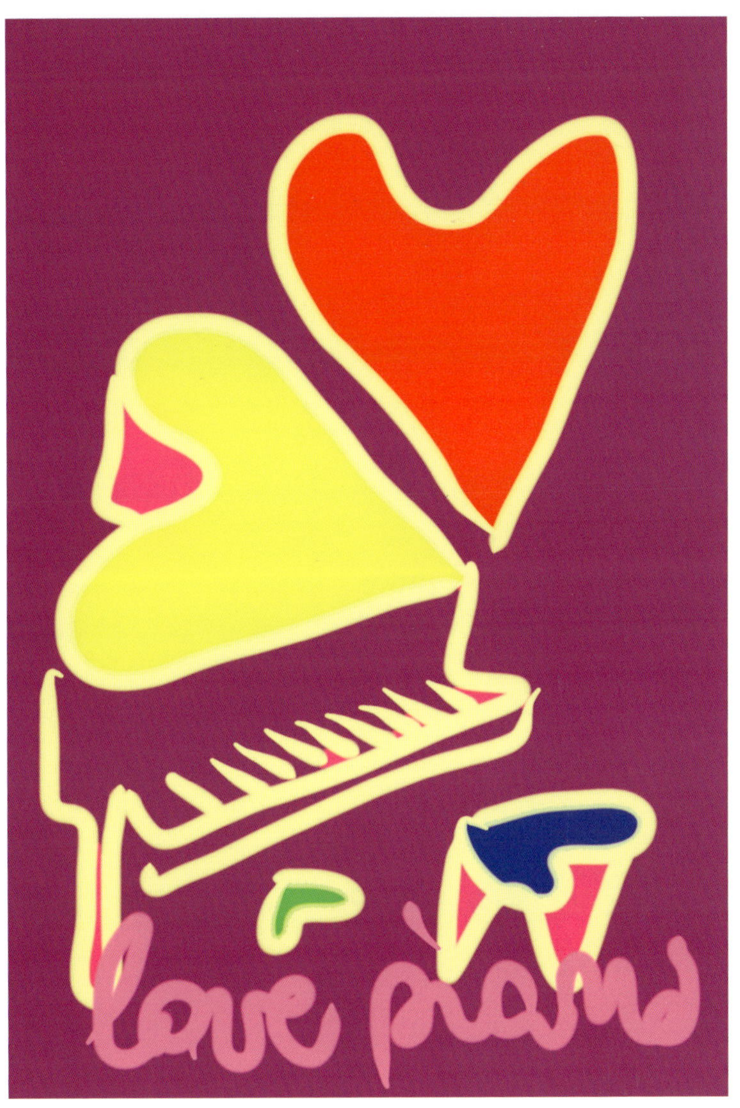
love piano

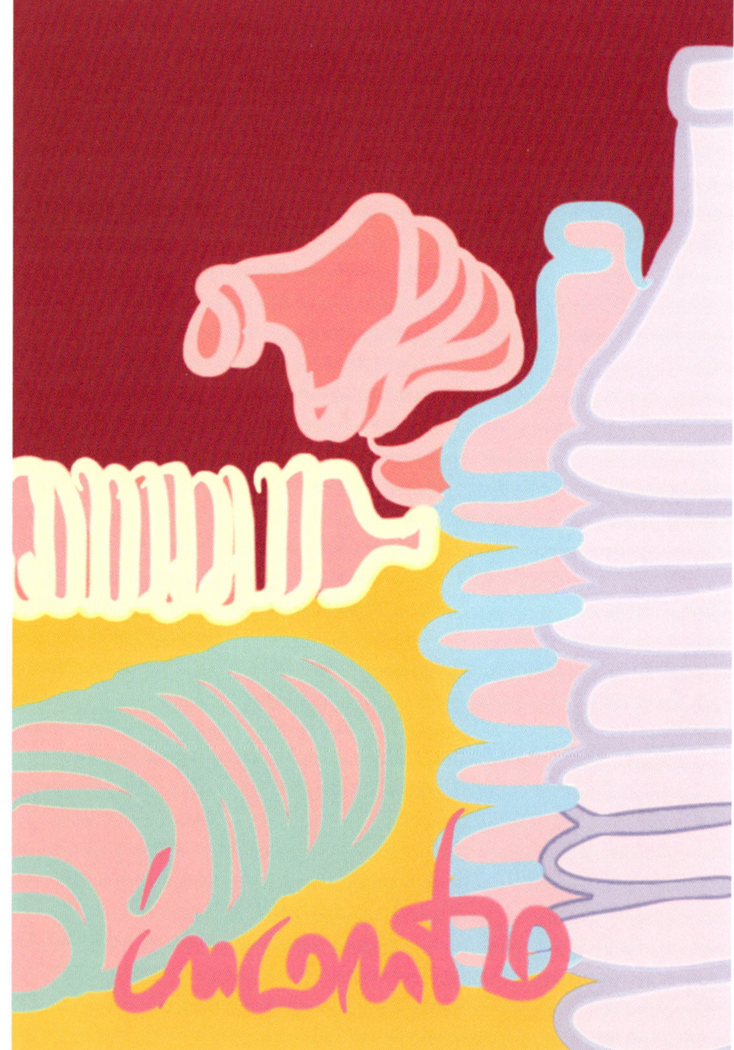
encontro

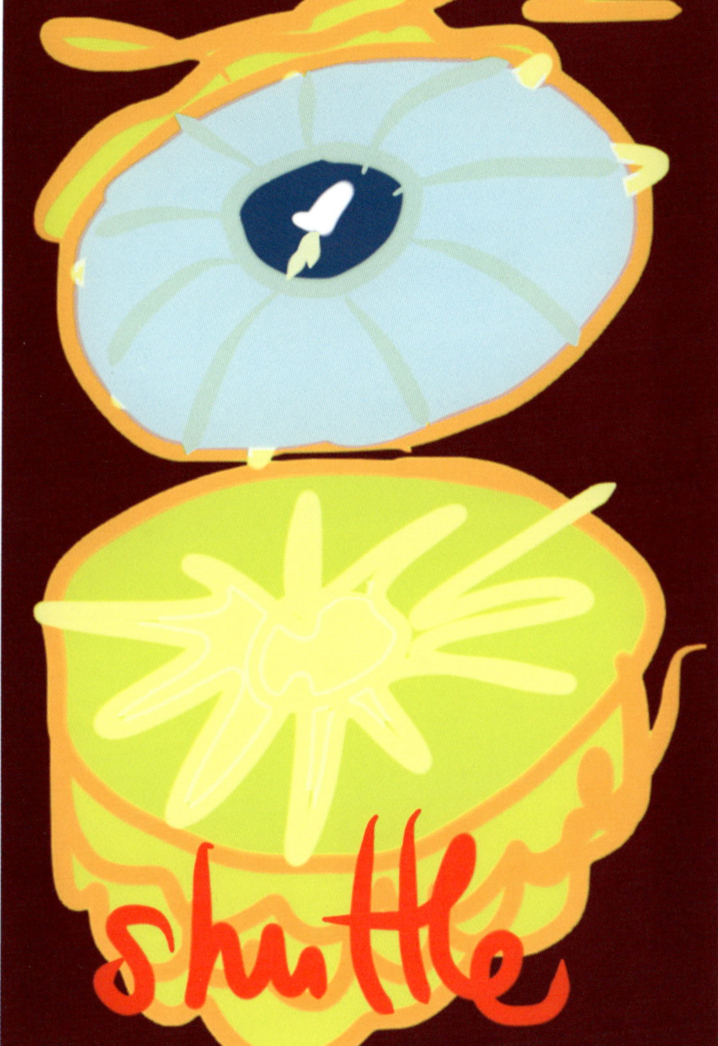

shuttle

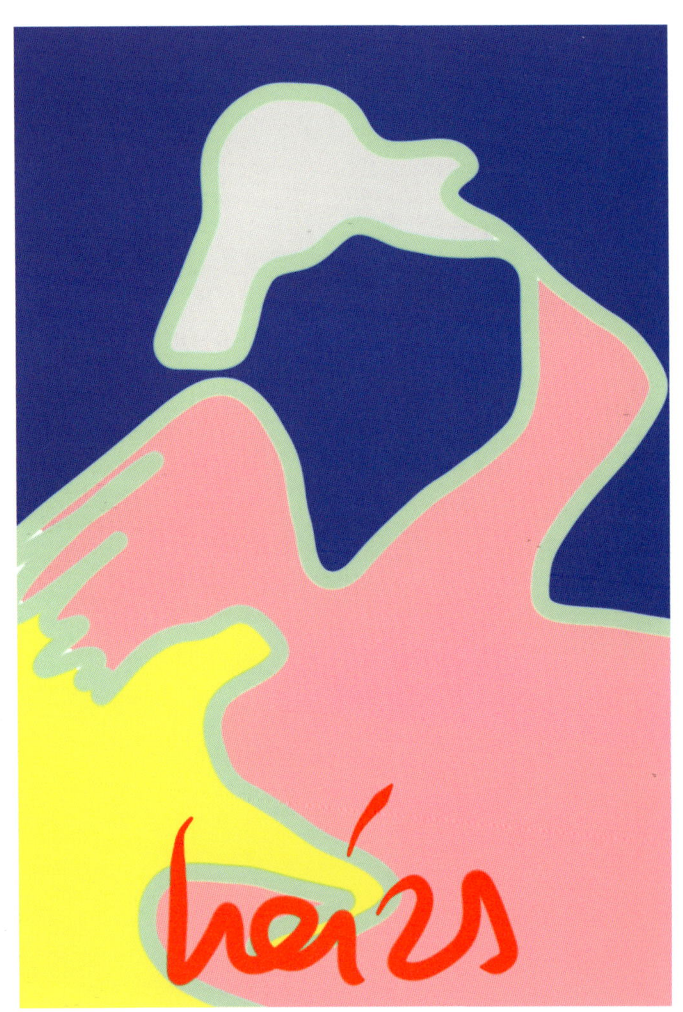

heiss

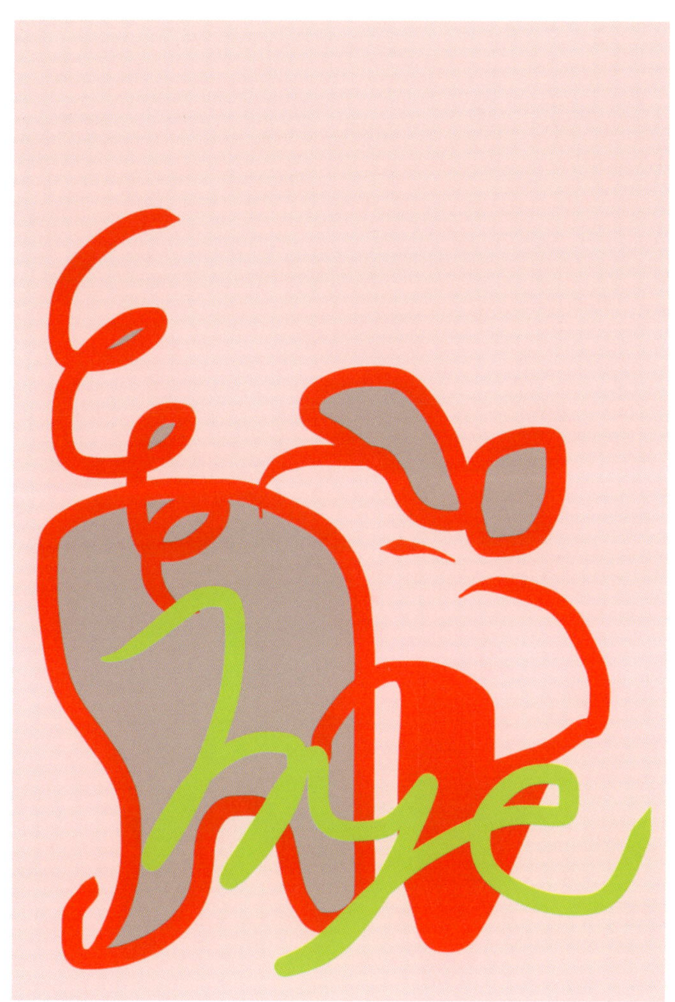

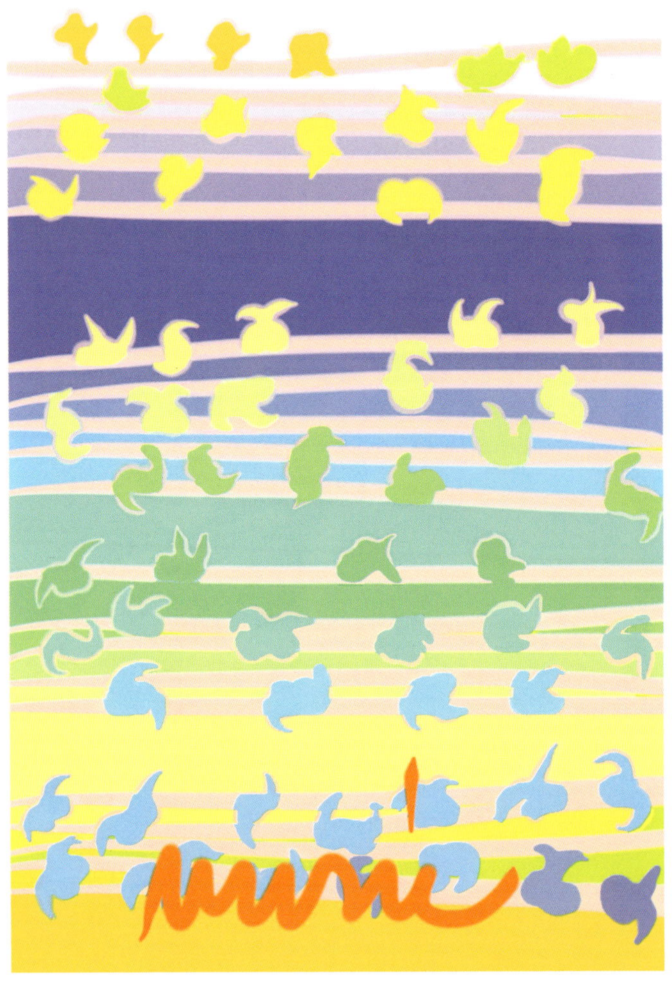

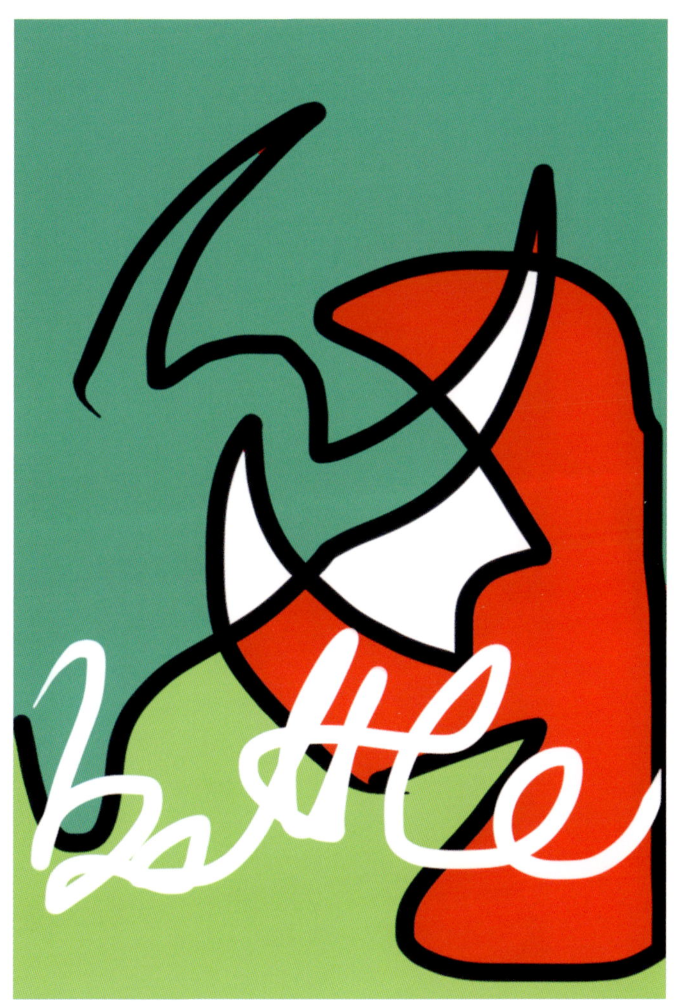

bottle

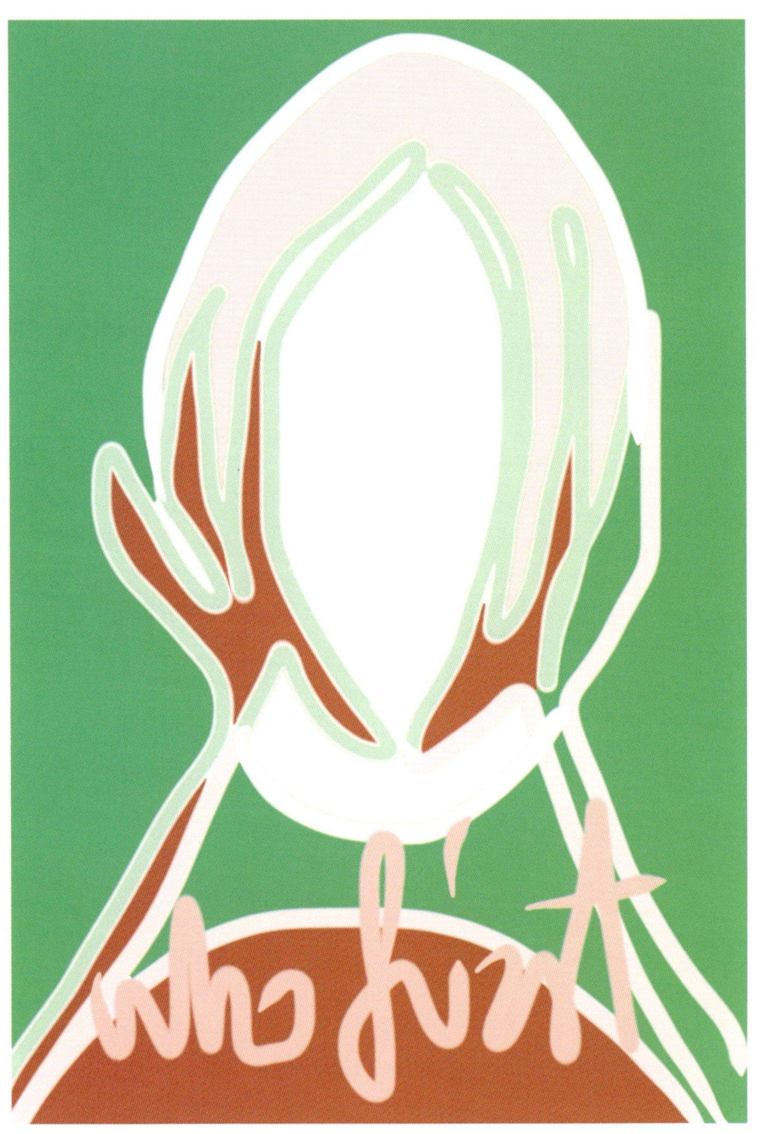

The Studio

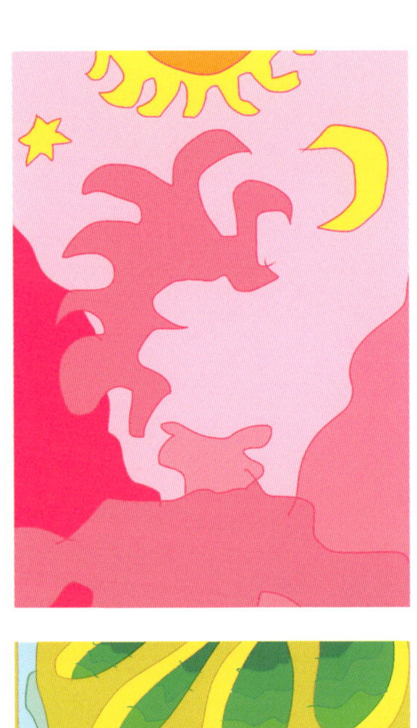

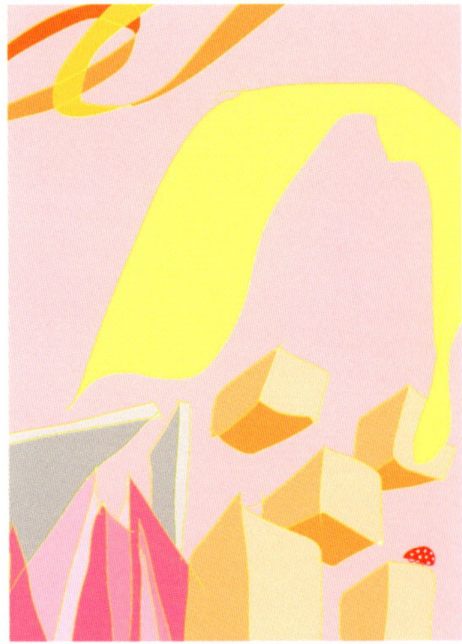

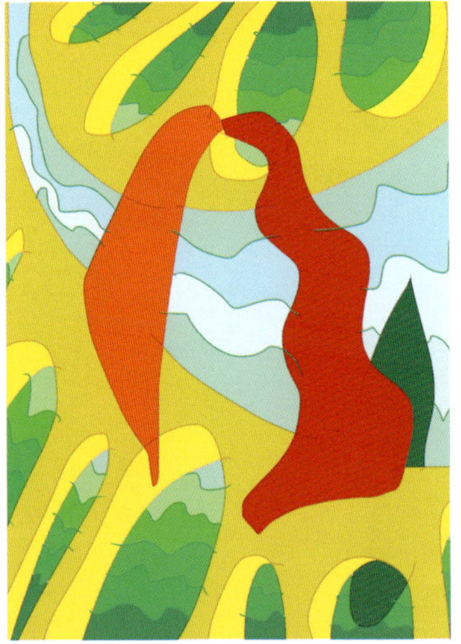

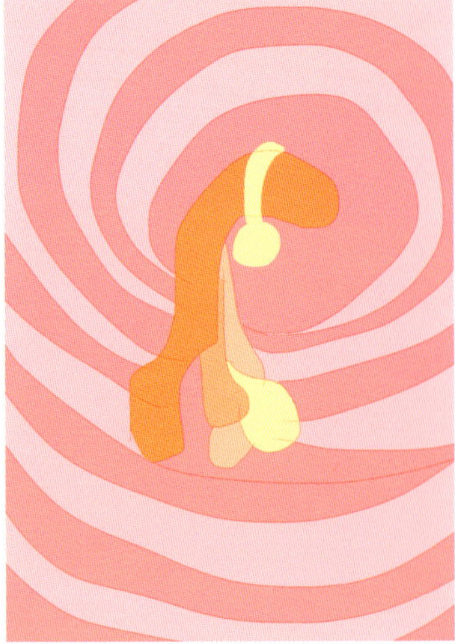

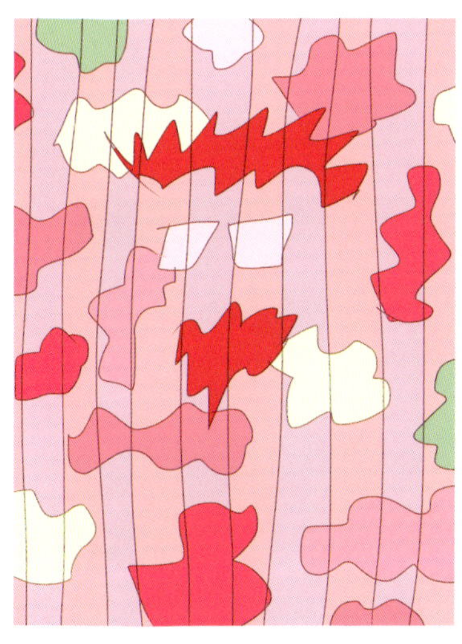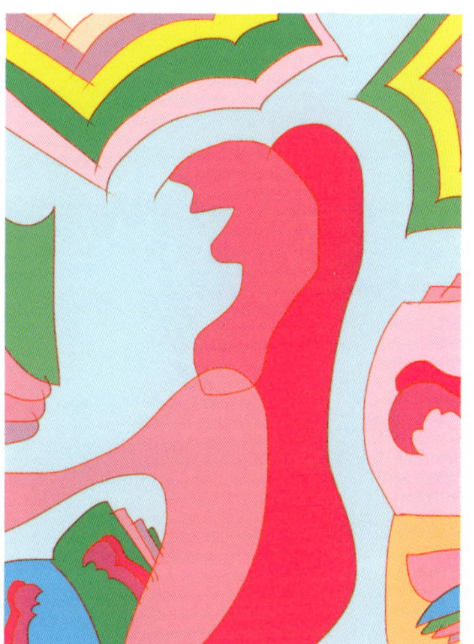
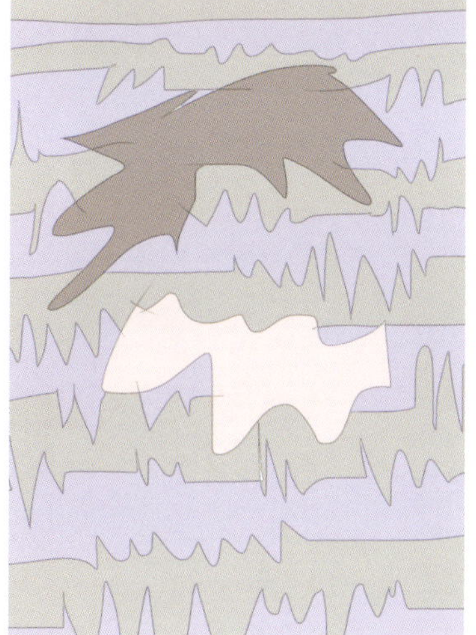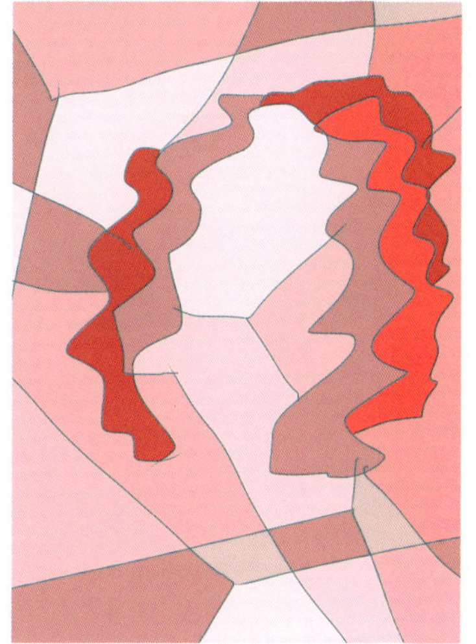

191. Olten
192. EFG Lugano
193. Lineneom
194. Lamp Campo Marzio
195. Man yellow, Man pink
196. Morning
197. Glass Cubes
198. Wlower
199. Fiore
200. Fall
201. EFG09
202. EFG
203. Courtains
204. Castelfalfi11, Castelfalfi09
205. Castelfalfi05, Castelfalfi07
206. Castelfalfi06, Castelfalfi04
207. Castelfalfi study
208. Castelfalfi
209. Castefalfi10
210. Arches
211. Arches2
212. Voronet
213. Voronet2
214. Voronet3
215. Pop
216. Night Wood
217. Tree Selection
218. Moonmoonmoonmoon
219. Moonmoonmoonmoon2
220. Untitled 6moon, Moonbody
221. Ispace
222. Moon2
223. Life on the Moon
224. Shapes
225. Bag
226. Bag2
227. Bag3
228. Wood
229. Wood2
230. River Residence II.3
231. Madonna
232. Green Eagle
233. Giornico
234. Emor
235. Crowd
236. Croc.bw
237. Calanca Krok
238. Roundman

239. Roundman2

240. Manfly

241. Chenot Weggis

242. Dapresboomoon

243. Dapresboomoon (page 2)

244. Happy People

245. Blumen

246. Archichefnight

247. Angela

248. Autumn

249. April

250. Bebeflower1, Bebeflower4, Bebeflower3, Bebeflower5

251. Tazzine

252. Angioletti

253. New York

254. Jerusalem

255. Tory

256. Refuge

257. Win

258. Talk

259. Street Talk

260. Share

261. Shake

262. Run

263. Osforo

264. Kissscape

265. Kiss

266. Hills

267. Giglio

268. Cloud

269. Blume

270. Biblio

271. Bath

272. Arlequin

273. 3ciprex

274. Hilssupdown

275. Time

276. Eyescape

277. Eintracht

278. Dorf

279. Egg

280. Arance

281. Home

282. Study

283. Alice

284. Girl

285. Found

286.   Kyongbuk

287.   Jump

288.   Nutnot

289.   Napoleon

290.   Meringue

291.   Lovepiano

292.   Incontro

293.   Shuttle

294.   Hair

295.   Bye

296.   Music

297.   Battle

298.   Whofirst

300.   Autoportrait, Lorenza,
         Aileen, Andrea Carlotta

301.   Alberto, Vale, Antonello,
         Giana